나를 통해
세상을 보다

나를 통해
세상을 보다

석 산 지음

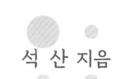

 나라는 프리즘을 통해
세상이라는 스펙트럼을 보는 것이다.
보이는 만큼, 보고 싶은 만큼

생각나눔

모든 사람은 세상을 알려고 한다.

그것은 세상을 알아야 자신이 할 수 있는 일이 생기고, 그러면 자신이 하고자 하는 것이 모두 이루어질 수 있기 때문이다.

그런데 그 많은 사람 중에 누구도 그러함을 성취한 사람이 거의 없다는 것은 무엇을 뜻하는가? 그것은 사람들이 세상을 제대로 볼 수 없어서 그런 결과가 나온 것이 아닐까 생각하게 된다. 세상을 제대로 보았다면 최소한 상당한 사람들이 하고자 함을 이루어야 하는데, 그것이 불가능했다면 사람들의 지성이나 이성적 판단에 문제가 있는 것이 아니고, 세상을 제대로 볼 수 없게 하는 어떤 매개체가 있는 것은 아닌가? 살펴볼 필요가 있을 것이다.

세상과 사람들의 이성적 판단 사이에 어떤 매개체가 있을까? 그것은 나라는 생명체를 통해 세상을 보게 되는, 그 매개체의 본질적 문제일 수도 있을 것이다. 그것은 내가 세상을 보는 형상은 나라는 프리즘을 통해서, 세상이라는 스펙트럼을 보는 것과 같은 것일 수 있다. 프리즘의 결정의 순수도와 굴절률에서 혼란이 생겼다면, 눈으로 보이는 스펙트럼 역시 상당히 왜곡되어 보일 수밖에 없을 것이다. 그리고 보는 이가 색약이라면 스펙트럼의 선명성은 더욱 훼손될 수 있을 것이다.

그렇다면 내가 보는 세상이 참 세상일까를 한번 살펴보면 어떨까 한다. 만일 나라는 프리즘을 통과하여 보이는 세상이라는 스펙트럼이 이지러져 있다면, 보는 이의 욕심에 의해 순수성이 훼손됨에서 오는 현상일 수는 없을까?

나를 바로 볼 수 있으면, 나를 통해서 보는 세상이 훨씬 선명해질 수도 있을 것이다. 그렇다면 나를 어떻게 바로 볼 수 있을까? 나를 바로 볼 수 있어지면, 세상도 바로 볼 수 있을 것이다. 그리고 무엇을 할지를 생각하는 것이 순리가 아닌가?

그러면 세상을 사는 수많은 나들에 의해 이루어진, 세상이라는 스펙트럼의 색상을 보다 합리적으로 보여질 수 있을 것으로 생각한다.

남들을 탐구하듯이 나를 살피는 지혜와 여유가 있는지 나에게 물어보자.

석 산

사람은
사회적 동물

1

원천적 강요의 이해

✎ 지구상의 움직이는 생명체가 나타나 활동 공간의 대부분을 덮은 것은 고생대 후반의 어류 시대를 들 수 있다. 그리고 수중 식물군이 지상으로 확장되면서, 지상에서도 움직이는 생명체의 생육 환경이 마련되면서 파충류 시대가 왔고, 중생대 후반에는 공룡이 지구상을 장악하는 수천만 년의 시대도 있었다. 그러나 그들도 대멸종이라는 지구 극한 환경을 견디지 못하고, 신생대를 포유류 시대로 자리를 내어줄 수밖에 없었다.

그리고 그 시대의 끝자락에 인류라고 통칭되는 생명체에 의해, 지구상 모든 지역이 장악 통제되게 되었고 그들은 절대 강자로 군림하고 있다. 움직이는 생명체들의 입장에서 보면 자신들의 생살여탈권을 갖는, 호모 속(屬)의 생명체는 신의 반열에 올랐다고 볼 수도 있었을 것이다. 그리고 그들도 그렇게 스스로 자만하고 있는지도 모른다.

지구상의 움직이는 고등 생명체인 동물들이 무리를 구성하면서 살아가고 있는 것이 대다수이다. 물론 그들의 무리 구성은 친족 중심의 혈연관계로 무리가 구성되는 일반적 특성을 보이고 있다. 그러나 스스로를 인류로 그리고 그들 각 개체를 사람이라고 스스로 부르고 있는 호모 속의 생명체들도, 물론 친족 무리를 구성하는 것은 당연하지만, 전연 혈연관계가 없는 불특정 다수의 개체들이 모여 무리를 구성하고 서로 협력하면서 살아가고 있다. 이렇게 혈연관계가 없고 서로 이해관계도 없는 생명체들이 모여서, 각자의 부족함을 서로의 장점으로 보완하면서 무리를 안정되게 유지하고 발전하게 하여, 지구상의 모든 생명체의 극상의 위치를 점하고, 모든 생명체를 통제 제어하려고 하는 이들의 능력과 발상은 어디에서 왔을까?

　이들은 자신들의 생명을 극한으로 몰아붙였던 포식자들에 저항하고 생명을 유지하기 위해, 아무런 이해관계가 없음에도 서로를 무리로 받아들이고 서로를 포용하고 협력하면서, 조화롭게 살기 위해 노력하는 생명 공동체를 만들었기에 가능했다고 볼 수 있다. 이들 생명 공동체는 포식자들 또는 절대 강자들에 저항하여, 살아남기 위해 서로의 강점을 서로에게 나누어주므로 각자의 약점을 보완하여, 모두가 강자 또는 준강자로 스스로 변화했기에 가능했다고도 볼 수 있다. 이렇게 살아남기 위해 서로에게 도움이 되게 하는 협력 공동체를 받아들였기에, 모두가 한 단계 발전하는 기회가 되었고, 이것은 이들 생명체 진화 과정에서 최고의 포식자가 되고, 극상으로 발전하는 원동력으로 제공되었다. 그리고 이들은 그 협력 공동체를 사회라는 이름으로 부르고, 이 공동체를 유지하기 위한 각 구성원들을 제한하는 규범을 만들고, 그 규범을 모두가 동의하므로 각 개별 생명체의 본능, 즉 자유를 제한하는 얼개를 만듦으로, 새로운 형식의 강요가 시작되었다고 보는 것이 합당할 것이다. 이러한 과정을 잘 표현한 설명이 '사람은 사회적 동물이다'라는, 한 마디에 함축되어 있다고 생각한다.

어류 시대 그리고 파충류 시대와 포유류 시대 등 지나간 수억 년의 지질 시대를, 움직이는 생명체가 생존을 위해 끊임없이 저항하고 진화한 동물들의 본능의 시대였다면, 지질 시대 끝자락의 인류 시대는 사람들에 의한 규범의 시대, 도덕의 시대로 봐야 할 것이다. '사람이 사회적 동물'이라면, 사람은 사회라는 얼개와 동물이라는 생명체의 굴레를 벗어날 수 없을 것이다. 이것은 사회라는 얼개의 속성과 동물이라는 생명의 속성에서 벗어날 수 없는, 스스로 원했던 원하지 아니 하였던지에 관계없이 이들 두 속성의 강요를 벗어날 수 없음을, 숙명으로 받아들여야 하는 것을 고뇌와 아픔으로 수용해야 했다.

그렇다면 사람이라는 생명체가 원천적으로 받아들여야 하는 외적 통제, 즉 사회적 강요인 도덕 또는 규범과 생명의 자연적 강요인 생존 본능 또는 동물적 본능을, 하나는 등에 지고 하나는 가슴에 안고 살아야 하는 섭리를, 스스로 수용하고 포용하는 대범함을 실현해야 할 것이다. 만일 이들이 원천적 강요를 탄압이라고 저항하면 더욱 삶이 어려워질 수 있다. 그리고 이러한 두 가지의 원천적 강요는 서로를 견제하는 반작용성도 동시에 가지고 있어, 이들의 조화로운 실현이 인류라는 생명체의 풀리지 않은 숙제로 지속되고 있다. 이에 대한 합리적 대처로 종교라는 새로운 수단이 도입되기도 했지만, 만족할 만한 해결책으로는 일부 부족함이 있는 것은 아닌지 의심스럽기도 하다.

본능은 생명이 규범은 사회가…

||||||||||||||||

　이렇게 사람들이 숙명적으로 지고 그리고 안고 가야 하는 원천적 강요는, 어느 것이 더 중하고 어느 것이 덜 중요하다고 할 수 없는 반비례성을 갖고 있어, 이 둘의 조화가 더욱 혼란스럽고 어려운 과제일 수밖에 없다.

　자연적 강요인 본능을 우선하면, 사회적 규범이 훼손되어 공동체의 와해를 가져올 수 있고, 사회적 강요인 도덕과 규범을 우선하면, 생명체의 최대 목표인 생명 지속에 위해가 생길 수 있기 때문이다. 그렇다면 이 두 가지의 숙명적이고 원천적인 강요의 이해와 합리적 접근을 위해, 이들의 태생적 뿌리를 고려해보는 것도 도움이 될 수 있을 것이다. 자연적 강요인 본능은 생명의 시작과 함께 동시성의 발생으로 볼 수 있고, 사회적 강요는 생명체가 어느 정도 성장하여, 사회 구성원으로서의 역할을 감당하여야 할 때 부여되는, 후천적 도덕과 규범으로 볼 수 있다. 이렇게 생명과 동시성의 태생적 발현은, 생명이 선천적으로 통제할 방법을 가지고 있지 않다고 볼 수 있다.

　그래서 본능은 생명체의 자유를 제한할 수 있는 사회적 강요 즉, 규범과 도덕에 저항하는 것은 너무도 당연한 과정이라 할 수도 있다. 그러나 인문기의 우리의 사고와 문화적 가치는, 사회적 강요에 순응하는 것을 지고의 순기능으로 보고, 자연적 강요를 제어하기를 바라는 것 같다. 생명체가 가지고 있는 생명 지속을 위한 본능의 합리적 발현을 생명 본분으로 보아야 하는데도, 자연적 강요를 배제해야 하는 역기능으로 몰아붙이므로, 사람의 자존심에 상처를 주고 열등감으로 내모는 부작용도 있다고 볼 수 있다. 그렇다면 어떻게 이해하고 접근해야 할까? 생존을 위해 이기적이 될 수밖에 없는 생명체의 생명 지속 행위로, 본능의 발현이 지극히 당연하고 합리적인 수순으로 우선 인정하는 절차가 필요할 것 같다. 그리고 후천성의 사회적 강요에 순응하는 과정을 좀 여유를 두고 기다려줄 필요가 있을 것이다. 그것은 어쩔 수 없이 사회라는 구성원으로 도덕과 규범을 학습하여, 습관화될 때까지 기다려주고 이들의 실현을 계속 지원하고 격려하는 역할 또한, 감당해야 할 생명 공동체 공존의 가치이기 때문이다. 이들 사회 공동체의 규범을 받아들이고 습관화하도록, 앞선 사회 구성원들이 솔선하고 모범을 보여 학습시키는 과정이, 중요한 절차적 수순이라고 보는 것이 합리적이기 때문이다. 만일 사회 공동체의 앞선 구성원들인 그들은 실현하지 않으면서, 새로운 구성원으로 역할을 해야 하는 뒤선 생명체에게 도덕과 규범을 강요한다면, 그것은 앞뒤가 맞지 않다고 보기 때문이다. 자연적 강요처럼 생명과 동시에 자동 발현되는 것이라면 그것은 가능할 수 있으나 그렇지 않다면, 사회적 강요를 선대 생명체에 의해 유전적으로 복제되는 생명 지속의 비밀 도구로 인정해야 하는 까닭이다. 이러한 사회적 강요도 분명히 사람이라는 생명체가 실현해야 하는 중요한 덕목이지만, 생명체가 출생과 동시에 부여되는 태생적 본능이 아니기 때문이다.

분명히 자연적 강요인 본능은 태생적으로, 유전 복제된 생명체 고유의 기능으로 선천적 발현이지만, 사회적 강요인 도덕과 규범은 후천적 학습에 의해 익혀져야 하는 절차적 선후가 있다고 본다. 이러한 고려

없이 두 가지 원천적 강요를 사람이기 때문에 무조건적으로 당연히 실현되는 것으로 인정한다면, 암탉이 먼저냐 달걀이 먼저냐 하는 우문에 대답해야 하는 결과를 낳을 것이다. 만일 이렇게 당연히 두 가지 원천적 강요가 동시성으로 태어나면서부터 부여되었다면, 생명 공동체 사회의 앞선 구성원들도 당연히 태생적으로 유도된 것이기 때문에, 그들 모두가 사회적 강요인 도덕률에 익숙하여, 보는 이가 없어도 저절로 실현되는 습관과 같이 중독성을 가지고 스스로 실현되었고, 그것이 뒤선 새로운 구성원들의 선례로 그리고 모범으로 보여서, 당연히 그리하는 것으로 받아들여졌을 것으로 생각하기 때문이다. 선배 사회 구성원들이 스스로 자신도 모르면서, 중독된 것처럼 습관적으로 도덕과 사회적 규범이 실현되고 있다면, 누구도 태생적 동시 발현의 원천적 강요를 받아들일 것이다. 이것이 각각의 생명 공동체인 사회가 가지고 있는 숙명적 과제일 수 있다.

사회도 생명의 집합 본능이 작용

움직이는 생명체들이 무리를 구성하는 것은, 포식자 또는 절대 강자로 도저히 저항할 수 없는 존재에 대항하여, 생명체 고유의 목적인 생명 지속을 달성하려고 하는 본능에 의한 기능적 행위일 수 있고, 최소한 모두의 생명을 지키지는 못 하더라도 생명 훼손을 최소화하여, 생명 지속의 목적에 확률을 높이려는 행위로 봐야 한다.

그리고 이들 생명체 집합들은 예상할 수 없는 절대 강자나, 비슷한 생명체 집합의 영역 확장을 위한 또는 상호 생존을 위한 집합체 간의 충돌에도 효과적으로 대항할 수 있어, 생명 지속의 목적을 유효하게 달성하는데도 상당한 도움이 될 수 있기 때문에, 매우 필요한 행동 양식으로 볼 수 있다. 이렇게 생명체들이 무리를 구성하고 생명체 집단을 구성하는 것은, 생존 본능인 생명 지속을 극대화하여 그들의 후손으로 더 많은 영역을 차지하고, 누구도 대적할 수 없는 강자로 살아남아 생명의 영원 지속을 이루기 위한, 생명체 본질의 행위로 본다.

이러한 행동 방식을 인문 시대의 어떤 선각자의 표현을 빌자면 '사람은 전쟁이 두려워 사회를 만들고 죽음이 두려워 종교를 만들었다'는 내용과 상당 부분 일치한다고 볼 수 있다. 이렇게 사람이라는 생명체가 사회라는 집합체를 만든 것을 전쟁에서의 생명 지속이 중대한 목표일 수 있고, 전쟁도 결국은 죽음을 동반하므로 사회의 형성을 죽음에 저항하기 위한 하나의 수단으로 볼 수도 있다. 그러나 이러한 사회의 구성은 그들 고유의 생명 지속 목적에 어려움이 없어지면, 목적 외의 새로운 성향을 보일 수도 있다. 그것은 사회라는 집합체도 결국은 생명의 집합체이기 때문에, 생명체의 속성에서 벗어날 수 없다. 사람도 생명체이기 때문에 사회라는 수단이 자연적 강요인 본능에 순응하는 경우, 그들 집합체의 힘은 동물적 본능에서 자유로울 수 없어진다.

이것은 사회적 강요인 도덕률이 작동하지 않아, 반사적으로 이기적 본능만 실현될 경우 폭력성을 나타낼 수 있다는 것이다. 힘을 가진 생명체들이 모이면 예상외의 커다란 힘으로 작용할 수 있고, 이 힘이 인문적 제어인 도덕과 규범 등 공존적 법질서의 통제를 벗어나게 되면,

이들 힘의 집합은 동물적 본능을 자극하고, 이들의 상승효과가 작용하면 폭력화할 수 있다는 것이다. 우리는 그러한 사례를 인문적 역량이 부족하거나, 인문적 소양이 결핍된 지도자나 구성원들에 의해서, 그 집단의 힘이 잘못 작용한 것을 여러 후진 사회나 개발 도상 사회에서 볼 수 있었다. 지난 19세기에서 20세기에 걸친 식민 제국주의의 횡포와 전체주의, 국가주의 등에 얼룩진 나치의 사례나, 킬링필드의 크메르루주에서 그리고 발칸반도의 유고 연방 붕괴 후, 종족 간 내전으로 인종청소라는 불미스런 사례들이, 근세기까지도 알려지고 있기 때문이다.

이렇게 사회가 거대한 힘의 집합체를 제어할 수 없어지면, 인문 역량이 부족한 지도자에 의해 독재가 현실화되고, 인문 소양이 부족한 구성원들에 의해 폭력적 행동으로, 주변의 인접한 사회나 또는 같은 구성원이라도 반대 성향을 가진 구성원들 등 또 다른 집단에, 포식자들이 피포식자들에게 무차별 폭력을 행사하듯이 재현될 수 있다. 이것이 생명 집합체의 속성인 사회라는 집합을 붕괴시킬 수 있는 역작용도 우려될 수 있다. 그리고 이러한 기능은 사회적 본능으로 볼 수도 있고, 이러한 힘을 바탕으로 한 본능적 행위가 구성원 내부에 실현될 경우, 개인적 이타를 강요할 수도 있다. 그리고 이러한 사회적 본능의 강요가 구성원 개인들이 수용할 수 없는 이타를 요구할 경우, 심각한 공동체 파괴로 변화할 수 있는 것도 우려해야 한다. 그래서 사회 공동체는 자연적 강요인 본능과 이에 상반되는 사회적 강요인, 집합체 운영 규범인 법질서를 존중하는 인문적 역량과 소양이 이성적으로 작동할 때, 사회 공동체의 목적을 실현할 수 있는 것을 기억하고, 모두가 스스로 성찰하는 여유로움이 필요하다.

강요는 열등을 자발은 긍지가…

||||||||||||||||||

인류라는 사회적 생명체가 살아가는데, 태생적으로 본능이라는 자연적 강요에서 자유로울 수 없고, 사회라는 얼개 속에서 포식자나 저항할 수 없는 절대 강자로부터 보호받고 저항할 수 있으려면, 불가피하게 사회적 강요인 도덕률과 공동체 규범을 수용할 수밖에 없다. 이렇게 자연적 강요와 사회적 강요가 동시성으로 실현을 요구할 경우 어느 것을 우선시 하느냐는, 사회의 구성원인 사람이라는 개체가 감당해야 할 딜레마일 수 있다. 자연적 강요는 생명체가 태생적으로 선대로부터 유전적 복제에 의해서 작용하는 본능성의 선택으로, 특별한 고려나 선택을 위한 검토 및 분석이 없이 실현되는 속성이기 때문에, 일반적으로 우선되는 경향이다. 그러나 사회적 강요인 공존의 규범은 후천성으로 학습에 의해 습관화되지 않으면, 문제 발생과 동시성으로 실현되기는 어려울 수 있다. 그것은 후천 학습에 의한 습관으로 익숙해져서, 그것을 실현하는 것이 편안하고 행복할 수 있다는, 초월적 습관화에 따른 중독성처럼 작용하기 전에는, 약간의 시차를 두고 고려하고 분석한 후 실현될 수 있기 때문이다. 이렇게 사회적 강요는 후천성이어서 바로 실현되기에는 약간의 고려와 검토가 수반되는 반면, 본능에 의한 생명체 속성인 자연적 강요는 검토 없이 곧바로 실현될 소지가 많기 때문에, 두 가지 원천적 강요에서 도덕률이 우선시되기를 바라고 강요하는 것은, 생명체의 자존감에 스트레스나 상처로 작용할 수도 있다.

'사람은 사회적 동물'이라는 관점에서, 이미 사회적 강요를 받아들일 가능성을 가지고 있는 상태이기 때문에 스스로 받아들여서, 사회적 강요에 저항 없이 수용할 수 있도록 학습하고 기다려주는 고려가 필요해진다. 그렇지 않고 사회적 룰(rule)을 본능과 같이 동시성으로 실현되지 않는다고 나무라거나 강요를 하게 되면, 빗자루 들고 청소하려는 아랫사람이나 자녀 등에게 청소하라고 지시를 하는 것처럼, 오히려 빗자루를 버릴 수 있다는 인과성을 참고해야 할 것이다. 그것은 하려하고 할 수 있는 인격체인 사람에게 할 수 없는 무능한 존재로 인식되어질 수 있어, 자존감에 상처를 입게 되면 열등감을 자극하여 부정적 결과를 낳을 수도 있다는 것이다. 필요한 시간에 스스로 청소할 수 있도록 공동체 룰을 잘 이해시키고, 그것을 스스로 할 수 있도록 지원하고 격려해주는 일정한 절차적 서순이 먼저 실현될 필요가 있다는 것이다. 사회적 강요인 도덕 룰은 후천성이기 때문에, 익숙해져서 습관화되기까지는 상당한 기다림이 필요할 수 있기 때문이다.

자연적 강요처럼 습관화되어 중독성처럼 나타나지 않는 것을 탓하면, 선천성의 본능과 후천성의 도덕 룰의 시차적 고려가 상실된 것이 되는 것이다. 이러함을 살펴주는 어른으로서 앞선 구성원으로서 여유는 어떨까 한다. 이렇게 강요에 의해 자존감에 상처를 입고 열등감에 시달리는 사례가 반복적으로 작용하면, 우울감으로 전이하고 경우에 따라서는 우울증으로 심화될 수도 있다.

그러나 사회라는 공동체의 역할과 중요성을 이해시키고, 사회 공동체의 여러 좋은 점들이 개별 구성원인 나에게 상당한 도움이 될 수 있다는 것을 스스로 이해하고, 받아들일 수 있도록 하여 자발적으로 할 수 있도록 하면, 스스로 구성원으로서의 당당함을 실현하는 긍지와 자존감을 자극할 수 있다. 이것이 사회 구성원의 능력을 향상하여 사회 공동체 전체의 역량을 강화하므로, 생명 공동체의 정체성을 실현하는 계기로 작용할 수 있기 때문임도 고려하자는 것이다. 선천의 본능성이 아니고 후천의 학습에 의한 결과라면, 긍정적으로 작용할 수 있도록 배려하고 조정하는 것이 합리적일 수 있다.

이중적 강요에 따른 조화

인류라는 생명체가 감수해야 할 원천적 강요는, 1차적으로 태생적 동시성으로 부여된 자연적 강요의 발현인 본능의 실현이고, 2차적 원천적 강요는 태어나서 사회 구성원으로서의 자격 부여가 성년의 과정에서 이루어진 후에, 사회적 강요를 실현하는 것이다. 그리고 경우에 따라서 인류 생명체 개인이 특수한 상황에서 태어난 경우, 제3의 강요가 수반적 강요로 부여될 수 있다. 그것은 그가 태어난 지역이나 부족의 고유한 종교 등 신앙에 관한 공동체가 부여하는 강요와, 신분제도가 실현되고 있는 국가나 지역 또는 부족에서 수반되는 신분적 강요를 들 수가 있다. 이러한 수반적 강요는 당사자가 성장한 후 그 지역을 이탈하거나, 신앙의 자유가 있는 지역으로 또는 신분적 제한이 없는 평등한 지역 사회로 이주하면 없어질 수 있는 것이어서, 선택할 수 있는 것으로 출생에 수반해서 부여되는 강요로 보아 이를 제3의 강요인 수반적 강요라고 한다. 그러나 원천적 강요인 자연적 강요의 본능성이나,

사회적 강요인 도덕 룰의 준수는 사회라는 집합체의 구성원이면 피할 수 없는 것이어서, 원천적 강요로 분류하되 본능은 선천적이 여서 1차적 강요로, 사회 규범은 어린이까지 당연히 감당해야 하는 것이 아니고, 성장한 후 수용해야 하는 후천적인 것이어서 2차적 강요로 분류한 것이다.

[표: 1] 인류 생명체에 부여되는 강요성 부담

구 분	원천적 강요		수반적 강요	비 고
	자연적 강요	사회적 강요		
시 기	태생적	성장 후	출생 또는 이주	1차와 2차의 시차는 10~20년의 학습 또는 수용 기간을 소요함
분 류	본 능	도 덕(의무)	신앙 또는 신분	
	1차적(선천)	2차적(후천)	3차적(선택 가능)	

위 표에서 보듯이 원천적 강요는 피할 수 없는 숙명에 가까운데, 수반적 강요는 피할 수 있는 선택성일 수 있기 때문에, 인격체가 스스로 수용하는 부담으로 볼 수 있다. 1차적 강요는 본능성의 이기적 판단에 따르는 경향이 있지만, 2차적 강요는 사회 공동체를 이해하고 합리적 부담이라면, 수용할 의사가 있을 때 가능한 지성적 고려가 있어야 하는 점이 다르다.

'사람은 사회적 동물'이기 때문에, 사회를 벗어나 홀로 생존하기에는 문제가 있어서 2차적 강요인, 도덕 등 사회 공동체 규범의 준수가 자신을 보호해주는 안전망이 될 수도 있고, 이것은 모두가 누리는 권리 같을 수 있어 그에 합당한 의무로 부여된다고 볼 수 있다. 이렇게 공동체의 안정적 유지가, 생명의 영원 지속을 지상 과제로 하는 생명체의 필수적 안전망으로 볼 수 있어, 사회적 강요의 소홀은 다른 구성원으로부터 압박이나 제재의 대상이 될 수 있다. 이렇게 의무적으로 받아들여야 하는 강요는, 공동체 모두의 안정적 지속을 위한 생명 지속의 본능적 부담으로도 볼 수 있다. 이것은 1차적 강요에는 순응하고, 2차적 강요에는 저항하는 어떤 개체에게는 큰 부담이 될 수 있고, 공동체의 지속을 훼손하는 행위로 볼 수 있어 단죄될 수도 있는 강요적 부담이다. 이렇게 사회적 강요에 순응하지 않는 것을 생명 공동체의 이적 행위로 볼 수 있어, 구성원 대다수의 입장에서는 악의적 관점에서 비판의 대상이 될 수 있다.

사회적 강요는 공동체의 관점에서는 이기이고, 개별 구성원의 입장에서는 이타를 요구한다고도 할 수 있다. 1차적 강요인 본능성은 일반적으로 이기적이어서, 이타성을 장려 지원해야 하는 공동체 입장에서 보면, 공동체의 위해 행위로 볼 수 있어 나쁜 것으로 구분될 수도 있다. 그러나 공동체의 강요는 개인적 입장에서는 이타성이나, 이것이 자신의 생존에 부담이 될 수 있으면, 저항하는 것도 고려될 수 있는 선택이라고 볼 수 있다. 그러면 결국 이타는 상실되고 이기로 회귀하는 것이어서, 공동체의 반대적 입장으로 몰아갈 수 있고 모든 구성원이 동의하면, 악의적 행동의 선택으로 비난되고 단죄될 수 있음도 고려해야 한다. 그리고 1차적 강요는 본능성이어서 지성과 이성의 소양이 필요 없는데, 2차적 강요는 지성적 이해와 수용이 필요한 후천적 행위여서, 인문적 소양이 부족하거나 지성적 학습이 결여될 경우, 강요적 수용에 혼란이 있을 수도 있음을 생각해야 한다.

2

자연적 살기와 인문적 살기

       ✎ 지구상에서 생명체가 살아온 긴 기간을, 우리는 자연사의 기간으로 분류하기도 하고 지질 시대로 부르기도 한다. 그리고 인류라는 생명체가 살아온 기간을 인류사라고 하여, 일반적 자연 생명체와 구분하여 사람이 사는 시대를 특별히 강조하기도 한다.

그러나 인류사는 문자가 있어 기록으로 사람들의 삶을 표기하기 시작한 때로부터를 역사 시대로, 그리고 그 이전의 시대를 선사 시대로 구분해서 인류가 살아온 과정을 분리 설명하고 있다. 그렇다면 인류라는 정의가 있어야 자연사와 인류사를 구분할 수 있다. 역사적 기록이 있으면 역사 시대로, 기록이 없어도 사람이 살아온 것이 확실한 시기를 선사 시대로 분류한다면, 두발로 걷고 두 손의 사용이 가능한 시기와, 불을 사용하므로 피포식자에서 포식자로 전환된 시기는 어떻게 구분하고 설명해야 할까? 인류는 절대 강자로서 모든 생명체의 최상

위 존재로 인정되는 시기 즉, 불을 사용하여 모든 동물을 제압할 수 있어져서 최강의 포식자로 전환된 시기부터를, 사람의 시대로 구분하는 것이 합리적일 수 있다. 그러나 불을 사용하지 못 했더라도 사람의 형태를 갖춘 시기 즉, 두 발로 걷고 두 손으로 도구를 사용할 수 있어진 시기부터를, 인류로 보는 것을 고려해야 하는 것이 합리적일 것이다. 사람은 모든 동물의 생살을 결정할 수 있는 절대자이어야 하는데, 불이 없는 인류는 피포식자의 신세를 면치 못하는 약자이면서, 겉모양만 다른 피포식자와 구분되는 동물의 시기를, 선사 시대와는 구분을 하고 인류 시대에 포함시켜야 할 것으로 볼 수 있다. 즉 피포식자와 절대 포식자의 위치를 구분하는 것을, 문자의 사용으로 구분하는 역사 시대와 선사 시대의 구분보다, 존재적 위치에서 합리적일 수 있다는 것이다.

문자의 사용으로 구분하는 개념은 문화를 향유할 수 있느냐 없느냐로 보아야 하고, 피포식과 포식의 생존 결정권이 누구에게 있는가로 구분하는 것은, 생명 존엄에 관한 문제이기 때문이다. 생명체의 존엄이 인정되어 인격을 부여할 수 있을 때와, 그렇지 못한 일반 동물과 생존 결정권에서 다름이 없는 시기를 구별하여, 인류사를 들여다볼 필요가 있기 때문이다.

이렇게 하여 단지 외형만 인류인 시기와, 생명 존엄의 결정권을 행사할 수 있는 인격의 시기를 구분하여, 인류라는 동물군이 살아가는 과정을 살펴보는 것도 새로운 접근이 될 수 있을 것이다.

자연사 (지질 시대)		인류 시대			
자연사 (지질 시대)		선사 시대		역사 시대	
구 분	동물기	선인격기	인격기	선인문기	인문기
문자 구분	해당 없음	문자가 없는 시기	문자가 없는 시기	문자가 있는 시기	문자가 있는 시기
문자 구분	해당 없음	문자가 없는 시기	문자가 없는 시기	지배층만 사용	문자 보편화
불의 구분	불을 두려워 한 시기	불을 두려워 한 시기	불을 생활에 사용한 시기	불을 생활에 사용한 시기	불을 생활에 사용한 시기
행동 양식	네발 걷기	두 발 걷기 (손이 자유로워 짐)	두 발 걷기 (손이 자유로워 짐)	두 발 걷기 (손이 자유로워 짐)	두 발 걷기 (손이 자유로워 짐)

이것은 포식자로 살아가느냐, 피포식자로 살아가느냐에 따라 행동 방식과 의식 접근 양식이 다를 수 있기 때문이고, 피포식자의 행동 방식으로 습관화된 행적과 포식자로서의 행동 양식으로 습관화된 행적은, 상당한 차이가 있을 것으로 생각하기 때문이다. 즉 피포식자의 시기는 먹고 살아있는 것이 최대의 과제이지만, 불을 가진 절대 포식자의 경우는 먹고 사는 과정에서 자유로워질 수 있고, 모든 삶의 행동 방식 결정에 여유가 생겨서, 편안함과 만족감 또는 행복감을 느낄 수 있는 의식의 대변화가 왔기 때문이기도 하다.

피포식자의 생활은 모든 시간을 포식자에 의한 살육에 모든 의식의 초점이 맞추어져서 늘 긴장하고 있어야 하는 두려움으로, 일상에서 여유로움은 없었을 것이다. 그러나 불을 얻고부터는 포식자에 대한 살육의 트라우마가 사라지고, 더 넓은 대지와 하늘을 볼 수 있는 여유로움을, 피포식자 시기에는 절대로 느껴볼 수 없는 경지였기 때문이다. 여기서 인격이라는 절대존엄이 부여될 수 있고, 사람이라고 스스로를 부를 수 있는, 자존과 자만이 생겼을 수도 있다고 본다.

생존에 대한 두려움에서 벗어나면 상당한 시간적 여유로움이 생기고, 이 여유로움은 의식의 광범위한 확장을 가능하게 하여, 새로운 영역인 생각이라는 것 즉 사고 또는 사유라는 것을 가능하게 했기 때문이다. 먹고 살아있는 것 외에는 다른 것을 의식할 수 없는 삶과, 어떻게 사는 것이 편안하고 행복할까 하는 여유로움의 차이는, 사람을 사람답게 하는 중요한 전환점이 되는 것이다. 사람이라는 절대감으로 무장한 자만이 오만으로 전이할 수도 있고, 여유로움이 늙고 병들고 죽을 수 있다는 새로운 두려움으로 바뀌는 의식의 대전환은, 이것 또한 멘붕일 수 있는 충격을 감당하는 부작용도 받아들여야 했을 것이기 때문이다.

자연적 살기와 피포식

이렇게 불을 사용하므로 생기는 존엄에 의한 인격의 부여 시기를 인격기라고 한다면, 불을 사용할 수 없었던 피포식자의 시기를 선인격기라 하여, 인류사의 선사 시대를 세분할 수도 있을 것이다. 그리고 역사 시대를 문자에 의한 기록의 시대로 본다면, 문자가 보편화되어 상당한 사람들이 문자의 혜택을 누리는 문화와 문명의 시기도 구분이 가능하여, 다수의 사람들이 문자에 의한 문화를 누릴 수 있는 시기를 인문기라 하고, 그 이전의 역사 시대를 선인문기로 세분하는 것도 가능할 것이다. 이러한 구분이 필요한 것은 피포식의 선인격기와, 포식자로서 아량을 베풀 수 있는 절대 강자로서 준신격인, 인격기의 구분은 의식의 여유로움에서 오는 행복이 가능했기 때문이다.

사회 구성원 상당수가 문화와 문명의 해택을 향유할 수 있는 인문기와, 일부 지배자 또는 소수의 사제들만 누릴 수 있는 문자의 사용에서 신분적 차별이 불가피했다면, 선인문기 즉 역사 시대였지만 일반적 역사 시대가 아닌, 소수만 누릴 수 있는 역사 시대를 구분하는 것이, 인류사 또는 인문사의 발전에 중요한 변환점이었기에 보다 깊은 성찰이 필요하기 때문이다.

이것은 인격기와 인문기가 겹치는 인문적 살기의 시기와, 선인문기와 인류사가 겹치는 자연적 살기의 시기를 구분하여 조명할 필요가 있고, 그 중간기인 선인문기와 인격기가 겹치는 신분의 시대도 한번 들여다보면 어떨까 하는 생각이다. 자연적 살기는 생존 방식과 생활 양식을 모두 보고 배운 시기로, 선 세대의 행동 양식을 살아가는 표본으로 하는 시기를 말한다. 물론 언어의 소통이 원활할 수 있었다면, 듣고 보고 행동한 선인적 행적을 남긴 시기로 매우 긴 시간 이지만, 문명사 발전은 미미했던 시기로 볼 수 있다. 그리고 인문적 살기 시기는 보고 행동하는 것도 있지만, 문자를 읽고 깨우치거나 또는 읽어주는 것을 듣고 알게 되는 행동 양식을 실현하여, 인문적 행적을 남기는 시기로 매우 짧은 시간이지만, 다양하고 엄청난 문명과 문화사를 남긴 시기라 할 수 있다.

그렇다면 불이 없었던 피포식자로 살아가야 했던, 선인격기의 인류라는 생명체가 살아가는 방식과 의식 또는 생각의 범위는 어떠했을까? 찬찬히 들여다볼 필요가 있다. 사람의 형상은 가졌지만 피포식의 한없이 처량한 약자인 생명체가, 포식자와 부딪치고 감당할 수 없어 당하는 살육의 아픔과, 그러한 것을 보고 느끼는 공포의 트라우마가 그들을 어떻게 제정신으로 견디게 했을까? 이러한 공포와 두려움은 혈연관계의 무리 속에서 위안을 받고 또한, 살아남기 위해서 조금의 여유로움도 없는 생존의 전쟁을 치러야 하는 이들의 의식 세계는 어떠했을까? 심각할 경우 포식자들에 의해 가족관계의 무리가 파괴되어, 어느 누구의 도움도 받을 수 없는 시기의 행동 양식은 생존에 위협이 되는 현상에, 즉각적으로 즉 본능적으로 행동하지 않으면 살아남을 수가 없었다. 그것은 위협이 되는 상황이 무엇이든 간에 판단하고 분석할 여유가 없어, 무조건적으로 자율 신경에 의해 상황에 대처하지 못한 생명체는 멸종으로 갈 수 밖에 없었을 것이다. 과연 이 시기에 어떤 고려나 이성이 필요하겠는가? 그리고 매일 수차례씩 이어지는 포식자의 공격으로 가족이 살육되는 현장을 보면서, 이러한 끔찍함을 느끼고 기억한다면 그들은 온전히 살아남기 어려웠을 것이다.

　그래서 이러한 트라우마를 극복하기 위해, 빨리 잊을 수 있는 또는 기억을 지워버릴 수 있는 '망각'이라는 의식 구조를 창출했을 수 있다. 지나간 것을 즉시 기억 속에서 지워버리는 '망각' 이것이 없으면, 두려움의 공포가 공황 상태를 유발하고 스스로 시들시들 병들게 되고, 이것이 빌미가 되어 또다시 스스로 살육을 맛봐야 하는 악순환을 끊을 수 없었을 것이다.

결국 살아남아서 인격기로 접어들고 인문기를 향유할 수 있었던 것은, 즉시적으로 동물적 본능에 의해 고려나 분석 없이 상황에 대처해야 했고, 살아남기 위해서 지나간 것들을 빨리 잊어버리는 기억 지우기 즉, 망각이 생활화되어 습관화되고 본능화되어 인류라는 생명체를 지속시킬 수 있었다. 그리고 또 오늘을 살기 위해 앞만 보고 주변을 돌아볼 여유 없이, 오직 지금 살아남아야 하는 생명의 본질에 충실했을 수밖에 없었다.

사회와 불과 포식

인류가 불을 얻음으로 안정된 사회의 구성과 유지가 가능해졌다. 불이 없던 피포식자로서의 선인격기에는 포식자들에 의해 무리의 유지가 언제든지 파괴될 수 있었고, 그러한 관계로 혈연 중심의 소수 직계 가족으로 무리가 구성되었다.

불을 얻어 절대 강자로 기존의 포식자들을 피포식자화하는 변화가 생겼다. 이것은 무리 구성원의 관계에도 큰 변화를 가져왔고, 무리의 구성도 소수에서 다수의 비혈연관계의 복합 무리의 구성이 가능해져서, 진정한 의미의 사회라는 집단을 구성할 수 있어졌고, 지속적으로 유지가 가능해지는 획기적인 변화를 맞게 되었다.

그리고 불이라는 절대적 가공할 무기를 통제해야 하는 과제도 안게 되었고, 사회적 무리를 합리적으로 이끌고 갈 능력의 표시인 우월적 지위의 권력도 생겨서, 권력에 대한 견제도 사회 규범 내에 수렴해야 하는, 고차원의 통제 개념이 필요해지는 것은 필연적 수순일 수밖에 없다.

선인격기에는 포식자에게 저항하여 생존을 유지하는 목적의 무리 구성 역할이, 인격기에 들어서면서 다른 절대 강자 또는 다른 생명체의 집합 즉, 다른 인류의 집합체 사회와의 충돌에서 생존을 보장해야 하는, 구성원 보호 개념의 지혜로운 지도자도 필요해진 것이다. 이러한 필요에 의해 도덕과 규범이 필요해져서 사회로서의 기초적인 모양이 갖추어지게 되었다.

[표: 3] 사회 유형의 구분

구분	초기 사회		후기 사회		비 고
	기초사회	기본 사회	1차 초사회	2차 초사회	
외형	씨족, 부족 공동체	도시 공동체 지역 공동체	도시 지역 부족 연합 등, 국가 공동체	유럽 연합 같은 국가 공동체	초사회는 보편적 조세권 징벌권 행사
규범	도덕, 윤리	일부 예외적 징벌과 조세	보편적 징벌권과 조세권 행사	합의에 의한 징벌 조세권 행사	– 법질서 필요 – (문자 없이 불가)
문자	문자의 소용이 낮은 단계		문자가 없으면 통제 불가		

이러한 사회 유형이 만들어지고, 인문이 보편화되는 역사 시대의 인문기로 가는 과정이, 각 단계별 시간차가 매우 심하여 행동 양식에 의한 행적이 습관화되어 준본능화, 준 자율 신경화하는 행적의 중독 현

상에도 상당한 영향을 줄 수밖에 없었다.

피포식자로 있던 선인격기는 수백만 년에서 천만 년에 가까운 장구한 시간이었을 수 있는 반면, 불을 사용한 인격기인 통상의 사회 구성 시기는 수십만 년에 불과했을 수 있고, 역사 시대 선인문기는 겨우 만여 년 전후의 짧은 시간일 수밖에 없는 반면, 인문기는 수백 년에서 천여 년 미만의 짧은 점을 고려해서, 사람의 의식의 진화와 행동 방식의 습관화의 영향이 초습관화로 변이되어, 중독화 현상을 일으키는 것도 새로운 관점에서 들여다보는 것도 고려할 필요가 있다.

선인격기와 선사 인격기 그리고 선인문기와 인문기의 시간적 비교는, 수백만 년 : 수십만 년 그리고 일만 년 : 수백 년으로 개략화할 수 있다. 행동 양식의 습관화와 의식의 보편화에는 많은 고려 요소가 있을 수 있으나, 이것도 각각의 시간적 변수와 연계된다 할 것이다. 구석기 시대로 통칭되는 선사 시대의 선인격기를 단위 일로 보았을 때, 선사 인격기는 십 분의 일, 선인문기는 오백 분의 일, 인문기는 만 분의 일에 불과한 찰나의 시간에 불과한 것도 고려해보는, 폭넓은 변화 가능성을 살펴볼 수 있길 바란다.

초사회와 문자와 문화

인류라는 생명체가 불을 얻어 피포식자에서 절대 강자로 존엄해지므로, 사람이라는 인격이 부여되고 실질적 인류로 다른 생명체에 인식되기 시작했다. 이러한 변화는 일반 야생 동물들의 입장에서 보면 새로운 공포의 탄생이기도 했지만, 인류라는 생명체의 생활과 의식 변화에도 심각한 영향을 끼쳤다.

그것은 불을 사용하는 절대 포식자가 되면서, 일상의 모든 시간을 먹이 활동과 포식자로부터 대피하는 시간에 쏟아부었던 생활에 안정이 확보되면서, 먹이 활동을 하는 일부의 시간을 제외하고는 대부분의 시간이 할 일 없이 남아돌아갔기 때문이다.

그리고 피포식의 시대에는 병들고, 늙고, 죽는 것은 관심 밖의 일이였다. 그것은 포식자로 부터의 대피 과정에서 병들고, 늙어서 약해진 개체는 대부분 살육되고, 살아남지 못했기 때문에 의식할 필요가 없었다. 불을 얻어 절대 강자가 되고 인격이 부여되어 존엄해지면서, 선인격기의 살육의 트라우마가 병들고, 늙고, 죽는 것에 대한 걱정과 공포로 대체되는 것을 느끼게 된 것이다. 선인격기 피포식의 시기에는 한 번도 경험해본 적이 없는 새로운 죽음의 공포였다. 이것은 살육의 트라우마 만큼 끔찍할 수 있는 끝없는 공포의 연속이어서, 새로운 대안이 필요해졌다.

이러한 심리적 내적 대변혁에 짝으로 외적 변화도 있었다. 그것은 초기 사회에서 보편적 징세와 징벌권을 통치 권력에 위임하는 규범에 동의하면서, 사회적 강요는 한층 더 강화되었고 세금의 징수와 형벌의 집행은 공평해야 하므로, 이들을 기억하고 공정하게 실행하기 위해서 문자라는 초기억적 수단이 필요해진 것이다. 사람의 기억에는 한계가 있기 때문에 또는, 그것을 담당한 이가 갑자기 죽거나 사고로 기억을 제공받을 수 없어지면, 공평과 공정은 무너지고 사회라는 집합체가 붕괴

할 수 있는 위험을 방지하기 위해, 기억을 초월하는 초기억적 수단인 문자라는 형식의 행위가 불가피해졌고, 이것이 초사회를 유지하는 변수로 작용하게 된다.

그래서 문자를 알고 운용할 수 있어야, 통치 권력을 실현할 수 있어지는 새로운 도전을 극복해야 했다. 그래서 초사회는 문자가 없으면 유지할 수 없고, 또한 합리적으로 발전도 할 수 없는 필수 조건이 되었다.

이렇게 초기 사회에서 초사회로 진화하면서 '공정과 공평'이라는 보편의 가치를 유지 발전시키기 위해, 문자의 발전과 보급이 지배층의 중요한 과제가 되었다. 이러한 과정은 선사 시대에서 역사 시대로 바뀌는 전환점으로 작용했지만, 문자의 지배층 독점과 문자 사용에 따른 문화의 독점이, 신분이라는 차별성이 생기는 부작용도 불러오게 되었다. 또한 초사회라는 생명 집합체는 기본적으로 구성원을 보호하는 기능을 하기 위한 조직이었으나, 이들의 권력적 행위가 내부 구성원을 통제하고 강요하는 수단으로 악용되는 압박도 생겨났다.

초사회는 다른 초사회와의 분쟁에서 구성원들의 안정적 보호 개념이 권력을 만들고, 구성원에 의해 그 권력을 최고의 우월자인 지배자에게 위임하는 규범에 동의한 것이, 신성불가침의 절대화를 불러오는 문제가 발생했다. 그것은 초사회의 권력이 구성원인 생명체의 속성인 본능에 의해, 사회적 본능으로 작용하여 지배자의 이기적 독선으로 변이하면, 그 힘이 구성원을 강압하는 수단이 될 수 있어, 포식자가 피포식자에 강압한 자연적 강요가 사회 집단의 내부에서 작용할 경우, 누구도 막을 수 없는 재앙이 되고 다른 국가 형태의 초사회도 이를 간섭할 수 없는, 내정이라는 형태로 방패막이가 되는 역기능도 생길 수 있어,

이러한 구조를 초사회라는 형식으로 분류한 것이다.

무리나 사회라는 생명 집합체가 생긴 것은, 포식자나 절대 강자에게 저항하여 생명체 본질인 생명의 영원 지속이 목적인데, 초사회가 되고 잘못 운용되면 사회적 강요가 본능적 이기에 의한, 자연적 강요로 변환되는 역기능도 수반되고 있다. 집합체의 안정적 유지를 위해, 자연적 강요인 본능을 제어하기 위한 사회적 강요를 규범으로 동의했는데, 초사회가 되면서 이들 사회적 강요가 보호 받아야 할 구성원을 강압하는 사회적 본능으로 전이하면서, 구성원의 생명 지속을 훼손하는 역작용을 하게 되므로, 본래의 목적에 반대의 결과를 가져온다는 것이다.

이것이 국가나 국가 연합으로 분류하지 않고 초사회로 분류한 빌미이다. 즉 사회의 목적과 기능을 초월하는 반대 효과를 가져와도, 이를 통제하고 제어할 수 없는 아이러니에 빠져들었기 때문이다. 이것을 어떻게 이해하고 설명할 수 있을까? 원천적 강요인 자연적 강요와 사회적 강요의 상호 견제적인 반작용의 기능이 붕괴되었기 때문일까?

인문적 살기와 스트레스

삶에 관한 모든 지식 정보와 지혜를 선행 세대나 다른 사람이 실행하는 것을 보고, 배우고, 깨우쳐서 살아가는 것을 자연적 살기라고 하는 것은, 모든 움직이는 생명체의 공통된 행동 양식이라고 볼 수 있다. 그러나 사람들은 이러한 자연적 살기 시대를 극복하고, 문자라는 지식 정보를 전달하는 매개체를 활용함으로서, 살아가는 대부분의 정보를 문자로 기록된 방대한 양의 자료에서 읽고, 깨우쳐서 살아가게 되었고, 이러한 생활 방식을 인문적 살기라고 할 수 있다.

삶의 방식을 실행되는 행적을 보고 깨우쳐서 하는 것과, 문자 정보로 저장된 자료에서 읽고 깨우쳐서 살아가는 방식의 차이이다.

자연적 살기는 선행 세대나 다른 이가 없으면 살아가기가 곤란하여, 사회를 형성했다고도 할 수 있다. 그러나 살아가는 지혜를 문자 정보에서 해결한다면, 앞선 세대나 다른 사람이 없어도, 생활을 영위할 수 있다는 것이 다른 점이다. 이렇게 많은 사람들이 문자 정보로 삶의 지혜를 배울 수 있으려면, 다수의 사람들은 당연히 문자를 알고 있어야 가능할 수 있다.

이렇게 문자 정보 없이 살아갈 수 있는 것과, 문자 정보가 없으면 삶에 상당한 차질이 발생하는 것은 문제가 될 수 있다. 그래서 자연적 살기는 과거 대부분의 시대에 적용된 방법이고, 인문적 살기는 의무교육이 제도화되면서 문자해득이 보편화됨으로 가능해진, 극히 짧은 근세기의 삶의 방식이라 할 수 있다. 그러나 사회가 다양화되면서 제2의 원천적 강요인 사회적 강요도 다양화되어, 도덕과 규범도 다양화되고 방대해지면서, 이러한 법질서와 제도를 문자로 공시하고 이것을 지키지 않을 경우 사회적 징벌을 수용해야 하는 것이, 사회라는 공동체의 구성원이 감수해야 하는 일상이 되었다. 만일 이러한 법질서와 제도를 몰라서, 사회 규범을 어겼다면 당연히 징벌이 따를 것이므로, 인문적 살기의 과정은 새로운 스트레스를 유발하고 말았다. 자연적 살기 과정의 사회 규범의 총량은, 그렇게 많지 않아서 사람의 기억 용량

범위였으나, 인문적 살기 과정에서는 사회가 다양화되면서 사회적 규범도 방대해져서, 사람의 기억 용량으로는 감당할 수 없는 수준에 이르고 말았다. 이렇게 많은 정보들이 문자라는 매체에 저장되면서, 일상적으로 문자 매체를 찾아보고 일상의 삶에 임해야 하는 새로운 부담으로 작용하여, 이러한 것을 제때 따라갈 수 없는 사람들에게, 엄청난 스트레스로 다가오고 있다. 그리고 이러한 능력의 차이가 사회적 우열의 차이로 인식되어지면서, 또 다른 경쟁을 유발했다고 볼 수 있다. 이러한 변화는 지난 수백만 년 동안 수십만 세대에 걸쳐 반복되고 습관화되어, 모든 세대를 관통하는 초월적 습속이 되어 누구에게나 자연스럽게 실현되는, 초월적 습관처럼 자연적 살기가 몸에 스며져 있다고 볼 수 있다.

이러한 중독화된 습관이 불과 수세대에 걸쳐 변화되는, 인문적 살기를 감당할 수 있을까? 만일 이것이 쉽게 수용되어 습관화될 수 있다면, 심각한 사회 문제화할 수 있고 새로운 차별로 실제화할 수 있다. 그러면 동등한 인격이 불평등과 불공정으로 변이하는 것은 아닌지…?

3

시점적 사고와 시간적 사고

✎ 오늘을 살아가는 생명체는 오늘의 생존에 가장 유리하고 그리고, 여유가 있으면 내일까지 살아있는 데 도움이 될 수 있는 방법을 선택했기에, 현재를 살아가고 있고 또 살아갈 수 있어, 생명 지속의 본질에 충실할 수 있었다.

만일 그것과 다른 선택을 했다면 오늘 살아있을 가능성이 줄어들고, 그러한 선택이 쌓이면서 오랜 시간이 지나면, 다른 선택을 한 생명체보다 소멸로 갈 우려가 높다고 할 것이다. 그래서 현재를 살아있는 모든 생명체의 선택은 늘, 생명 지속의 유리함을 추구하는 것은 필연이라고 할 수 있다. 그러나 사람의 경우는 상당히 다른 선택의 가능성도 가지고 있다. 그것은 '사람은 사회적 동물'이라는 함축 속에 혼자 살아가는 것이 아니고, 함께 살아가야 하는 과제가 숙명처럼 포함되어 있다고 보는 것이다.

그렇다면 지금의 또는 오늘의 선택이 나라는 개체의 생존에는 유리한 선택이지만, 함께 살아가야 하는 우리에게 불리한 선택이었을 수도 있기 때문이다. 만일 나의 선택이 함께하는 다른 사람에게 불리할 수 있었다면, 사후에 다른 이들로부터 잘못되었다고 지적을 받을 수 있고, 경우에 따라서는 비난의 대상이 될 수도 있다. 이것은 보다 유리한 생존을 선택한 '자연적 강요'인 본능일 수 있고, 함께하는데 불리한 것으로 '사회적 강요'의 대상이 될 수 있는 함께함을 놓치고, 나만을 고려한 선택의 결과일 수 있다. 그러면 왜 이러한 선택을 하는 실수를 하게 될까? 하는 질문이 생길 수 있다. 그것은 행동 선택 당시 그 시점에서, 생명체로서의 선택은 잘 되었다고 할 수 있지만, 시간이 지난 후 함께하는 공동체로서의 선택은 잘못되었다는 것이 된다.

이렇게 그 시점 당시의 선택은 잘못이 없으나, 지난 후 즉 시간적으로 봤을 때 잘못될 수도 있다는 고려이다. 이것은 시점적 사고와 시간적 사고의 차이로, 판단의 변화에서 오는 결과일 수도 있다. 그래서 어떤 일을 선택할 때, 시점적 선택보다는 약간의 여유가 있는 시간적 선택이 유리할 수 있다는 것이다. 물론 그 선택이 생명체의 생존과 직결되는 사안이라면, 시점적 선택이 당연히 옳은 것일 수 있다. 왜냐하면 다른 생명체에게는 약간의 손실이 있을 수 있으나, 사회라는 구성원 하나를 상실하는 것보다, 전체로 보아 유리할 수 있기 때문이다. 이러한 선택 결과가 누적되어, 상당한 기간 동안 생명체 각자가 생존에 불리한 선택을 했다고 가정하면, 결국은 공동체 구성원 모두가 없어질 수 있다는 우려 때문이다.

이렇게 개체의 생존과 공동체의 생존이 서로 반작용으로 움직여서 생기는 문제로, 자연적 강요와 사회적 강요가 반비례적으로 작용하고 있는 딜레마일 수 있다.

그렇다면 이러한 선택의 착오는 왜 오는 것일까? 그것은 선인격기의 피포식자로서 순간 선택 행적의 습관화 시간은 매우 길고, 인격기 이후 지성과 이성이 고려되는 인문기까지의 시간은 매우 짧은 데서 오는 현상으로 볼 수 있을 것이다.

습관화된 행적은 그 시간의 길이에 비례하는 중독성과 같은 것이어서, 상대적으로 짧은 시간 동안 습관화된 행적은, 시간 길이 비례에서 심각한 차이가 있기 때문으로 보인다. 선인격기 수백만 년 동안 습관화된 행적의 순간 선택의 강도가, 인격기 이후의 수십만 년의 습관화된 행적의 순간 선택 강도보다, 비교할 수 없을 만큼 차이가 있다는 것을 고려해야 한다.

선인격기 피포식자로서의 행적은, 즉시 선택하여 실행하지 않으면 생명에 지장이 생길 수 있어, 다른 고려의 찰나가 없기 때문으로 추정된다. 그리고 습관화의 강도는 습관화된 시간이 길수록, 본능처럼 자율신경화할 가능성이 높아지고, 습관화된 시간이 짧을수록 중독화 현상이 낮아지기 때문일 것이다.

최적화의 맹점 공간과 시간

살아있는 생명체가 스스로 살아남기 위해, 끊임없이 활용하는 능력은 어느 한계까지는 지속적으로 발전하고, 활용되지 않는 기관이나 능력은 그 활용도에 맞게, 상당히 낮아지거나 축소될 수 있다는 것은, 피포식자로서 살아남기 위해 최선을 다하는 생명체에게는, 살아남을 수 있는 능력이 보다 향상되었기 살아남았을 것이다.

만일 피포식자가 포식자를 확인하고 도망하는 능력이 지속적으로 쇠퇴한다면, 포식자의 추적 능력이 지속적으로 감소하지 않는 한, 멸종으로 갈 우려가 높다는 것이다. 그래서 이러한 생명체는 지구상에 화석으로는 있을 수 있으나, 현생의 생명체로는 존속되기 어렵다는 것이다. 인류의 선조들인 생명체가 피포식자였던 시절, 의식을 확장하는 능력은 확장되고, 도망가는 능력이 포식자의 추적 능력보다 진화하지 않았다면, 인류라는 생명체가 현존할 수 없다는 것이다. 그리고 이렇게 도망하는 능력 즉 생체적 능력만 향상되고, 생각하는 능력인 의식의 확장과 발전적 진화가 없었다면, 현대 기술 문명의 발전은 제한적일 수밖에 없을 것이라는 추정이다.

이렇게 피포식자였을 때는 신체적 능력이 향상될 수밖에 없고, 포식자로서 지구를 지배한 후부터는 신체적 능력보다 생각하는 능력이 향상되어야, 다른 동물들과 차별적 능력 향상에 의해, 세상을 지배할 수 있을 것이라는 가정이다. 이렇게 생존에 필요한 능력은 극대화되고, 당장에 필요 없는 능력은 극소화되는 생존의 효율성을 최적화라고 하고, 이러한 최적화에 의해 생존에 필요한 두 가지 능력 즉, 육체적 능력과 지략에 속하는 생각하는 능력을, 동시에 발전시킬 수 없는 것을 최적화의 맹점이라고 한다. 두 가지 능력이 다 필요하기 때문에, 둘 다 확장될 수 있으면 좋겠지만, 그러할 경우 최적화가 되는 것이 아니고 차적화되어, 살아남을 확률이 감소했을 것이라는 관점이다. 그러한 관계로 피포식자 시절에는 맹수에 의해 쫓길 때는 도망하는 것에 열중했고, 추적에서 벗어나면 동료의 죽음에 대한 슬픔과 공포는 잊고, 오직 살아남은 것을 다행으로 느끼고 계속 살아남기 위해서, 먹고 또 먹고, 이동하고 장난치고 할 수밖에 다른 선택이 불가능했다. 동료나 가족의 살육을 빨리 잊어버리고, 다음 생존에 몰두하는 것도, 또한 생명 지속을 위한 최적화의 한 단면일 것이다. 피포식자 기간 즉 불을 사용할 수 없었던 오랜 기간 동안, 지나간 것은 곧 바로 잊어버리는 망각과, 살아남기 위한 미래의 희망에만 집착하는 것도, 최적화의 맹점일 것이다. 이렇게 오랜 기간을 살육의 트라우마에서 벗어나기 위해, 지나면 곧 바로 잊어버리는 습관은 계속 강화되고, 살아남기 위해서 뒤도 보지 않고 도망친 것은 잘했다고 만족하는, 선택의 합리화가 지속될 수밖에 없는 것도, 또한 생명채의 최적화 맹점으로 볼 수 있다. 그러나 이러한 수백만 년에 걸친 습관이 불을 얻어 포식자가 된 후에도, 본능적으로 중독된 것처럼 나타날 수 있다는 우려이다.

절대 강자로 군림하면서도 지나간 일은 곧 바로 잊어버리는 망각의 습관이 그대로 유지되고, 지금 또는 조금 전 내가 선택한 행동을 잘했다고 만족하고 합리화하는 습관이 유지되는 것은, 세대를 초월하여 반복된 습관의 중첩으로 중독된 것처럼, 나타나는 것이 아닌지 의심스럽다. 이렇게 수많은 세대에 걸쳐 똑같은 행동이 반복적으로 중첩되어 습관화되고, 이것이 포식자가 된 후에도 지속적으로 나타나는 것은, 초월적 습관으로 보아 초습관화로 부를 필요가 생겼다.

바꾸어 말하면 선인격기의 초월적 습관이 본능처럼 작용하고, 자율 신경화된 것처럼 시간과 공간을 넘어서 인격기인 인류의 시대에도 반복되어 나타나는 것은, 초습관화의 중독이라 할 수 있다는 것이다. 이렇게 초월적 습관이 시공을 넘어서 나타나는 현상을 본능화, 중독화되는 것에 견주어 인문기의 행적도 살펴보는 것은 어떨까 한다.

객체는 과거를 나는 미래를…

'사람은 사회적 동물'이라는 관계에서, 내 주변에는 사회를 구성하는 많은 다른 이가 있을 수밖에 없고, 그들과 나의 관계가 조화로울 때 편안하고 행복할 수 있고, 그들과의 관계가 불편해지면 내 삶이 불편해지고 불행하다고 느낄 수 있다. 이것은 내가 한 행적의 결과가 공동체 유지에 우려스러우면, 내가 불행해질 수 있다는 것인데 왜 그런 행동을 했을까를 살펴봐야 할 것이다. 그렇지 않고 지나간 것이라고 바로 잊어버리는 망각의 기능이 작동하면, 나는 잘못한 것이 없는데 다른 이가 나를 불편하게 한다고 여길 수 있다. 이러한 착오를 일어나게 하는 현상은, 선인격기 생존에 가장 유리한 것을 순간적으로 선택하고, 살아남은 후에는 좋은 선택을 해서 살 수 있었으니, 나는 잘한 것이고 행복하다고 생각하는 생명의 미래 지향적 속성과, 지난 것을 잊어버리는 망각의 속성이 지금도 남아서, 습관적으로 작용하는 최적화의 맹점일 수 있다. 이렇게 내가 한 행동을 잘잘못의 성찰 없이 지나면 잊고, 지금 현재의 살아있음과 미래의 행복만을 생각하고, 앞으로 가려고만

하는 것은 생명체의 속성으로 과거 오랜 기간, 초습관화 중독화된 것으로 불가피할 수도 있다. 그러나 그것을 다른 사람들은 불편하게 생각하고 그 결과가 반작용으로 나를 불편하게 했다면, 나는 잘했다고 생각하는 것을 다른 이는 잘못했다고 생각하고, 그것이 그들과 나를 불편하게 하는 결과로 돌아온 것이다.

그것은 나는 지난 것을 잊어버려서 어떤 잘못을 했는지 기억하고 있지 않고, 다른 이들은 그것을 기억하고 그것 때문에 나를 비난하는 것의 영향일 수 있다. 이러한 것은 나는 지난 것을 잊어버리는데, 남들은 그것을 기억하고 있고, 나는 앞으로 모두와 잘 지낼 수 있다고 희망적인 반면, 그들은 앞으로도 또 그러할 수 있다는 우려를 가지고, 나를 바라보는 관점의 차이에서 오는 현상으로 불 수 있다. 그럴 수밖에 없는 것이 남들은 나를 지나간 행적으로 평가하는데, 나는 지나간 것은 잊어버리고 미래의 희망만을 보기 때문이다. 그리고 그들은 내 마음속에 있는 생각들을 볼 수가 없고, 내가 하는 말과 생각은 실현되기 전에는 볼 수가 없지만, 지나간 나의 행적들은 보았고 그리고 또렷이 기억하고 있기 때문이다.

이렇게 그들과 내가 보는 관점이, 서로 반대 방향이어서 많이 다른 것을 고려할 필요가 있다. 나는 앞으로 올 미래 그리고 실현되지는 않았지만 희망적인 앞날을 보는데, 그들은 마음과 생각은 보이지 않으니 무시하고, 보였던 지난날의 나만을 보려하는 현실감의 차이에서 오는 결과이다. 이것이 관계에서 초래되는 중요한 변수로서, 남들은 나의 지나간 과거 행적을 보고 기억하고 있는데, 나는 망각 기능의 작용으로 잊고 기억하지 않기 때문에, 나와 그들 사이의 보이지 않는 사각지대가 생긴 것이다.

그렇다면 이 문제에 대한 현실적 피악을 누가 더 잘하고 있는 것일까? 그들은 내가 한 것만 보았고, 나는 한 것은 잊어버리고 앞으로 하려는 것만 보고 있다면, 하려는 것은 실현이 안 된 것이기 때문에 내가 보는 것은 신뢰도가 떨어지고, 그들은 이미 확실해진 것만 보았기 때문에 평가와 판단의 신뢰도가 높다고 할 수 있다.

이것을 그들은 다 알고 있는데, 나만이 모르는 보이지 않는 함정 같은 것으로, 이것을 내가 가진 생각의 사각지대라고 할 수 있다. 그래서 남들은 다 알고 있지만 나만이 모르는 사각지대를 볼 수 있기 위해서는, 나의 행적을 되돌아보고 그것을 시간대별로 나열해서 내가 한 행적의 결과가 어떠했는지를 보면, 그들과 나의 판단의 차이를 좁힐 수 있고 그것을 토대로, 그들과 나의 신뢰 관계를 회복할 수도 있을 것이다. 이렇게 나의 행적을 나열해서 보는 시각을 시간적 시각이라 하고, 지난 것을 잊고 현재만 보는 것을 시점적 시각이라 할 수 있다.

합리화를 위한 마음 쏠림 현상

이렇게 지나간 나의 행적을 시간적 관점에서 좀 여유롭게 볼 수 있으면, 잘잘못을 판단할 수 있으나 지나간 행적은 망각해버리고, 앞날만 희망적으로 생각하면 나의 삶이 좋다고 생각할 수는 있었지만, 결과는 그렇지 않을 수 있다. 그리고 그 결과가 다른 이에게도 부정적일 수 있다는 고려는, 심각한 과제로 남겨질 수 있다.

사람들은 자신이 살아가고 있는 그리고 관계하고 있는, 현재의 상황에서 내가 있어야 하는 타당성이 있다는 것을, 주변 여러 사람들에게서 인증받고 싶은 것이 존재감이다. 내가 하는 일들이 남들을 불편하게 하는 것이라면, 내가 그들과 함께하는 것을 부정적으로 볼 수 있고, 그러하면 나의 존재 가치는 소용이 없어질 수도 있다.

이러한 관계로 내가 아무런 고려 없이, 순간적으로 선택한 나에게 유리한 행적이 다른 이에게 부정당하면, 나는 세상에 살아있을 가치가 계속 줄어들 수 있고, 이것을 생명체가 받아들이는 데는 심각한 문제가 발생한다. 나는 나의 존재가 다른 이에게 필요하고 유리한 존재이기를 바라고 그렇게 희망하지만, 나의 순간 선택 결과가 나만 유리하고 다른 이에게 불리할 수 있다면, 나의 존재 가치를 다시 돌아봐야 할 필요가 생겼다.

그래서 생명체는 자신의 존재 가치를 증명하기 위해, 내가 한 지난 일들 즉 행적이 정당했고 사회 구성원들에게 손실이 되지 않았다고, 설명하고 이해시키고 설득하는 행위를 자기 합리화라 할 수 있고, 이것을 옳은 것이 되도록 모든 능력을 동원해서 증명하려 하는 현상을, 합리화를 위한 '마음 쏠림 현상'으로 보는 것이다. 다른 사람이 그렇지 않다고 반론을 제기하면, 다시 그것에 대해 합리적이었다고 여러 사례를 동원해서 설득하고 인정받으려는 행위를, 내 마음에서 계속 지원하고 마음을 온통 집중하여 정당화하려는 것을 그리고, 그것이 혹 잘못이 있더라도 더욱 강화된 변명거리를 제공하여, 이해시키려는 것을 '마음 쏠림 현상'이라 한다.

어떤 일을 두고 이렇게 그것을 합리화하기 위해, '마음 쏠림 현상'에 빠져버리면 그것에서 벗어나기 어려워진다. 자기 존재 타당성의 실현 때문에 우선은 이해시키기 위해 설명하고, 그것이 어려우면 변명을 하게 되고 그것도 인정되지 않으면, 거짓을 동원해서라도 인정받으려는 생명체 속성 때문에, 더욱 헤어나지 못하고 깊은 수렁에 빠져들 수 있는 심리 구조를, 또한 '마음 쏠림 현상'이라고 할 수 있다. 이것은 생명체의 자기 존재의 타당성을 인정받고, 자기의 존재가 남들에게 해가 되지 않는다는 정당성을 증명하려는, 생명 본질의 자존심으로 볼 수 있다. 그렇지 않으면 내 자신이 너무 초라하고, 살아있을 존재적 가치가 부정될 수 있어 극심한 자기 부정에 빠져들 수 있고, 그것은 생명 유지에 위해가 될 수 있는 바탕을 제공할 수 있다는 우려 때문이다.

이렇게 순간 선택의 시점적 사고 때문에 시간적 관점에서 불리해지는 선택을 하게 된 것을, 과거 선인격기의 살아남기 위한 즉시적 행동의 초습관화의 영향으로 볼 경우, 현실의 환경은 피포식자가 아니고 절대 강자로 주변 환경이 바뀌어 순간 선택이 필요하지 않는데도, 오랜 기간 동안 습관화된 중독성 때문에 생기는 부작용으로 볼 수 있다. 그래서 본능적 행동 환경인 초월적 습관이 형성되던 시기와, 현재의 시기가 다른 것을 이성적 또는 지성적 능력을 바탕으로 한 번 더 생각해보고, 결정하는 여유를 고려해보는 것이 좋을 것이다. 물론 그것을 선택해야 하는 목표가 생존과 관계되는 것이라면 불가피한 것이나, 그렇지 않고 좀 다른 선택을 했을 경우, 내가 조금의 손실이 생길 수 있는 것으로 생존과 직접 관련이 없으면, 약간의 손실을 감수하더라도 좀 여유롭게 문제를 볼 필요가 있다고 본다. 앞에서 예를 들었듯이 그것이 주변의 다른 이에게 손실이 되면, 그것이 결국은 다시 내게로 되돌아와서 결과적으로 나의 손실이 되기 때문에 생존과 직접 관계가 없으면, 조금의 손실을 수용하는 너그러움이 진정한 이기적 선택이 될 수 있다. 이것은 초습관의 형성 시기와 실현 시기인 현재의 무대가 달라졌기 때문으로 볼 수 있다.

말과 생각은 공간적 행적은 시간적…

지나간 오랜 시간의 습속 때문에 지난 것을 잊어버리고, 앞으로 살 것은 낙관적이고 여유로운 선택의 폭을 가지고 있어, 나는 언제나 합리적이고 도덕적이고 배려가 있는 삶은 선택할 수 있다고, 자신을 과대평가하는 것이 일반적일 수 있다. 그렇지 못하면 살아가는 존재감에 상처가 될 수 있어서, 생명체로서 자기 상실과 자기 부정이 되어 어려울 수 있다. 이렇게 미래의 낙관적이고 여유로움의 설명은 말과 생각의 자유로움으로, 현실 공간에서 아무리 확장을 해도 부정하기 어려울 수 있다. 그것은 아직 실현되지 않은 가능성이기 때문이다. 그렇게 모든 사람들이 나의 삶을 여유롭고 합리적이기를 희망하는 것이, 자기 존재를 지탱하는 힘일 수 있다. 그러나 그들이 그렇게 합리적이고 여유롭고 이타적으로 살았는지는 알 수 없다. 그것은 자신은 지난 것을 잊어버렸기 때문에, 반성할 기회가 상실되어 버린 이중성을 스스로 깨우치지 못하고 있음이다. 그렇다면 말과 생각의 여유로움과 합리적인 이상을 추구하는 것을, 실제 그렇게 행동했는지에 비교할 필요가 있다. 나의 지나간 행적은 행동 선택 시점의 순간 선택 즉 본능과 이기적 사고에 의해, 배려하는 결정보다 나에게 유리한 편협된 행적으로 계속되지 않았는지를, 시간적으로 확장하여 보자는 것이다.

행동 선택은 시점적 단일성으로 공간화할 수 없어 하나의 공간에 두고 비교하기는 어려워서, 지나간 시간을 시점적으로 분리 공간화하면, 지성적이고 합리적이었는지 알 수 있을 것이다. 이렇게 지나간 행적을 시간적으로 나열해놓고 되돌아보는 것을 시간적 여유로움으로 보고, 말과 생각의 공간적 여유로움과 비교했을 때, 말과 생각의 여유로움과 행적의 분포가 비슷한 여유로움이 있었을까? 다시 말해서, 말과 생각으로 보여주는 이타적 표현과 행적의 결과가 이타적이었는가? 아니면, 이기적이어서 여유롭지 못하고 편협 되었는지를 고려해보고, 현실의 행적 선택에서 참고하는 것은 어떨까 하는 것이 행적의 시간적 고려이다.

지난날의 중요한 의사 결정에 의해 행동한 행적을 일 단위, 주 단위 또는, 월 단위로 시간적으로 분산해두고, 각각의 행적을 선택한 결과가 이타적이고 배려적이었는가? 또는, 이기적이고 여유라고는 찾아볼 수 없는 한 방향만 선택하였는지 살펴보자는 것이다. 앞에서 설명한 전제에서 순간 선택의 본능은, 언제나 내가 살아가는데 유리한 쪽을 선택했을 가능성이, 초습관화라는 중독성에 의해 상당히 높아질 수 있는 것이, 생명체의 숙명과 같은 것이다. 그렇다면 일반적으로 현재와 미래의 내가 생각하는 이타성과 말하는 합리성의 행적의 결과가, 상당히 부정되는 결과로 나올 수 있다.

그것은 나의 희망 속에 내 모습과 지나간 행적 속에 있는 나의 그림자가 서로 다를 수 있고, 그것의 다름이 얼마나 큰지에 따라 나의 행적을 보고 평가하는 다른 사람에 의해, 나의 신뢰도가 평가될 것이다. 내 생각과 하고자 하는 말의 실행 결과가 지나간 행적의 시간적 공간에서 잘 맞은 것으로 나타나면, 나의 신뢰도는 매우 높을 것이고 서로 잘 맞지 않고 상당히 왜곡된다면, 나는 현실의 표현과 행동의 결과에 이중성이 높다고 할 것이어서, 남들이 나를 믿지 않는 유령화 투명인간화 가능성도 있을 수 있다. 만일 그러하다면 삶이 너무 허무해질 수도 있을 것이다. 이러한 관계로 나의 행적을 가끔 또는 일정한 간격으로 지나간 행적들을 되돌아보면, 나의 신뢰도와 관계성에서 많은 도움이 될 수 있을 것이다. 요즈음 많은 청문회에서 보는 고관대작들의, 그들의 이상과 현실의 괴리에서 오는 가슴 아픔과 무너져 내리는 인품을 보면서, 생각과 말의 공허함을 새삼 되새겨보게 된다. 나는 그들과 다를 수 있을까? 만일 내가 그들보다 신뢰도가 낮다면 그들을 욕할 수 없을 수도 있다. 어떻게 할까?

4

기준을 버리면 세상이 보인다

✎ 사람들이 세상을 살아가면서 너무도 끔찍해서 기억하는 것의 두려움이, 내 삶을 더욱 어렵게 할 수 있는 것에 대해 망각의 기능이 작동해 기억을 싹 지워버리면, 미래를 살아가는데 훨씬 활기차고 생동감 있는 삶으로 전환될 수 있다. 이러한 기능은 생명체의 생존과 험난한 앞날의 개척에 많은 도움이 될 수 있는 순기능도 있다고 본다. 그리고 지난 일 중에 상당한 잘못이 발견되어, 함께하는 이들과의 관계 속에서 존재가 부정될 수 있는 중요한 실수나 착오가 있었을 경우, 이것을 합리화하려는 마음 쏠림 현상도 생명체의 생명 지속의 본질에서 보면, 그것 또한 살아있음을 최선으로 한다면 충분한 순기능이 있다고 본다. 생명체는 어떠한 경우에도 살아있어야, 공동체의 위기가 발생했을 때나 자신이 꼭 필요한 시점에, 그 역할을 하게 하므로 공동체 유지에 기여를 할 수 있어, 존재의 타당성을 실현할

수 있고 또 입증할 수 있다.

그것이 생명체가 살아있고 공동체를 존속시키는 본질일 수도 있을 것이다. 그리고 이러한 기능들이 살아지지 않고, 사람들의 사회 속에서 유지되어 온 것도, 그러한 것을 뒷받침한다 할 수 있다. 이러한 것은 의도된 것이라기보다는 살아남기 위한 필요악으로 볼 수 있다. 이렇게 좋은 습관적 기능이든, 그렇지 못하고 나쁘다고 생각되는 불필요한 기능이든, 그것이 살아남아 있는 것이 의미가 있을 수 있다. 이렇게 의식을 하는 과정에서도 반복되고, 무의식적으로도 반복되는 속성을 한번 들여다보고, 가닥을 잡아둘 필요가 있다. 어떤 행동이나 사고가 무의식적으로 반복되는 기능을 '본능'이라 할 수 있고, 의식이 있는데도 반복될 수밖에 없는 기능을 '중독'이라할 수 있다. 그리고 이러한 기능들이 언제부터 습관적으로 반복되어 습관화되고, 수많은 세대를 거치면서도 계속되어 본능화되고 또, 중독 현상을 나타내는지는 특정할 수는 없을 것이나, 공동생활을 할 수 있고 의사소통이 가능하고, 상당한 수준의 의식이 있는 시기부터였을 것으로 추정할 수 있다.

특히 망각의 기능은 불을 얻지 못한, 선인격기의 피포식자 시절부터 습관화 본능화되었을 것으로 보고, 합리화를 위한 마음 쏠림 현상은 불을 얻고, 공동체가 사회라는 형태로 형성된 시기의 전후로 볼 수 있다. 이렇게 피포식자였을 때 필요한 기능이, 절대 강자로 지상을 지배하는 인문의 시대에도 재현되고 있는 것은, 또 하나의 생명의 아이러니라 할 수 있다. 그것은 그 오랜 기간 동안 습관적으로 반복되어 오면서 초습관화를 거쳐 본능화되고, 그러한 현상이 중첩되면서 중독 현상으로 변이한 것이 아닌가 한다. 지금은 인문의 보편화로 문화가 꽃피는 시기라는 점을 감안하면, 지성적 고려와 이성적 분석에 의해 불필요한 것이 되어, 개선되고 제어되어야 할 습관적 기능으로 보아도, 삶에 큰 문제는 없을 것으로 생각된다.

이렇게 어떤 표본이나 기준 또는 모델이나 관행 등이 생기면, 필요와 소용성에 관계없이 지속될 가능성을 우려해야 하는 것은 아닌가 싶다. 현대를 살아가는 사람들도 각자 자기 나름의 세상을 보는 기준을 가지고 있어, 이러한 일 또는 현상에는 이렇게 판단하고 대처해야 한다는 기준이 생겼을 수 있고, 그것이 습관화되면 실제와는 상당히 다른 왜곡이 생길 수 있고, 그것이 착오를 일으키고 실수로 이어질 수도 있을 것이다. 이렇게 어떤 사람이 가지고 있는 세상에 대한 기준이, 경우에 따라서 틀린 적이 있다면 이 기준은 우려스러울 수도 있을 것이다. 이렇듯 자기 나름의 편견화할 수 있는 기준이 있다면, 그것을 버리고 자기를 객관화하여 세상을 다시 볼 필요가 있고, 이렇게 하여 세상을 보는 데 변화가 있다면, 그것은 나만의 편견이었을 수 있다는 점을 삶에서 고려하면, 앞으로의 삶이 더욱 여유롭고 편안해져서 행복감을 느낄 수도 있을 것이다.

이기적 관점이 놓치는 사각과 함정

이렇게 사람들이 세상을 살아가는 데 필요하다고 생각해서, 어떤 일이나 사물 또는 다른 사람의 개체나 그 집단인 사회에 대해, 스스로 적용하여 고려하는 기준이 있다면, 경우에 따라서 그것은 나만의 생각으로 편견화할 수도 있다는 것이다. 이러한 편견들 중에 가장 심각한 영향을 주는 부분이, 자신에게 유리한 부분만을 추구하고 또한 그러할 수 있는 것만 보려고 하는, 이기적 시각이 보편적으로 문제가 될 수 있는 편견이 아닌가 싶다. 세상의 여러 일들이나 관계들이, 나에게 꼭 도움이 되고 이익이 되는 것은 아닐 수 있는데도, 관계의 형성과 일의 도모와 운용에 내게 이익이 되는 것이 없을까 하여 찾아보게 되고, 그러한 것이 있을 수 있거나 만들어질 수 있다면, 그곳을 상시적으로 주시하고 나에게 도움이 될 수 있는 시점을 포착하거나 그렇게 되도록, 일을 도모하려고 하는 욕심이 포함된 생각과 관점을 자주 보게 되는 것이, 또한 사람의 한계일 수 있다.

그러나 이러한 이기적 관점은 모든 일의 과정 또는 관계에서, 이익 요소만 보려고 하는 편협함으로 인해, 그 일에 접근하는 나의 시각을 제한할 수도 있다. 이렇게 내가 보고자하는 것만 보고 이익이 되는 것만 보려고 하면, 그것이 다른 많은 요소를 가려서 놓치게 하므로, 전체를 보지 못하는 실수와 판단에 착오를 일으킬 수 있는 것이다. 모든 일은 어떠한 단일 요소로 이루진 것이 아니고, 많은 요소가 관계하면서 서로 반응하여 이루어지는 경우가 많기 때문에, 어떤 일부의 관점에 시각이 고정되어 버리면, 실제 도움이 될 수 있는 다른 요소들을 모두 놓쳐버리는 모순에 빠질 수 있다. 이렇게 사회를 살아가는 공동체의 구성원으로서 각자 동일한 모순에 빠져버리면, 집단적 모순의 상호 작용이 오히려 나에게 손실이 될 수도 있다.

약간의 여유로움으로 조금만 물러나서 보면 선명하게 볼 수 있는 부분도, 근접하여 집착하면 등잔 밑이 생길 수 있고, 이것이 모두를 실수와 착오로 몰아갈 수 있는 것이다. 조금 물러서면 그림자가 작아질 수도 있어, 안 보이던 문제가 보일 수도 있다는 것으로, 오히려 내가 약간의 손실을 볼 수도 있다고 생각해서 객관화되면, 다시 말해 약간의 이타성을 실현하면, 그림자 뒤에 숨은 이익을 볼 수 있어 본래의 이기를 달성할 수 있을 수도 있다는 것이다. 여럿이 함께 도모해야 하는 일이라면, 다른 이에게 약간의 이익을 양보하므로 더 큰 이익을 창출할 수도 있다는 것으로, 이렇게 너무 근접하거나 집착하여 몰두함으로 생기는 등잔 밑의 그림자를 볼 수 있어지면, 이기적 관점이 놓치는 사각과 함정을 볼 수 있어진다.

하나를 얻으려고 하나를 놓치면, 그것은 이기도 이타도 아닌 시간의 낭비가 될 수도 있고, 다른 사람들의 관점에서 보면 함께하기에는 불편한 관계로 받아들여져서, 새로운 협력을 얻기가 곤란해질 수도 있다. 오늘의 이득도 별로이고 내일의 이익도 곤란할 수 있다면, 그것은 사회라는 관계 속에서 살아야 하는 '사회적 동물'의 숙명으로 보아, 회복할 수 없는 손실이 생긴 것으로, 사각과 함정의 폭과 깊이가 더 확대되었다고 할 수 있다. 이러한 것처럼 어떤 일에 꼭 이득을 보는 것을, 합리적이라고 하는 기준을 가지고 세상을 보고 제단한다면, 그러한 기준이라면 버리는 것이 세상을 합리적으로 보고, 객관화할 수 있는 좋은 묘책이 될 수 있다. 하나를 얻기 위해 하나를 놓치고 앞으로의 관계도 불편해질 수 있다면, 너무 공허하지 않겠는가?

나를 알고 세상을 모른다_(관심 편중)

생명체가 살아있다는 그 자체가, 원천적 강요를 스스로 지고갈 수밖에 없는 살아있음의 숙명과 같은 것으로, 그것은 생명이 없으면 원천적 강요로부터 자유로울 수도 있다는 것이다. 이렇게 생명으로 존재해버리면, 내가 바라던 바라지 않던 1차적 원천적 강요인 생존 우선의 본능적 강요를 벗어날 수 없고, 사람으로서 사회를 구성해야만 살아갈 수 있다면, 사회가 부여하는 2차적 원천적 강요인 도덕 규범을 내 의사에 관계없이 따를 수밖에 없다할 것이다.

이렇게 생명체로서 받아들여야 하는 업보와 같은 부담은, 살아있기 위한 생명의 몸부림으로 나타나는 본능과, 살아있기 위해 스스로 선택하는 가장 유리한 행동이, 사회적 강요인 규범에 의해 심각한 통제를 받는 것으로 느낄 경우, 높은 수준의 자유를 침해받았다고 생각해서 저항하게 되는 것도 당연할 수 있다. 이렇게 사회라는 세상이 나의 자유를 침해하고, 살아가는 데 불리한 간섭을 하는 것으로 느껴지면, 세상을 편안히 살아갈 수 있는 방법을 찾게 되는 것은 어쩔 수 없는 일이다. 이러한 욕구가 세상이라는 사회가 어떻게 생겼고, 어떻게 작용하고 어떤 이유 때문에 나를 불편하게 하는지를 알고 싶어하고, 알아야 편히 살 수 있다고 느낄 수밖에 없다.

이렇게 자연적 강요인 생명을 나 자신으로 느껴서, 스스로인 나를 잘 알고 있다고 생각하여 불편해하지 않고, 오직 세상인 사회만 나를 구속하고 있다고 생각할 수 있다. 그래서 모든 문제의 기준을, 사회라는 공동체에서 풀어내려 하는 욕구가 작용하여, 세상이라는 사회를 탐구하게 한다. 그것은 나는 알고 있으므로 별문제가 없는데, 세상이라는 공동체의 속성과 이 공동체를 구성하는 남들의 집단인, 오직 그들을 문제의 본질로 보는 착오가 생기는 것이다. 그래서 내가 잘 살아가거나 우월하게 또는 편안하게 살아가기 위해, 내가 가지고 있는 모든 역량을, 나의 바깥으로 세상에 쏟아붓는 관심의 편중 현상이 생기게 된다.

사실 삶의 관심은 자연적 강요인 생명 나 자신과, 사회적 강요인 그들이 각각 공평하게 가지고 있고, 남들인 그들도 모두 나와 같이 너희들의 문제라고 하면, 관심이 되는 문제의 상당 부분을 생명인 내 자신이 가지고 있은 것은 아닌지, 다시 생각해야 하는 문제로 돌아갈 수 있다. 그러면 그것이 그들의 문제인가 나의 문제인가를 풀어내야 하고, 그것을 풀어내는 것도 내 몫일 수밖에 없다. 이렇게 모든 것이 나의 문제인데, 그들의 문제로 오인하여 나를 보려하지 않고 그들만 보게 되고, 모든 문제의 원인을 그들로 보게 되면 세상에 대한 불평이 생기게 되고, 나는 하나도 책임이 없는데 사회가 잘못되어 나를 힘들게 한다고 느낄 수 있다는 것이다.

사실은 나를 모르기 때문에 세상을 모르고, 내가 불편하기 때문에 세상을 불평하는 것인지 모른다. 이렇게 나를 모르는 것으로 문제 풀이가 되면, 세상을 모른다고 생각해서 그러한 편견에 집착한 것이, 나 자신을 보는 것이 소홀해서 생기는 문제로 되돌아올 수 있다.

내가 푸른색 안경을 쓰고 세상을 보면 세상은 푸르게 보이고, 내가 분홍색 안경을 쓰고 세상을 보면 분홍색으로 보일 수밖에 없다. 그래서 나라는 생명과 생명의 본능인 자연적 강요를 제대로 보고 제어하는 것을, 사회적 강요만으로 감당하는 것의 어려움을 깨닫고, 선각자와 성현들이 신앙이라는 것으로, 나를 다시 보게 한 것일 수 있다.

나는 공정한데 세상이 불공정

누군가 세상에서 변하지 않는 진리 같은 것이 딱 하나 있다고 했는데, 그것이 '세상에 변하지 않는 것은 모든 것이 변한다는 것'이라고 했다는 것이다. 이렇게 세상은 언제나 변하고 있는데 내가 세상을 보는 기준을 갖고 있으면, 세상이 변하는데 따라 나의 기준도 변했을 때는 문제가 발생하지 않을 수 있다. 그러나 세상에 대해 내가 세워둔 기준은 일반적으로 잘 변하지 않는 것이 일상이어서, 모든 문제가 그 변하지 않은 기준 때문에 세상이 잘못 받아들여져서 그러한 것은 아닌지 살펴야 한다.

이것을 다르게 표현하면, 나는 공정한데 세상이 불공정하다로 뒤집어 해석할 수도 있다. 이렇게 세상은 끊임없이 변하고 있는데 나만이 홀로 고고한 척하면, 나는 공정해 보이고 세상이 공정을 져버렸다고 생각할 수 있다. 이렇게 되면 세상이라는 사회를 살아가는 모든 사람들은 잘못 판단할 수 있는데, 나만이 평정심을 가지고 세상을 바로 보고 있다고 여길 수 있다. 그렇게 되면 약간의 우월감을 가질 수 있어지고 그것이 빌미가 되어, 내가 이 불공정한 세상을 변화시켜 살기 좋은 세상으로 만들어야 하는, 리더로서 책임감 같은 것을 느낄 수 있어진다.

이것이 좀 진취적인 생각을 가지고 있거나, 남다른 용기가 있는 분들의 사명감을 자극할 수 있어지고, 이러함이 마음 쏠림 때문에 소명 의식으로까지 진전될 수도 있어진다. 일부는 이러한 사람들 때문에 사회가 조금씩 생동감이 생길 수 있고, 그것이 사회적 집단의식과 어울려져서 역동성을 자극하고 큰 반향을 일으킬 수도 있다.

그러나 그것이 가까운 이들의 공감을 받지 못하면, 개인적 착오로 볼 수 있어지고 허탈해지고 의기소침해질 수 있어서, 세상을 사는 데 오히려 장애가 발생될 수 있다. 이렇게 어떤 기준이 설정되고 그것이 세상 변화에 맞게 잘 조정되지 않으면, 불공정하다고 생각하는 세상이 더욱 혐오스러워지고, 허무주의에 빠져 자신을 자학하고 열등감으로 내몰 수도 있다.

그렇다면 그러한 기준을 과감히 버려버리고, 세상이 있는 그대로를 바라보는 국면 전환을 꾀하는 것도 나쁘지 않을 것이다. 그렇게 되면 세상이 변해가는 것을 알아차릴 수 있어져서, 내가 가진 기준 때문에 가려졌던 부분이 선명해지면, 세상을 보는 새로운 눈을 얻을 수 있을 것이다.

이렇게 가끔 나의 기준을 버리고, 세상을 있는 그대로 볼 수 있는 아량도 필요해진다. 그렇지 않으면 내가 가진 한 걸음 늦은 기준 때문에, 세상에 대한 편견이 확대될 수 있고 편견이 합리화되면 더욱 강화될 수 있고, 이것이 생명체 본질에 의해 본능은 생존을, 생존은 기준을, 기준은 편견을 재생산하는 악순환에 빠져들 수 있다.

사람이 세상을 살아가면서 최소한의 생존에 대처하기 위한 기준은 없을 수 없지만, 모든 세상을 내가 가진 기준으로 오염시킬 수 있어지면, 그것은 기준의 순기능보다 역기능이 강화된 것으로 볼 수 있다. 최소한의 생존을 위한 기준은 응급대처와 같은 성격으로, 그것에 적극적이고 즉시적으로 대처하지 않으면, 삶을 위험하게 할 때 적용하는 매뉴얼 같은 것이다. 다시 말해 자연 재난이나 피할 수 없는 위험에 대응하여 생명을 지키기 위한 지진, 풍수해 같은 자연재난 또는 화재나 전시공습에 대비하기 위한 훈련 같은 것으로, 생명 지속을 위한 생존 훈련같이 최소한 응급에서 탈출하기 위한 훈련 매뉴얼 정도의 기준은 반드시 있어야 하지만, 그 외 직접 생존과 관계없는 사안에 대한 기준이라면 과감히 버리고, 있는 그대로 보는 훈련도 필요할 것이다.

내가 없는 경우의 세상

세상에 대한 편견을 없애기 위해 나를 객관화하여 세상을 있는 그대로 봄으로써 왜곡될 수 있는 편견, 즉 내가 지금까지 가지고 있던 세상에 대한 기준을 버리는 것은, 나를 세상에 두되 나를 인식하지 않고 없는 것처럼 하면 가장 효율적일 것이다.

이러한 과정을 자기 객관이라 할 수 있다. 자기는 있으되 이기와 본능이 없는 객관 즉 존재로서만 내가 있고, 욕망의 주체로서의 나를 지워버리는 것이 자기 객관일 수 있다. 이렇게 자기를 객관화하려면 자신의 생존을 초월해버리면 가장 쉬운데, 생명체가 생존을 초월한다는 것은 성인의 경지가 아니면 어려울 수도 있어, 통상적으로 불가능할 수도 있다. 그러나 세상을 보는 관점에서 이기적 욕구를 제어하여 남의 입장에서 나를 볼 수 있어지면, 그것 또한 이타적 관점이 될 수 있어 세상을 편견 없이 볼 수 있는 한 방법이 될 수도 있을 것이다. 이렇게 이기가 없어지면 모든 사람들에게 도움이 되는 대의를 볼 수 있어지고, 다른 많은 사람들의 관점에서 세상을 보는 것이 이타가 될 수 있다. 이렇게 생존 경쟁의 현장에서 나를 놓아줄 때 욕심이 제어되어, 내가 없어도 세상을 있는 것으로 받아들여져야 합리적 객관화가 가능해진다. 일반적으로 많은 사례에서, 내가 없으면 세상도 없다고 극단적으로 생각하는 경우가 있는데, 그것 또한 편견으로 내가 없어도 세상은 있다고 받아들여지는 것이 객관에 가까운 것이다. 이렇게 내가 없는 경우의 세상을 상정해두고, 내 주변과 내 자신 그리고 세상을 돌아봐줄 여유가 생기면, 내가 없는 세상에서도 남겨진 모든 이들이 행복해질 수 있기를 기도할 수 있어진다.

이것이 세상을 있는 그대로 볼 수 있어지는 진정한 자기 객관이다. 그러나 보통의 우리는 내가 없으면 세상도 없고, 내가 있을 때만 세상이 있는 것이라는 아집에 준하는 편견을 가지는 것을, 삶에 대한 욕구이고 의욕이고 도전하고 싶어지는 바탕이라고 생각하는 경우가 많은 것 같다. 사실은 내가 없어도 세상은 있는 것이 나를 아껴주고 같이 가슴 아파했던 이들에게, 보답할 수 있어지는 최소한의 인간적 양심이고 자연인으로서의 소양일 수 있다. 만일 내가 없다고 세상도 없어지는 것이고 나를 격려해주고 보듬어주고, 같이 가슴 아파했던 이들이 모두 나와 함께 없어지는 것이라면, 나의 삶이 허무할 수 있고 그들에 대한 배신이라 할 수 있는 것이 아닌가 싶다.

바꾸어 극단적으로 표현하면, 내가 없으니 너희도 '없어져라' 하는 저주로 여겨질 수도 있기 때문이다. 이것은 인간 근본의 사랑도 아픔도 아니고, 구제받을 수 없는 실패자의 볼썽사나운 괴변과 넋두리가 될 수 있다. 그래서 내가 없어도 세상이 있는 것이, 나의 존재에 대한 최소한의 예우이고 연민이 될 수 있다. 세상은 이러이러 해야 한다. 사람은 모름지기 저러저러 해야 한다. 또는 서로의 관계에서는 도덕적이고 성인군자여야 한다는 등, 세상에 관한 나름의 기준이 있으면 내 자신이 불편해진다. 내가 남에게서 섭섭함을 느꼈다면, 그 사람이 언젠가는 미안해해야 한다. 그리고 내가 누구에게 도움을 주었다면, 당연히 그도 내가 필요할 때 도움을 줄 수 있는 것이 세상의 도리라고 스스로 정해버리면, 다른 이들은 그것을 나와 다르게 생각하든가 또는 잊어버렸을 수도 있어서, 그러한 것들의 마음 아픔과 상처가 나에게서만 느껴지고 다른 이는 무덤덤하게 살아간다면, 그 기준 때문에 나의 삶이 황폐해질 수도 있음을 살펴보자.

5

존재적 나와 관계적 나

    ✎ 내가 없는 경우의 세상과 내가 있는 경우의 세상은 똑같은 세상인데도, 너무도 달라질 수밖에 없는 것이 사람이라는 마음의 속성으로 보인다. 만일 내가 세상에 없다면 그 세상이 어떻게 돌아가던, 아무 관계가 없는 것이 생명체의 본능이기 때문이다.

  그러나 존재하는 경우는 상당히 많은 변화가 생길 수 있다. 그것은 나는 다른 이에게 어떠한 영향을 주고 싶지 않고 조용히 있고 싶은데, 다른 이들이 그들의 이익을 위해 내가 있는 영역에 영향을 주는 행위를 하는 경우, 어떻게 대처하느냐의 문제가 생긴다. 그리고 이러한 영향들이 내가 존재로만 있기 위해 노력하는 만큼 내가 불편해질 수 있다면, 내게 유리한 관계로 전이할 수 있도록 어떠한 영향이 생기기 전에 적당한 관계를 만들어두면, 나와 그들에게 모두 편리하고 합리적일 수 있는 경우가 있기 때문에, 내가 없는 경우와 있기만 한 경우 그리고 합리적인 필요한 관계를 하는 경우를 살펴보는 것이, 모두의 행복을 위해 도움이 될 수도 있을 것이다.

이러한 관계에서 내가 있는 경우를 우선하면, 삶에 대처하기 위한 나만의 기준으로 실상이 왜곡되어 보일 수 있는 것과, 이기적 관점에 의해 다른 부분을 놓쳐버리는 나만의 함정과 사각지대에 빠져서, 어려워질 수 있는 착오와 실수를 줄여보자는 것이 기준을 버리고, 내가 없는 경우를 고려해보자는 것이다.

그래서 내가 세상에 있을 수밖에 없는 경우의 문제들을, 존재로만 있는 경우와 서로 관계를 합리적으로 유지하는 경우의, 나와 또는 내 주변의 여럿이 느끼는 행복감의 차이를 고려하는 새로운 시각이 생기면, 여유로움과 편안함에 의해 경쟁 사회의 팍팍함에서 내가 위로를 받을 수 있기 때문이다.

이렇게 존재로만 있는 경우의 나를 '자기'라 하고, 사회와 관계하는 나를 '자아'라고 할 수 있다. 그러나 일단 자기가 생성되면 생명체의 생명 본질의 삶에 대한 애착이 생기고, 이것이 편견을 형성하는 것이 자기의 본질이기 때문에, 세상과 관계하는 자아와의 사이에 갈등과 모순이 생길 수밖에 없고, 관계 속에서 평정심을 찾아가는 자아 객관화로 가는 과정에서, 자기 객관화를 먼저 고려하므로 자아의 발견과 객관화에 도움을 얻기 위함이다. 이렇게 존재로만 있는 나와, 관계되면서 있는 나를 상호 비교해보는 것도 참고가 될 것으로, 정지되어 있는 상태에서 생각과 마음으로서의 나와, 관계에 의해 움직인 이후의 나를 간단히 도표 상에서 나열하면 비교가 수월할 수 있다.

[표: 4] 자기와 자아의 비교(동일한 건에 관한 존재와 관계)

구 분	생각과 마음의 영역			도수	행동한 결과의 영역			비 고
이기적 영역				10				100% 이기적인 선택이면 10, 반반이면 5, 거의 없으면 1로 정리
				5				
				1				
시간 축	10	5	1	0	1	5	10	일, 주, 월, 년 등
이타적 영역				1				100% 이타적인 선택이면 10, 반반이면 5, 거의 없으면 1로 정리
				5				
				10				

※ 시간 축을 어떤 일의 사안별 건수로 나열하고 도수 정리해도 관계없음.

이렇게 하여 생각과 마음으로서의 고려와 행동으로 선택한 결과를 상호 비교해보고, 필요에 따라 행동하기 전에 고려한 시간적 차이도 역시 도표상에 표시해보면, 존재로서의 마음과 생각의 영역과 관계로서의 행적의 결과가 상당한 유의점이 있을 것이다.

나를 바꿀까 세상을 바꿀까?

||||||||||||||

이렇게 사람은 어떤 방식으로로든 세상과 그리고 다른 여럿과 또 그들

의 집단인 사회와, 관계되고 관계할 수밖에 없는 것이 사회적 동물이 가지고 있는 한계이고 숙명일 수 있다. 이러한 관계와 숙명은 세상을 부딪치는 과정에서 어떤 기준을 가지고 어떠한 관계를 이어가는 것과, 생명체가 가지는 생명 지속 본질 때문에 생기는 이기적일 수밖에 없는 속성의 사각과 함정들에 의해, 많은 갈등을 유발하고 모순과 부딪치게 된다.

그러면 이러한 문제가 세상이라는 사회 즉, 그들 때문인가 나 때문인가로 귀결될 수 있다. 그리고 이 문제에 대한 풀이 과정에서 나는 공정한데, 세상이 불공정하다는 결과에 이를 수 있다. 왜냐하면 내가 불공정하고 세상이 공정하다고 되면, 나의 존재 가치가 부정되는 극한에 몰리게 될 수 있어, 자기 합리화에 의한 마음 쏠림 현상 때문에 받아들이기가 어려워질 수 있기 때문이다. 그렇게 되면 세상을 바꿀까 나를 바꿀까라는 질문에서 세상을 바꾸는 쪽으로 귀착된다. 세상이 불공정한데 그들과 아무 일 없듯이 함께 살아가면 결국 내가 불공정한 것이 되기 때문에, 세상을 바꾸어야 하는 쪽으로 결과가 나올 수 있다. 이렇게 세상을 바꾸어야 한다고 의사 결정이 되었을 때, 실행의 순서에서 본질적인 문제가 생길 수 있다.

그것은 나는 그대로 두고 세상만 바꾸려하는 '절대 자기'와, 나를 바꾸므로 세상을 같이 바꾸려고 하는 '상대 자기'가 충돌할 수 있는 문제이다. 전자를 선택하는 경우는 영웅이나 독재자들이 선택할 수 있는 방법이고, 후자의 방법은 일반적 많은 지도자들이 선택하는 방법일 것이다. 그렇다면 내가 어떤 방법을 선택하고 실현하려 한다면 무엇이 합리적일 수 있을까.

내가 바뀌지 않으면서 남들을 바꾸려한다면, 영웅이 아니면 불가능하다고 볼 수 있다. 그것은 '너나 잘해'라고 할 수 있기 때문이다. 그러나 불공정하거나 불합리하다고 생각하는 부분을, 내가 스스로 고치고 바꾸어서 행동으로 보여주면, 가까이 있는 다른 사람들이 보고 내가 바꾸고자 하는 일이 합리적이라고 하면, 공감해주고 그들도 여건이 허용되면 동참하고자 할 것이다. 이렇게 되면 소수가 바뀌면서 다수를 바꿀 수 있는 동기가 될 수 있다.

그러나 나는 바뀌지 않으면서 모두를 바꾸려하는 시도는 불가능할 수 있다. 이것은 결국 세상은 공정한데 내가 불공정했다고 할 수도 있어질 것이다. 내가 공정했다면 나를 바꿀 필요가 없었기 때문일 것이다. 이렇게 많은 사람들이 세상을 바꾸려고 고생을 했지만 상당한 사람들이 실패하고, 늘 세상은 그대로이고 늘 불평의 대상으로 남아있다. 결과적으로 되돌아보면 세상은 늘 공정하다고 볼 수 있어, 그것이 객관적 관점의 표준이 되는 것이 아닌가 싶다.

어떤 문제에 부딪쳤을 때 한 걸음 물러나라는 것은 등잔 밑 그림자를 보자는 것이고, 객관적이 되라는 것은 내가 설령 옳은 것이라 하더라도 다른 여럿의 공감을 얻지 못하면, 그것은 소용이 없는 일이 되고 말 수 있다는 것이다. 그래서 세상을 객관화할 수 있는 존재로서의 자기를 먼저 정립하고, 관계로서의 자아로 확대해가는 것이 나와 세상의 관계에서, 여유와 여백이 함께하는 상대 자기의 공존일 것이다.

타자 속에 나를 삽입

нннннннннн

　나를 통해 세상을 본다는 것은, 세상을 있는 그대로 보자는 것이 가장 중요한 관점이 될 수 있다. 내가 세상을 볼 때 어떤 기준을 가지고 보면, 이미 세상은 그 기준에 의해 왜곡될 수 있고, 내가 세상 속에 유리한 입장에 있기 위하여 이기적 관점이 생길 수밖에 없다. 이렇게 이기적 시각과 기준을 가지고 보면, 세상은 나를 통해 약간의 왜곡도 생기지만, 나로 인해 볼 수 없는 그림자 같은 사각지대가 생길 수 있다.

　그래서 이러한 가능성이 없도록 하기 위해, 존재로서만 나를 두고 기준과 이기가 없는 상태로 세상을 보는 것이, 있는 그대로 볼 수 있는 과정이 될 수 있는 것이다. 이렇게 세상을 있는 그대로 볼 수 있어지면, 그 속에 있는 나를 객관화시켜 볼 수 있고, 내가 세상 속에 있는 그대로 보여지게 하므로, 나를 제대로 보자는 것이다.

　나를 통해 세상을 본다는 것은 내가 편견이 없을 때 세상을 바로 볼 수 있고, 세상을 바로 볼 수 있으면 그 속의 나도 바로 볼 가능성이 높아지기 때문이다. 이렇게 선입견 없이 세상과 나를 볼 수 있으면, 내가 세상을 살아갈 방향을 가늠할 수 있어지고, 그래서 내 주위의 다른 이들과의 관계가 조화로워지면, 모두가 편안해질 수 있는 바람직한 상태로 될 수 있기를 바라는 희망 때문이다. 이러한 과정의 한 방법으로 나를 전연 이해관계가 없는 사람들의 집단 속에, 나를 조용히 가져다 두고 어떻게 받아들일지를 보는 것도, 세상을 객관화할 수 있는 한 방법으로, 타자 속에 나를 삽입시키는 과정을 연출하고, 적응할 방법을 살펴보는 것도 도움이 될 수 있다. 나의 뜰에 손님을 초청히는 것이 아니고, 남들의 세상에 그리고 그들의 뜰에 내가 초대되어, 손님으로서 그들을 보고 내가 그들과 적응할 방법을 찾아보는 것이, 존재로서의 나 또는 나를 객관화할 수 있는 지름길이 될 수 있다.

손님으로서의 초대임으로 내가 할 수 있는 것은, 그들의 예법과 문화를 존중해주고 따라주는 방법 외에는 다른 방법이 없기 때문이다. 그러면 내가 손님으로서의 위치를 넘어서도 안 되고, 그들을 무조건적으로 따라서도 안 되는 참으로 외관적 형식은 편안해야 하나, 내적으로는 상당히 불편할 수 있는 관계를 뜻한다. 이러한 경우의 나는 나의 정체성을 어떻게 정립하고, 향후 내가 처신할 방향은 어떻게 잡을 것인가가 가장 중요한 판단과 분석의 대상이 된다. 즉 좋든 싫든 그들의 예법과 문화 그리고 그들 사회의 다양성을, 강제는 하지 않지만 강제적으로 받아들일 수밖에 없는 상황으로, 이것이 일반적으로 말하는 다양성의 수용 방법이다.

이러한 상황에서 그동안 내가 가지고 있던 기준 즉, 세상과 사회에 대한 주관이 전연 소용이 없는 편견이 될 수밖에 없다는 것을 깨닫는 것이, 기준을 버리고 편견에서 벗어나는 과정일 것이다. 이러한 상황을 있는 그대로의 세상을 보는 과정으로 한번 찬찬히 짚어보고, 현실의 내가 있는 곳에서 똑같은 상황을 연출해볼 때 생기는 생각의 변화가, 나를 객관화하고 나를 합리화시켜서 미래에 바람직한 자아를 형성하고, 그것을 실현하는 에너지의 바탕이 되고자 하는 고려이다.

이렇게 어떠한 선입견과 기준이 없는 상태, 이기적이 되고 싶어도 이기적일 수 없는 상태, 이것이 세상을 있는 그대로 보고 나를 있는 그대로 볼 수 있는 한 예가 될 수 있을 것이다.

그들을 통해 나를 보기

_{||||||||||||||||||}

　이러한 과정은 그들의 세상에서 그들의 관점에서 나를 볼 수 있는 계기가 될 수도 있다. '로마에 가면 로마법을 따르라'는 말이 있듯이, 내가 지금까지 알고 있었던 상식들이 모두 무용지물이 되어버리는 상태 즉, 모든 것을 보고 배우는 상태인 새로운 자연적 살기가 시작된다고 볼 수 있을 것이다.

　내가 가진 기준과 이기심이 발현될 수 없는 상태, 이것이 그들을 통해 나를 볼 수 있는 자연적 살기의 기본으로, 무아로 갈수 있는 초대인지도 모른다. 이렇게 그들의 사회에 들어가면, 그들이 요구하는 공익 이타가 생기게 되고 그것을 요구받게 된다. 그들의 사회가 가지고 있는 도덕률로 내가 사회라는 보호막의 도움을 받기 때문에, 상응하는 대가를 요구하는 것이 공익을 위해 도움이 되는 행위를 강요받게 되고, 이것이 원천적 강요에 속하는 사회적 강요이다. 이것을 사회라는 생명 집합체의 이기로 볼 수 있어, 이것을 사회적 본능에 의한 생명 집합의 사회적 이기로 작동되어, 나에게 개인 이타를 요구하게 된다. 여기서 내가 저항하면 비난과 징벌의 대상이 될 수 있어, 그들의 도덕률에 의해 생명 본능의 자유와 자유 의지를 침해받을 수밖에 없고, 그것을 수용할 수밖에 없는 것이 사회 구성원의 의무 같은 것이다.

이렇게 타자의 사회에 들어가서 살아남으려면, 그들의 규범을 수용할 수밖에 없다. 그러나 내가 우리의 사회에 있다면 늘 순응만 하고 있을까? 많은 경우 우리 사회의 규범에 저항하고 자유를 침해받지 않으려고, 끊임없이 의사 표시를 하는 것을 비교해봄도 참조가 될 수 있다. 이렇게 현재 내가 속한 사회에는 불만족할 수 있으면서, 그들의 사회에는 순응하는지를 왜 저항할 수 없는가를, 그것도 나라는 자기는 변함이 없는데 자아로서의 나는 변해야 하는 상황을 어떻게 받아들여야 할까?

  그리고 우리의 현실 사회에서 공익 이타에 저항하는 것은, 나는 공정한데 세상이 불공정하고 느끼는 것은 아닐까? 이러한 과정들과 반응들은 2차 원천적 강요인 사회적 강요에 저항하는 것으로서, 태생적 원천의 뿌리로 1차적 강요인 자연적 강요에는 저항하지 않으려 하는가? 다시 말해 내속에서 표출되는 동물적 본능에는 저항해보려고 시도해보지는 않는가이다.

  이렇게 원천적 강요에 대해 어느 하나는 저항하려 하고, 또 다른 하나는 저항할 의지조차 없다면, 나라는 자아는 과연 평정하고 균형된 인격체로 관계하고 있는가? 라는 의문도 생길 수 있다. 세상은 공정한데 내가 불공정한 것은 아닐까? 내가 가지고 있는 삶의 기준과 내가 세상에서 얻으려하는 이기심들이, 일정 부분은 왜곡되고 잘못 관계되고 있는 것은 아닌지 되돌아볼 필요가 생긴 것으로 보인다. 이렇게 본능이 나에게 요구하고, 끊임없이 마음이라는 수단을 통해 나를 그렇게 하도록 지원하는 기재의 뿌리는, 우리가 인격이 부여되기 전 상태인 동물의 시기부터, 오랜 시간 수많은 세대를 걸쳐 똑같은 행동을 반복하므로 이러한 반복성이 중독화하여, 만물의 영장이 된 인격기 그리고 인문의 세상에서도 무의식적으로 나타나는 것이 아닌가 생각된다.

그리고 그렇게 중독성을 자극하여 동일한 행동을 하도록, 독려하고 지원하고 명령하는 작용을 마음이라 할 수 있고, 그것은 초습관화의 실현 과정으로 볼 수 있을 것이다.

힘에서 지략으로 그리고 평등과 행복

이렇게 똑같은 행동이 반복되도록 하는 것이, 무의식적으로 자율 신경에 의하여 실현되는 것을 '본능'으로 그리고, 의식이 있으면서도 그렇게 할 수밖에 없도록, 습관이 초월적으로 작용하는 것을 '중독'이라고 볼 수 있다. 그러나 이러한 습관적 반복의 시간 길이와, 세대를 초월하여 지속적으로 반복되는 횟수가 많을수록 그 영향이 커지는 것이, 담배 중독, 알코올 중독, 게임 중독과 같이 중독성을 나타내고, 이것이 반복 횟수 및 반복 세대 그리고 반복이 중첩되는 시간의 길이와 크기에 비례하는 것을, 일반적으로 인정해야 할 것이다.

인류가 불을 얻기 전 피포식자로서 맹수들의 공격에서 살아남기 위하여, 수백만 년 동안 반복적으로 해온 행동들이 그 시간의 길이만큼 습관화되고 중독되어 즉시적으로 행동하도록 하는 것이 '본능'의 뿌리로 볼 수 있다. 그리고 불을 얻어 최강의 포식자 반열에 올라, 평화로워지고 편안해져서 행복감을 느낄 수 있어진 시기를 사람의 격식을 갖추었다고 해서 인격기로 분류했다면, 신인격기의 길이와 인격기의 또는 인문기와의 시간 비례에 의해 어떤 행동 유형이, 본능적으로 또는 중독된 것처럼 나타날 것인지를 예측할 수 있을 것이다. 불을 얻기 전의 선인격기를 동물의 시기로 힘에 의한 서열이 지배하는 무리의 질서를 따라야 했다면, 불을 얻어 불을 관리하고 불을 활용하는 능력에 의해, 힘의 서열이 달라질 수밖에 없을 것이다. 불을 다루고 관리하는 방법을 창출한 지략을 가진 자가, 힘을 가진 자보다 유리한 반열에 올라갔을 수 있다. 그렇다면 불이 있을 때는 불을 가진 자가 높은 서열이 되고, 불이 없을 경우는 동물적 힘을 가진 자가 높은 지배자가 되는, 불안한 시대가 있을 수 있고 이 둘을 잘 조정하고 관리할 수 있는 자가 있다면, 이러한 자가 또한 지배자로서 합리적일 수 있다. 이렇게 힘의 지배자와 불의 지배자가 있는 시절에는 때에 따라서 서열이 바꾸어지는 혼란으로, 불이 없을 때보다 무리의 질서는 무너질 수 있었으나, 맹수를 견제할 수 있는 불이 있어 언제나 쫓길 수밖에 없었던 불안은 없어지므로, 삶의 여유가 생기어서 편안함이 무엇인지를 느낄 수 있는, 여유로움이 행복감을 선물했다 할 수 있다. 무리 외부에서 오는 생존의 불안은 막았지만, 무리의 내부 질서 혼란에서 오는 불안은 새로운 긴장을 불러왔고, 이것이 또한 고통과 스트레스가 될 수 있다.

이렇게 두 강자가 충돌하는 불안한 시기는 겪어보지 못한 고통과 스트레스여서, 이 양자를 잘 조정 관리할 수 있는 지혜로운 자를 지배자로 모시는, 새로운 제도적 변화가 생겼다. 이렇게 되면 힘과 불을 다루는 지략과 이 둘을 조정하는 지혜라는, 삼자가 평등해지는 계기가 마련되었다. 지나간 동물의 시기에는 제1의 혁명인 '평등'이란 개념이 없었으나, 불이 생기므로 평등이라는 새로운 '제도적 개념'이 생겨났다. 이것은 참으로 놀라운 진전이었다. 그리고 맹수를 제압할 수 있어지면서, 여유와 평안 그리고 행복이 무엇인지를 느낄 수 있어져서, 제2의 혁명인 새로운 '감성의 세계'가 열렸다. 인격기에 들어서면서부터 혁명적 변화가 생겼다.

그것은 새로운 질서에 적응해야 하는 스트레스와, 평등이라는 새로운 질서 그리고 행복이라는 도대체 알 수 없는, 감성의 세계가 인류 앞에 펼쳐지는 변혁이 시작되었다.

2

자기 분리와
참나 찾기

1

내가 없는 세상이 객관의 세상

✎ 인류가 불을 얻기 전의 선인격기는 힘이 지배하는 세상으로, 힘과 서열이 모든 의사를 결정하는 구조여서, 힘이 없거나 서열이 낮은 자의 의사는 없는 것이나 마찬가지였다. 그런 사회에서 불을 얻어 지략을 가진 자와, 힘과 지략을 조정할 수 있는 지혜로운 자가, 같은 반열에 놓이므로 평등이라는 문제가 새롭게 대두되었다.

이것은 의사 결정 과정이 다양화되었다는 것으로, 무리를 이끌어 안정된 관계를 유지하기 위해서는 서로 다른 이들의 의사가 중요해지기 시작했다. 그것은 3자가 서로 자신의 뜻과 같은 타자의 동의를 받을 경우, 우월한 권력을 유지할 수 있고 내 의사가 다른 자와 다를 경우, 내 의사보다 제3의자 의사가 중요해지는 의사 결정 구조의 다변화가 생겨서, 고차원의 관계 설정이 필요해졌기 때문이다.

이러한 관계는 평등이라는 가치가 더욱 확대되면서, 각각의 우월한 지도자를 따르는 세력이 생기면서 그들의 의사가 누구를 지지하는지에 따라, 새롭고 폭넓은 의사 수렴과 관계 유지의 중요성이 무리의 지배자를 결정하는 중요한 변수되었기 때문이다. 이렇게 내 의사와 다른 이의 의사가 같을 경우, 내가 보는 세상은 내가 보는 것과 같을 수 있고 다른 이의 생각이 다를 경우, 내가 보는 세상은 내가 보는 것과는 다른 세상으로 변모되어 보이는 왜곡 현상이 생길 수 있다.

　이러한 결과는 내가 살아가는 데 심각한 문제를 발생시켜, 그들의 의사가 나와 같을 수 있도록 하거나 내 생각을 바꾸어야 하는, 엄청난 가치의 혼란을 가져올 수 있어 세상에 대한 새로운 접근법이 필요해졌다. 이것은 세상을 있는 그대로 볼 수 있는 객관적 관점이 필요해졌다는 것이고, 이러한 과정의 한 방법으로 내가 없는 경우의 세상이, 세상을 객관적으로 보는 합리성이 보장될 수 있기 때문이다. 그것은 다른 많은 이들의 생각이 나와 다를 경우, 내가 세상을 보고 느끼는 감정은 세상이 잘못된 것이 아닌가 하고 착각할 수도 있다는 것이다.

　이것은 사실 세상은 정상으로 그대로 인데, 내가 가진 세상을 보는 눈이 잘못 되었다는 것을 깨우쳐주는 결과가 될 수 있다. 이러할 경우 가장 쉽게 세상을 있는 그대로 볼 수 있으려면, 그들과 내가 같은 눈으로 볼 수 있으면 가장 편리한 방법이 될 수 있을 것이다. 그것은 그들도 없고 나도 없을 수 있는 상태로, 우리 현실에서 흔히 볼 수 있는 CCTV적 관점이 많은 도움이 될 수 있을 것이다. 즉 내가 없으면서도 세상을 볼 수 있는 감정과 판단이 없는 눈, 그것으로 기계적 눈이 가장 합리적일 수 있다. 내가 CCTV라 생각하고 아무런 선입견 없이, 세상을 있는 그대로 볼 수 있으면 그것이 내가 없는 세상이 될 것이고, 그렇게 보이는 것이 있는 그대로의 세상이라고 받아들이면 될 것이기 때문이다.

이것은 상당한 수련이나 훈련이 필요할 수 있으나, 자기를 탈피하고 무아의 경지에서 세상을 보게 하므로 실수의 요소를 최소화하자는 것이다. 그러나 이것이 쉽지 않은 것으로, 내가 나를 합리적으로 볼 수 있으면 내가 보는 세상이 보다 객관화할 수도 있을 것이다.

이 객관이 나를 보는 기준

이렇게 불이 얻어지고 평등이라는 개념이 도입되어지면서, 많은 이들과의 관계가 중요해지기 시작했고, 그것은 그들 각자가 행복이라는 관점이 생겼기 때문에 어떤 이들과 관계를 하면, 내가 더 행복할까에 상당한 관심이 모아졌기 때문이다. 이러한 변화는 생명체에서 인격체라는 새로운 위상을 만들어냈고, 사람의 품격이라는 것이 평등, 행복, 관계라는 여러 변수를 제공하게 되었다.

생명체였던 선인격기는 살아있는 것이 최고의 목표였다. 생명은 살아남지 못하고 죽으면 그것은 아무런 의미가 없는 것이어서, 살아있을 수 있는 방법만이 오직 행동 선택의 가치였다. 그러나 인격기에 들어서면서 지구상 최고의 포식자가 되므로 살아있는 것은 당연한 것이고, 어떻게 살아있는 것이 행복할 수 있고 가치 있는 일일까에도 관심이 가게 되고, 그것은 무리라는 사회 속에서 관계라는 형태로 모두를 고뇌하게 하는, 새로운 스트레스를 모두에게 부여했다.

이렇게 변화하는 환경에서 각자의 의사와 생각들이 중요해지기 시작하고, 그것을 어떻게 서로 소통하고 공유하느냐의 문제도 모두의 과제로 다가왔다. 이렇게 세상은 평등, 행복, 관계, 소통, 공유 그리고 새로운 고뇌와 스트레스가 생기면서, 이러한 것들을 어떻게 보고 해소하고 또 만들어가야 하는, 서로가 서로를 신뢰하고 누구에게도 불만이 없는 관계를 유지하려는 노력들이 필요해졌다. 여기서 세상을 보는 객관적 시각이 필요해졌고 내가 다른 생각을 가지고 있는 경우, 그들이 나를 어떻게 보고 평가해서 신뢰 관계를 형성할 수 있는지에 생각이 미치게 되었다. 이렇게 관계의 소통에서 신뢰가 생겨야 하는 것은, 그들과 나 사이에 어떤 일에서 서로의 이해관계가 형성되고 그곳에서 내가 선택해서 행동한 결과가, 그들이 보기에 마음에 들어야 한다는 것이다.

생명체로 있었던 시기는 살아있음이 우선되었고, 그것은 현재의 선택이 무조건 내게 유리해야 하고, 내일까지 살아있는 데 도움이 될 수 있는 것이 가장 중요했다. 다시 말해 지나간 이미 살아버린 시간은 필요가 없어졌고, 지금 살아있고 내일도 살아있을 수 있는, 미래만 중요해졌다는 것으로 귀결된다.

그러나 인격체가 되면서, 내일까지 살아있을 수 있는 가능성은 보장되었다고 볼 수 있고, 관계하는 다른 이들과의 신뢰가 중요해질 수밖에 없어졌다. 그것은 그들이 앞으로 살아가는데 나에게 도움이 될까? 아니면 나에게 불리하게 작용할까라는 의문이 생기기 때문이다. 그러년 무엇으로 그들을 믿을 수 있을까?

그들의 말과 생각 등은 언제나 좋은 것처럼 보이는데, 실제 행동을 한 결과가 다를 경우 내게 매우 불리해질 수 있어서다. 그렇다면 관계하는 다른 이들과 어떻게 무엇으로 신뢰 관계가 형성될까? 그것은 그가 행동한 결과인 과거만을 가지고 평가할 수밖에 없다. 그리고 그들도 나를 신뢰하고 믿을 수 있는 조건은 나의 지나간 행적일 수밖에 없다. 다시 말해 내가 세상을 제대로 보려면 내가 나를 신뢰할 수 있어야 하는데, 그들이 나를 보듯이 나도 그들이 보는 관점에서 나를 보는 과정이 필요해진 것이다. 그것은 나의 과거 행적을 보면 내가 신뢰할 수 있는 사람인지 아닌지가 구분될 수 있기 때문에, 나를 신뢰할 수 있을 때 나를 통해 본 세상도 믿을 수 있는 것이 된다.

그들이 보는 나는 어떤 나!

지나간 선인격기 인류는 생명체로서 오직 살아있는 것이, 나의 목표고 정체성이었다. 그래서 과거를 빨리 잊고 오직 현재에만 몰두할 수밖에 없었다. 그러나 인격기가 되면서 살아있음은 보장이 가능해졌다. 불을 가진 최고의 포식자로 맹수들의 위치와 자리바꿈이 되었기 때문이다. 살아있는 것이 보장되면 오늘 지금보다, 앞으로 더 잘 살 수 있는 미래가 중요해지기 시작했고, 관계를 위해서는 과거가 내 발목을 잡고 있는 것도 깨우치게 되었다.

그러나 이러한 변화는 매우 혼란스러움이기도 했다. 그것은 과거 수백만 년 동안, 과거는 기억에서 지워버리는 '망각의 기능'으로, 기억이라는 것을 살려내야 하는 능력이 없었기 때문이다. 그리고 현재의 행동 선택이 관계라는 구조 속에서, 내일까지 살아있는 데 도움이 되도록 하는 새로운 부담이었다. 그것은 오늘의 행동 선택 결과가 다른 이와의 관계에서, 내일 부딪칠 이해관계가 어려워질수도 있어서, 오직 내게 유리함보다 이웃에게도 유리할 수 있을 때, 내일을 살아가는 그들과의 관계에서 신뢰가 생길 수 있음이다.

　지난 수백만 년의 습관화되고 중독화된 오직 지금의 생존이라는 행동 목표가, 이웃과 내일이라는 새로운 고려가 필요해졌고 또, 오늘 지금의 행적이 조금 후의 이웃과의 협력이라는 고려가 포함되어야 하는 변화였다. 이렇게 수만 세대에 걸쳐서 반복되는 오직 지금의 행동 목표가, 내일도 필요해졌고 과거도 기억해야 하는 새로운 행동 적응에, 심각한 영향을 줄 수밖에 없었다.

　변화된 후의 기간은 수천 또는 수백 년에 불과한데, 수백만 년 또는 수십만 년 습관의 반복이 중독화 현상을 일으켜, 늘 과거의 습관화된 행동이 나도 모르게 실현되었기 때문이다. 수백 수십만 년의 본능화된 습관을 통제하고 제어할 수는 없었기 때문이다. 인격기에 들어오면서 살아있는 것이 문제가 아니고 살아가는 것이 문제가 되었는데, 습관화 본능화된 과거의 습관이 중독된 것처럼 계속 반복되는 딜레마는 어찌할까? 자연적 살기의 영향으로 오직 선대의 부모나 어른들을 보고 배운 행동이, 언제나 변함없이 우리를 나를 지켜주었는데, 지금 당장의 행동 선택에서 아무런 고려 없이 순간적으로 선택해야 하는 찰나에,

다른 선택을 하는 것은 무리일 수가 있다.

각별한 주의를 기울여 새로운 행동이 습관화되고 그것이 반복되어, 오랜 기간 습관화될 때까지는 순간 선택에서 주의는 어려울 것이고, 상당한 고려와 여유가 있을 때만 가능할 것이다. 실제로 인격기 이후에는 긴급 선택이 불필요해졌을 수도 있는데, 지난 습관이 남아서 착오를 일으키는 것은 아닌지 우려되는 것이다.

새로운 시대에는 건강하고 힘차게 살아있는 나를 보려는 것보다, 그들과 함께 행복하게 살아갈 수 있는 나를 그들은 보고 싶은 것이다. 그리고 그들이 볼 수 있는 것은 내 마음속의 여유로움과 아량 같은 것이 아니고, 내 생각 속에 있는 미래의 이상적인 희망도 아니다. 오직 그들과 함께 할 수 있는 나의 행동만 보려하기 때문이다. 그것은 내 마음과 내 생각은 그들은 볼 수도 없고 또, 그것을 믿을 수도 없는 것이다. 그것은 가능성으로만 있기 때문이다.

생각 마음 행적 중?

인류라는 생명체가 지구상에서 살고 있는 기간으로 가장 긴 시간을 보낸 것은, 불을 얻기 전인 선인격기 수백만 년간으로 생각된다. 이 오랜 기간에는 포식자인 맹수들의 공격에서 살아남는 것이 우선일 수밖에 없었다. 생명체의 본질은 살아있음이었기 때문에, 지금 살아있는 것이 최고의 목표이고 과제였다. 그리고 가능하다면 내일까지 살아갈 수 있는 희망은, 소망 같은 것으로 가능성이었을 뿐이다. 그리고 지나간 과거는 빨리 잊어버릴수록 살아남는 데 도움이 되는 '망각의 기능'이 작용하는 시기였다. 만일 지나간 동료나 가족의 죽음같은 잊을 수 없는 슬픔에 빠져, 멍청히 즉 주의와 경계를 소홀히 하면, 또 다른 포식자의 좋은 목표가 되어 가장 먼저 살육을 당할 수 있었기 때문에, 지나간 기억을 지워버리는 것이 생명 본질에 충실할 수 있는 것이었다.

그러나 불을 얻고 최고의 포식자가 되어, 그동안 쫓기었던 많은 맹수들의 공격에 방어할 수 있어졌고, 오히려 맹수들을 잡을 수 있는 최고의 강자가 되면서 삶이라는 것에 희망이 생겼고, 오래도록 행복하게 살 수 있는 환경에 적응해야 하는 커다란 변화를 맞았다.

이렇게 인격기가 되면서 사람으로서의 존엄과 품격이 생겨서, 스스로 사람이라 칭할 수 있어졌다. 이러한 변화는 오늘 지금 살아있는 것은 당연하지만, 영원히 행복하게 살아가야 하는 것이 숙명과 같은 목표로 바뀌었다. 그리고 불편한 과거는 굳이 기억할 필요가 없어, 망각의 기능은 지나간 기간의 습관처럼 그대로 유지되는 것이 더 행복할 수 있었다. 그리고 혼자 살아가는 것보다 함께 살아가야 하는 이유도 생겨서, 이기적 행동보다 이타적 선택을 하는 것이 함께 살아가야 하는 다른 이에게 믿음을 주고, 그러한 인간애가 사회라는 집합체를 유지하는 중요한 기능이 되었다. 이러한 삶에 대한 가치 변화가 인격기 수십만 년 동안 지속되면서, 초습관화를 거쳐 준본능화하는 과정으로 접어들었다. 수많은 세대를 초월하여 같은 행동을 반복하는 습관화 중독화의 기제는, 그 반복 중첩의 시간에 비례하는 강도를 나타내므로, 선인격기의 지금 살아있기 위한 '순간 선택'기능과 지나면 잊어버리는

'망각 기능'이 본능화되었다. 그리고 인격기 영원히 살아갈 수 있는 가능성에 의해, 미래의 '영원 희망' 기능이 새롭게 삶 속에 깊이 습관화되면서, 인문기까지 가장 중요한 가치가 되어 준본능화되기 시작했다. 이러한 준본능화 또는 본능화된 기능들은, 인문기에 접어들어서도 지속되고 있는 중독화된 습관으로, 영원 희망 기능은 '생각'이라는 영역 속에서 더욱 확대되어 가고 있고, 순간 선택 기능은 '마음'이라는 영역의 가슴속에서 그대로 유지되고 있으며, 망각 기능은 '행적'이라는 보이지 않는 기억으로 지속되고 있다.

내가 세상을 살아가고 나를 통제하는 중요한 수단으로, 내일을 살아가야 하는 '희망'은 생각으로, 오늘을 살아가야 하는 '선택'은 마음으로, 그리고 실체인 과거의 자취는 '행적'으로 나를 대표하고 정의하고 있다. 이것이 나의 정체성이고 실체일 수 있다.

나를 보려면 멈추어야 가능

IIIIIIIIIIIIIII

이렇게 나를 정의하고 나로 대표될 수 있는 기능이나 표상은, 오직 내가 행동한 지난날의 행적으로만 보여지고 기억될 수 있는 것이다. 그러나 인류가 살아온 지난 선인격기나 인격기에 접어들면서, 내게 불리한 것은 모두 잊어버리거나 잊어버리려고 노력하며 살아온 것으로 보인다.

그러면 지나간 행적을 되돌아볼 기회조차도 갖지 못한 것은 아닐까? 왜 제대로 되돌아보지 않고, 나를 어떤 사람으로 인정하거나 생각하고 있는 것은 아닌가? 그것은 인류 진화 과정에서, 극상의 최고 강자가 되기 위해 필요한 기능은 극대화되고, 필요성이 적은 기능은 위축되는, 에너지 효율화 같은 살아남기 위한 몰입의 결과로 볼 수 있다. 피포식자 시절에는 이러한 몰입의 효율화에 대한 후유증으로 망각의 기능이 강화되어, 모든 것을 빨리 잊어버리는 것이 유리한 행적이 되었다. 무리 중의 동료나 가족의 살육을 기억하고 슬퍼할수록, 탈출 즉 포식자로부터 대피 도망하는 기능의 감소를 가져올 수 있어, 그러한 행동을 한 개체는 살아남을 수가 없었다. 오직 빨리 잊고 또 살기 위해 이동하고, 먹고 그리고 주위를 경계하고 언제나 도피할 수 있는 긴장 유지를 위해, 지나간 것을 기억하는 능력은 쇠퇴할 수밖에 없었을 것이다.

이것이 최상 진화를 위한 에너지 효율의 최적화가 필요했고, 그렇게 함으로서 살아남았다. 만일 다른 것을 하기 위해 생존 필수 기능에서 에너지를 분배받아야 한다면, 그것은 생명을 위협할 수 있는 행동으로 불가능했을 것이다. 불을 얻어 포식자로 전환된 후에는 살아있는 것이 목표가 아니고, 살아가는 것이 삶의 가장 중요한 목표로 전환되면서, 이것 또한 처음으로 겪어보는 혼란이었다. 그리고 얼마나 오래 살아가야 하는지 또는, 어떻게 살아가야 하는지 죽음이 무엇인지도 알아야 했다.

지금까지는 늙어서 병약해지면 포식자의 먹이가 되거나, 이동 과정에서 뒤쳐져서 어떻게 되었는지를 몰랐기 때문에, 죽음을 경험하지 못했다. 얼마나 오랜 기간을 어떻게 살아야 하고, 누구와 의지하면서 함께 살아야 하는지 또는, 죽음이 무엇인지가 심각한 스트레스가 되었다.

이러한 것에 모든 능력과 기능을 몰두할 수밖에 없었기에, 지나간 과거는 어떠한 고려도 할 수가 없었고, 그러한 에너지 분산은 다른 집단과의 경쟁에서 불리해질 수 있어, 더더욱 관심의 대상이 될 수 없는 것이다.

이렇게 오랜 기간에 걸쳐 과거의 행적을 보려하지 않았던 습관으로 인해, 지난 행적을 보려면 별도의 시간과 에너지 조달이 필요해졌다. 이것은 현재 무엇을 하고 있으면 에너지 효율화에 문제가 생겨서, 제대로 된 나의 행적을 볼 수 없다는 것이 된다. 그래서 진정한 나의 모습을 보려면, 현재하고 있는 것을 멈추어야 필요한 에너지를 공급받아, 효율적으로 지난날을 성찰할 수 있을 것이다. 그렇지 않으면 몰입도 분산에 의한 수박 겉핥기가 될 수 있다. 그래서 실제의 나를 보려면 멈추는 진지함과 간절함이 필요하다.

2

그들이 보는 나 찾아가기

    ✍ 사람들은 누구나 자신이 온전한 인격체이기를 바란다. 그래야 사회라는 생명 집합체 속에서 살아가는 데 안정된 정체성을 가질 수 있기 때문이다. 그러나 그들이 맞이해야 하는 삶의 문제들은 항상 변하고 있고, 때로는 극한의 선택을 강요받는 경우도 있을 것이다. 사람이 사회라는 집합체의 구성원인 이상, 사회로부터 받는 규범과 도덕에서 자유로울 수 없고, 생명체라는 자신의 삶을 보장해야 하는 생명 본질에서 벗어날 수도 없기 때문이다. 이러한 사회적 강요와 자연적 강요에 속하는, 원천적 강요에 어떻게 대처하느냐에 따라서 다양한 결과를 낳을 수 있을 것이다. 여러 사람들이 함께 살아가다 보면 다양한 문제가 발생할 수 있고, 또 모든 문제는 대처하는 방식에 따라 여러 유형으로 변할 수도 있는 것이어서, 문제를 일으킨다 할 수 있다.

어떤 경우는 사회적 강요가 부담이 되어 피하고 싶을 때도 있을 것이고, 어떤 때는 함께 사는 가족과 나의 생존을 위해 이기적 선택을 할 수밖에 없는 경우도 있기 때문이다. 이렇게 어떤 사안마다 또는 변화되는 경우에 따라, 선택해야 되는 결과들이 일관되지 못하고 다양해지면, 나도 내 자신이 혼란스러울 수 있고 다른 이들은 믿을 수 없는 사람으로 인정하여, 그들과 살아가는 것이 힘들어질 수도 있다. 이렇게 본래의 나는 안정되고 일관되고 싶으나, 여러 주위의 여건들이나 나의 능력의 한계 때문에, 다양한 모습으로 다른 이들에게 비추어질 수 있고, 그래서 그들로부터 다양한 평가를 받을 수밖에 없을 것이다. 이러한 것들로 인해 사람의 인격이 일관되고 안정되느냐 또는, 여러 유형으로 다양화되느냐를 두고 보는 이들마다 또는, 보는 관점에 따라 또 서로의 이해관계에 따라 여러 가지 의견이 있을 수 있고, 이러한 경우 어떤 의견이나 평가가 옳은 것인지 혼란스러워, 그냥 잊어버리려 하고 싶을 수도 있을 것이다. 그리고 사람들이 오래전부터 가지고 있던 망각의 기능이 작용하여, 더욱 그러한 기억들을 지워버리려 하고 그렇게 지워버렸는지도 모른다.

그것은 결과적으로 자신을 들여다볼 기회를 놓쳐버리고, 오늘 그리고 또 오늘을 살아가면서 온전히 내가 어떤 사람인지 또는, 누구인지가 의심스러운 경우가 생겼을 수도 있을 것이다. 그러면 이러한 과정이 계속 반복되지 말라는 한계도 없는 것이어서, 그렇게 또 그렇게 살다가 삶을 마감하는 것이 될 수도 있다. 그러하기를 바란다면 할 수 없으나, 그렇지 않다면 시간을 내어 찬찬히 나를 우리를 살펴보는 것이, 남은 삶을 위하여 한번은 시도해봐야 하는 것이 아닐까 싶다.

그렇다면 나는 하나이고 분리할 수도 없는 것이고, 그리고 등잔 밑에 있어 그림자 속이어서 내가 나를 보기에는 너무도 막막하고 어려운 것이 아닌가 하는, 우려를 맞이할 수도 있을 것이다. 내가 나를 보는 것이 막막하다면, 나를 몇으로 분리하여 서로 비교해보는 것은 어떨까? 그러한 방법이 있다면….

사람은 보는 이에 따라 여러 가지 평가가 있을 수 있다는 것은, 사람이 여러 가지 유형으로 행동했다고 볼 수 있을 것이다. 그렇게 여러 유형으로 행동할 수 있었던 것은, 그가 생각하는 판단과 고려의 유형이 여러 가지였을 수도 있고, 그가 선택하는 과정에서 느끼는 감정의 변화도 여러 가지가 있을 수 있을 것이다. 그리고 행동하기 전후에 주변 환경의 변화도 여럿을 고려해볼 수 있을 것이다. 이러한 것을 참고하면 그렇게 생각했고, 그렇게 선택하는 마음이 생겼고, 그리고 주변 환경이 그렇게 행동하도록 부추겼다면, 그것을 따로따로 분리해서 볼 수도 있을 것이다.

생각으로서의 나!

서양의 어떤 철학자가 '나는 생각한다. 고로 존재한다.'고 했을 만큼 생각은 사람에게 있어서는 매우 중요한 기능이고, 사람을 사람답게 하는 그리고 살아가게 하는 중요한 수단 또는 역할일 수 있다. 그렇다면 생각은 언제부터 사람이라는 생명체에 들어와서, 얼마나 많은 영역을 차지하고 있기에 이렇게 야단법석일까를, 우리의 생각이라는 기능을 빌어 한번 들여다보자.

사람의 형상은 갖추었지만 즉 두발로 걷고 두 손이 자유로워, 도구를 사용할 수는 있었지만 사나운 맹수들을 제압할 능력이 없었던 시절은, 이러한 맹수의 먹이로 살육되는 처참함으로 죽음을 맞이했다. 그러나 불을 얻어 맹수들의 제압이 가능해지고, 필요하다면 오히려 불을 이용하여 맹수들을 잡을 수 있어지면서, 맹수는 인류 조상들에게 먹이를 제공하는 그리고 두렵기는 하지만 피포식자에 불과해졌다.

이제 사람이라는 생명체가 지구상에서 두려울 것이 없는 최고의 포식자로 군림할 수 있어졌고, 많은 동물들의 입장에서 보면 신에 준하는 절대 강자가 되었다. 이렇게 자연 재난을 제외하고는 사람이 살아가는 데 위협이 될 수 있는 것이 없어지면서, 인류라는 동물 종에서 가장 두려운 것은 죽음이 무엇인가와, 어떻게 죽을 때까지 살아가느냐가 중요한 고민거리가 되었다. 선인격기 피포식자 시절에는, 먹고 움직이고 맹수들에게 잡아먹히지 않고 살아있는 것이 최고의 지상 과제였다. 그러나 불을 얻어 인격기에 들어서면서 살아있는 것이 아니고, 살아가는 것이 중요한 일상의 걱정거리가 되었다. 언제까지 살 수 있는지 또는 그때까지 무엇을 하면서 누구와 어떻게 살 것인지가, 최고의 고통거리가 되면서 생각이라는 기능의 제 역할이 찾아진 것으로 보인다.

여기서 언제까지 살 수 있는지 또는, 어떻게 살아갈 것인지의 자연적 강요를 수용하게 되었고, 누구와 어떻게 살 것인지에 대한 대책으로 사회라는 공동체를 구성하므로, 사회적 강요를 받아들일 수밖에 없는 또 하나의 원천적 강요로 자리 잡게 되었다. 이렇게 언제까지, 어떻게,

누구와 같이 살아갈 것인가를 찾아가는 과정이 생각으로, 나도 모르게 내 옆의 한자리를 그것도 매우 크게 차지하면서, 그것이 나로 오인될 수 있을 정도가 되었다.

이런 것처럼 생각은 살아남기 위해 생명 본질에서 시작된, 생명 지속 수단의 한 방법으로 나를 대신하는 것처럼 보일 수 있어졌다. 그러면 그 시작의 뿌리는 어디서 왔을까? 그것은 살아가는 과정에서 부딪치는 모든 사물들이 내게 위험한 것일까, 아니면 도움이 될 수 있는 것인가를 구별해야 하는 과정에서, 마음이라는 생명체의 움직임을 유발하는 수단과, 생명체 외부의 사물과 관계되는 느낌 즉 감각에서 시작된 것이라 할 수 있다.

그렇다면 생각은 매우 미래 지향적이고 희망적이고 그리고, 위험에 대비해야 하는 그런 역할을 하고 있다고 봐야 한다. 그리고 나도 모르게 슬그머니 나의 자리를 차지하고, 나로 역할하고 있는 것일 수도 있다. 오직 안전하게 죽을 때까지 행복할 수 있도록 나를 안내하는 것일까?

마음으로서의 나!

생명체의 가장 큰 숙명은 살아있음이다. 그래서 그것을 생명 본질이라 한다. 생명체가 살아있지 않으면 그것은 생명이 아니기 때문이다.

이렇게 생명체가 살아있기 위해서는 살아있음을 판단할 수 있는 감각이 필요하고, 이 감각의 반응에 따라 생명에 유리하게 나타나는 재반응을 행동이라고 할 수 있다. 물론 움직임으로 대표되는 행동에는 보이지 않은 자율 신경의 변화도 있을 수 있다. 그리고 같은 범주에서 생각이 있는 생명체는 생각의 변화도 같은 기능일 수 있고, 마음이 있어 느낌이 무엇인지를 알아채는 기능도, 보이지는 않으나 움직임의 범주에 넣을 수 있을 것이다. 행동을 생명에 유리하게 하는 감각의 재반응이라고 하는 것은, 생명에 불리하게 행동하면 그 행동 결과로 생명체가 없어질 수도 있기 때문에, 불리한 것을 선택한 생명체는 없을 것이기 때문이다. 이렇게 생명에 유리하게 반응하는 행동을 유발하는 기능은, 감각에서 순간적으로 반응하여 그것에 합당한 생명 본질에서 오는 움직임으로 볼 수 있다. 생명체가 감각에 대한 반응을 생존에 유리하게 한 개체는 살아남았고, 이러한 유리한 행동이 반복되면서 생명 지속에 더 유리하게 작용했다면, 그렇게 반응하여 행동한 생명체는 살아남았고, 그렇게 반응하지 않은 행동을 한 생명체는 후손을 남기지 못했을 것이다.

그렇다면 생명체가 감각의 반응에서 생존에 유리한 행동으로 반응한 개체는, 살아남아 자손을 남길 수 있었을 것이고, 이러한 유리한 행동 반응이 모든 세대에 지속적으로 반복되었을 경우, 이것은 습관화를 거쳐 본능화되어, 자신도 모르는 사이에 반응하는 행동 양식으로 자율 신경화했을 수 있다. 그렇지 않고 감각에 반응이 즉시적이지 못했을 경우 즉, 자율 신경화되지 못했을 경우 생명이 위험해졌거나 포식자에 잡아 먹혔을 수 있기 때문이다. 그러한 관계로 생명에 직접적 영향이 있는 반응은, 자율 신경화할 수밖에 없는 과정으로 진화되었기 생명체로 살아있을 것이다. 이러한 반응적 행동은 본능에 속하는 반응이지만, 흔히 말하는 동물적 본능과는 일부 차별이 있어, 이러한 반응과 행동을 생명 본질성 반응 또는 본질성 본능으로 분류할 필요가 있다. 그것은 생명 유지와 관계없는 이기적 욕심과는 구분될 필요가 있고, 일반적으로 자신에게 유리한 이기적 행동을 본능의 범주에서 허용하는 경우도 있어서, 차별화가 필요할 수 있다. 지금까지의 설명은 일반 생명체 공통의 본질로, 생명의 유지가 자신의 의지대로만 될 수 없는 환경에서의 생명 본질성 본능이기 때문이다.

인류의 경우 선인격기까지의 행동 반응 양식으로 볼 수 있고, 인격기가 되면서 생존을 자신의 의지로 상당 부분을 감당할 수 있어지면서, 변화가 생기기 시작했기 때문이다. 그것은 최고 강자가 되므로 포식자가 없어지고, 스스로 포식자가 되었기 때문에 인류라는 동일종의 생명체가 아니면, 자신을 죽음으로 또는 살육으로 몰아갈 동물이 거의 없어진 결과에서 오는 현상이다.

이렇게 되면서 살아있는 것이 목표인 생명 본질보다, 살아가는 것이 목적이 되어 버린 생존 본능에 의해, 불도 항상 유지해야 하고 무기도 항상 휴대해야 했고, 만일의 경우를 위해 며칠씩 먹이 활동을 하지 않더라도 살아갈 수 있게, 먹을 것을 준비해둘 필요가 생겼다. 천재지변으로 활동할 수 없을 때를 대비해서, 상당한 식량을 비축해두는 것이 생존에 유리해지면서, 이것 또한 본능화의 습관으로 정착될 수 있는 행동 반응의 변화로 볼 수 있다.

선인격기 동물과 같은 신분의 피포식자는 식량 비축은 할 수 없었다. 포식자에게서 도망가야 했고 혹 약간의 여유를 감추어두어도, 썩거나 힘 있는 사에서 빼앗겼기 때문에, 그런 행동은 생존에 불리한 것이어서 할 수 없기 때문이다. 선인격기에는 오늘 하루 또는 지금 당장을 살아가는 데는 불필요한 행동들이, 인격기에 접어들면서 살아가는 데 필요한 모든 물자들을 상당히 쌓아두거나, 가지고 다니는 것이 생존에 유리해지면서, 이것 또한 본능화 과정을 거치게 되는 초월적 습관화로 자리 잡아가고 있었던 것이다. 언제 죽을지 모르는 막막함에는 생명의 안전을 위해, 생존과 직접 관계되는 물건들은 많을수록 유리해질 수 있었고, 사회라는 공동체에서 필요할 경우 다른 구성원에게 나누어 줄 수 있는 자부심도 생겼고, 그것을 관계로 해서 다음에 내가 불리한 환경에 처했을 때, 지난번의 해택을 돌려달라고 요구할 수 있어지면서, 생명 본질적 본능이 아닌 생존 지속을 위한 이기적 본능이 생겼고, 이것은 더욱 확대되는 과정을 거쳐 욕심으로 보여지는 행동 양식이 되었다.

이러한 이기심에서 오는 본능과 욕심에서 오는 이기심은, 오늘 당장의 생존 또는 내일까지 살아가는 데는 불필요한 것이 될 수도 있어서, 생명 본질적 본능과는 구분될 필요가 있다고 할 것이다.

우리가 일반적으로 생각하는 생존 본능이나 동물적 이기심은, 본질적 본능과는 구분이 필요하고, 이러한 생존에 유리한 행동 반응이 오랜 기간 많은 세대에 걸쳐 반복되면서, 자율 신경화에 준하는 행동 반응으로 자리 잡아가는 것으로 보인다.

우리는 통상적으로 살아남기 위한 행동 반응과 살아가는 데 유리한 행동을 선택하는 순간적 반응들을, 마음에서 유래된 것으로 보는 것이 일반적일 것이다. 그렇다면 이러한 두 가지 행동 반응들은 모두, 오랜 시간 반복되는 습관화에서 오는 자율 신경화된 본능으로 보는 것이 합리적일 것이다. 이렇게 마음에서 유래되고 습관화 자율 신경화로 본능화되었다면, 마음은 오랜 시간 수많은 세대에 걸쳐 습관화된 초월적 기능의 반작용에서 유래되었을 수 있을 것이다.

행적으로서의 나!

'사람은 사회적 동물이다'라는 관계에서 벗어날 수 없는 원천적 강요는, 자연적 강요인 본능과 사회적 강요인 도덕과 규범일 수 있다. 이것은 홀로 무인도에서 사는 경우가 아니라면 불가능한 일이어서, 이 둘의 강요에 어떻게 대처하느냐가 결과적 행동으로 표시되고, 그것이 그를 규정할 수 있는 행적이 될 것이다.

이렇게 행적은 생명체 자신의 의지보다 생명 지속을 위한 주변 환경을 반영한, 선택적이고 거부할 수 없는 강요와 타협한 산물이 아닌지 살펴보면 어떨까 한다. 자연적 강요인 본능은 생명에서 유래되었고, 사회적 강요인 도덕과 규범은 사회가 부여한 일종의 반대급부 같은 것일 수 있다. 이것은 생명은 자신도 모르게 홀로 세상에 왔다는 것이고, 혼자서는 살 수 없어서 보다 안정되고 행복한 삶을 위해서, 공동체라는 사회를 선택했기 때문에 그 구성원으로 부여되는 의무와 같은 것일 수 있다. 이렇게 본질적 태생이 홀로와 여럿의 태생적 환경의 차이에 의해, 행적도 많은 영향을 받을 수밖에 없다.

이렇게 둘의 원천적 강요가 태생적 홀로는, 누구도 거부할 수 없는 자유로움을 스스로 가지고 있다고 볼 수 있고, 여럿이라는 사회적 태생적 환경은, 주변의 다른 이를 의식하지 않을 수 없는 조건을 처음부터, 수용할 수밖에 없는 본질적 바탕을 가지고 있다고 봐야 한다. 그래서 두 가지 원천적 강요는 서로 상반되는 요소를 가질 수밖에 없어, 상호 반비례적 관계를 가지고 있는 것이 또한 피할 수 없는 속성이다. 다른 이가 없거나 다른 이와의 관계가 없을 수 있다는 가능성이 있으면, 자연적 강요가 우선될 수밖에 없는 원천적 바탕을 가졌다 볼 수 있고, 보는 이가 있거나 여럿과 관계될 수밖에 없는 상황이라면, 일반적으로 사회적 강요를 수용할 수밖에 없는 태생적 고려가 포함되어 있음을, 거부할 수 없는 현실로 받아들여야 한다는 것이다.

　이러한 태생적이고 기초적인 상황을 받아들이지 않고 서로 다른 선택을 수용했다면, 상당한 어려움을 대가로 치러야 하는 것 또한 순리일 수밖에 없다. 이러한 행동을 선택했을 경우, 그것이 이기적 바탕에 의한 행동이었다면 자연적 강요인 본능을 따른 것이고, 이타적 마음이 작용했다면 그것은 사회적 강요인 도덕과 규범을 따랐다고 볼 수 있다. 그러나 많은 경우 한 가지 사안에 대해 두 가지 강요가 동시에 작용할 수 있는 경우, 어떤 선택을 했느냐에 따라서 그 사람의 인품을 나타낼 수 있어, 그것이 앞으로 살아가는 과정에서 도움이 될 수도 있는 반면, 그 선택의 결과로 살아가는 과정이 더욱 어려워질 수도 있는 경우, 합리적 선택의 지혜가 필요할 수 있다.

　동일한 사안에 대한 여러 선택의 결과가, 이기적인 경우가 많았을 때와 이타적 선택이 많았을 경우, 함께 살아가야 하는 여러 사회 구성원들에게, 나라는 사람은 어떻게 받아들여졌을까를 고려해야 할 것이다. 그러나 사람은 망각의 기능에 의해 지나간 행적은 잊어버리는 속성이 있어, 이타적 선택보다 이기적 선택을 많이 했음에도 기억을 지워버린 관계로, 늘 이기적 선택을 하게 되고 그것을 당연시하는 경우가 많을 수 있어, 자신의 행적을 돌아보고 [표: 4]의 행적 그래프를 작성해보는 것도, 자신을 살펴보는 좋은 기회가 될 수 있을 것이다. 사람은 잘못한 것을 잊어버리는 습성이 있다.

그들의 눈으로 보는 나는 어떤 나인가?

이렇게 생각으로서의 나는 이상을 추구하는 친사회성의 인격으로 볼 수 있고, 마음으로서의 나는 생존을 추구하는 친본능형의 생명 본질과 관계된다고도 할 수 있다. 그렇다면 이러한 두 가지의 검토와 영향의 결과인 행적으로서의 나는 어떨까?

당연히 둘의 고려가 반영되었을 것이기 때문에, 자연적 강요와 사회적 강요에 의한 친 변수형의 고민의 결과로 나를 표현했을 것이다. 나를 나타내고 나를 정의하고 나로 볼 수 있는 유형은, 여러 가지일 수 있는 다양성을 가지고 있지만 모든 것을 고려하기에는 너무 복잡하므로, 가장 보편적이고 가까이서 느낄 수 있는 생각, 마음, 행적으로 구분하여 비교해보는 것도 나를 보는 데 참고가 될 것이다.

생각이라는 영역은 친사회성으로 표현했듯이 여럿과 관계되고, 지성을 바탕으로 한 희망과 고려가 광범위하게 포함될 수 있어서, 다분히 이상 추구에 거칠 수도 있다. 그것은 미래와 희망 그리고 공존에 기여하는 사회적 강요에, 매우 합리적으로 순응하는 지극히 표준화 표본화된 인격성으로 표현될 수는 있으나, 현실에서의 실현과 적용에서는 그 많은 것을 고려할 수 없고, 단지 하나만을 선택하여 행동하도록 도와주는 역할밖에 할 수 없을 것이다. 그리고 마음이라는 영역은 친본능형으로 선조들의 과거 수많은 세대와 세월을 통해 습관화된, 가장 익숙하고 가장 잘할 수 있는 그래서 가장 편안하고 행복감을 느낄 수 있는, 그러한 방법을 행동으로 선택할 수 있도록 계속 지원하고 독려하고, 끊임없이 부추기는 중독성으로 생존을 선택하도록 했을 수 있다. 이것은 지극히 감성을 바탕으로 한 공감대 형성과도 깊숙이 관계되고 있어서, 이성이나 지성과는 관계가 없는 이기심과 생존만을 우선하는 본능의 추구로서, 생명 지속에만 관심이 있는 것으로 볼 수도 있다. 그러나 이것은 누구도 거부할 수 없는 자연적 강요에 순응하는 것이어서, 가장 현실적 선택을 할 수 있도록 도와주는 기능을 하고 있어서, 누구도 잘못되었다고 나서서 지탄하기에는 그도, 그러한 선택을 했을 수 있기에 불가능한 영역일 수 있다. 그리고 찰나의 순간에 행동을 선택하고 지나고 나서는 잊어버리는 망각으로 인해, 행적의 영역은 다른 이와 관계되어서 문제를 일으키지 않으면, 보이지 않는 기억으로 사라져버릴 수도 있는 참으로 묘함이 있으나, 심각히 고려해봐야 하는 친변수형으로 복합적이고, 사후적인 성찰이 필요한 영역이다. 그러나 다른 이들이 나로 보았고 나로 느꼈고, 나로 표현되고 나로 정의되는 실체의 영역이지만 생명 본질로 인해, 지나간 삶은 생명 지속에서 소용없는 시간들로 이미 사라진 기억일 수도 있다.

그래서 나를 보는 데 어려워졌고, 나를 제대로 볼 수 없어 많은 문제 속에 허덕이게 하는 것일 수도 있어, 다시 들여다봐야 하는 고민스런 영역이기도 하다. 그것은 나의 행적이 다른 이 모두의 기억 속에 나로 자리 잡고 있고, 그 기억으로 인해 앞으로 내가 살아가는 데 언제든지 물귀신처럼, 영원히 쫓아올 수 있는 업보가 될 수도 있기 때문이다. 생각과 마음은 여유로움과 정서적 공감이 있을 수 있지만, 행적은 오직 결과로 내가 그들에게 각인되는 순간인데, 잊고 있는 것은 아닌가?

3

찾아진 나와의 자기 토론

🖎 어떤 일이나 사물에 있어서 그것이 하나 뿐일 경우, 그 자체로서 고유성도 있고 해서 섣부르게 어떤 판단을 하는 것은 무리가 있을 수 있다. 그러나 서로 관계되거나 비슷한 범주의 유형으로 둘이 될 때는, 그들에 관한 생각이나 의견들이 많은 차이를 보일 수 있고, 그것은 보는 관점과 이해도의 문제 또는 본질적 성향이나 목적 등에 의해, 서로 상반되는 의견이나 해석이 나올 수도 있다. 그러한 관계로 서로의 접근 방법이 다를 경우, 둘은 같은 범주의 유형들이라도 극과 극의 판단이 대립할 수도 있어, 서로의 우열을 다루거나 진위를 구별할 수 없는 경우도 있다. 그것은 둘이 첨예하게 대립되는 경우, 어느 것도 소용도에서 더 중요하다고 할 수 없을 수 있기 때문이다.

그래서 최소한 세 가지 정도의 서로 다름으로 비교할 수 있어야, 그

판단과 분석에서 선명성이 생길 수 있다고 할 수 있을 것이다. 이러한 관계로 나를 통해서 세상을 볼 수밖에 없는 개별 인격체인 경우, 나의 진위와 다름의 비교가 가능할 경우, 내가 본 세상의 합리적 평가가 신뢰될 수 있는 자료를 제공할 수 있어진다.

그래서 가장 쉽게 접근할 수 있는 나를 생각의 영역에서 살펴보고, 그리고 마음의 영역에서 비교해봄으로써 판단의 혼란스러움을 줄일 수 있고, 이것이 극한의 상호 대립으로 차별이 곤란할 경우, 두 가지 고려가 반영된 행적으로서의 나를 올려놓고, 생각과 마음의 관점에서 고려해보면 나의 행동 선택을 좌우했던, 생각 또는 마음의 부족했던 점 또는 한쪽으로 치우쳤던 내용을 알 수 있어지고, 그것이 내게 미친 영향이 어떠했는지를 가려볼 수 있어지기 때문이다.

이렇게 어떤 일이나 행동을 위한 결정을 하려 할 때, 생각과 마음이 서로 반응해서 이루어진 결과지만, 그것이 생각의 결과였는지 마음에 의한 결과였는지 또는, 다른 어떤 변수가 있어 그러한 행동을 했는지를 살펴보는 과정을, 자기 분리 또는, 자기 토론이라고 할 수 있을 것이다. 그렇게 하려면 우선 어떤 행동에 미친, 생각의 영역에서의 영향 변수와 마음의 관점에서 선택하게 된 원인을 비교해보면, 지나간 나의 행적이 합리적이었는지 또는, 고려가 부족한 섣부름이 있었는지 알 수 있어져서, 다음에 같은 경우를 맞이했을 때 보다 흡족한 결과를 얻을 수 있다.

만일 이러한 과정을 거치지 않고 지나간 일이라고 잊어버리는 속성이 작용하면, 나는 내가 한 행동에 대해 신뢰할 수 있는지 없는지를 가늠할 수 없어서, 내가 보고 느낀 세상의 판단이 상당 부분 부실할 수 있음을 알고 있을 필요가 생긴다. 늘 세상에 대한 의견이나 판단이 합리적이었다고 느꼈는데, 그것의 신뢰도가 흔들릴 수 있다는 것을 알게 되면, 내가 본 세상은 상당한 편견이 있을 수 있기 때문이다. 이렇게 나를 보려면, 생각의 영역과 마음의 영역을 구별할 수 있는 자기 성찰의 능력이 필요해지고, 이러한 자기 분석을 위한 자기 분리가 잘되지 않을 경우, 하던 일을 멈추고 나를 찬찬히 볼 수 있는 기회를 우선 제공하는 것이 중요하고, 멈춤의 적막 속에서도 자기 분리가 잘 안 되면, 경험이 있는 이에게 도움을 받을 필요가 있다. 일단 이렇게 생각과 마음으로 자기 분리가 가능해야, 행적을 두고 토론할 수 있어져서, 내가 보는 세상을 합리화할 수 있어진다.

위 3자로 분리하고 토론

사람들이 살아가면서 가장 어려운 영역이 자기 성찰이라고 할 수 있다. 사람들이 그것이 가능했다면, 세상에 그렇게 많은 철학과 종교 그리고, 선지자 또는 깨달은 자가 생기지 않았을 수 있다. 스스로 자기를 성찰을 할 수 있어지면, 그것을 바탕으로 자신의 삶과 여럿의 삶이 모두 평안해졌을 수 있기 때문이다. 자기를 돌아본다는 것은 자신의 지나간 행적에서 상당한 착오나 실수를 발견했기 때문에, 그것을 사전에 바로잡을 수 있는 기회를 그 성찰을 통해서 부여함으로써, 보다 후회 없는 그리고 보다 행복한 삶을 살 수 있기를 바라는 마음에서다.

그렇다면 앞에서 논한 자기 분리와 토론을 위해서, 생각으로의 나와 마음으로의 나를 우선 분리해야 상호 비교를 통해, 어떤 문제들을 찾아볼 수 있을 것이다. 이렇게 생각과 마음의 반응에 의해서 선택되고 실현된 것이 행동으로, 그리고 행동은 행적으로 지나간 흔적에 불과하여 잊어질 수도 있는 것이다. 그러나 누구도 자신의 행적을 없었던 것으로 할 수는 없는 것이어서, 행적은 나도 기억할 수 있고 다른 이는 더욱 선명히 그리고 또렷이, 너무도 잘 기억하고 있을 수 있다. 그 행적이 실수나 착오로 포장했으면 하는 잘못이 있었다면, 나는 그것을 기억하기 싫었을 것이고 그 행적이 다른 이를 불편하게 했다면, 그들은 잊을 수 없는 고통이나 심리적 앙금으로도 남을 수 있어서 너무도 잘 기억하고 있을 수 있고, 나는 잊고 싶은 기억으로 지웠다면, 서로의 관계에서 상당한 문제를 가지고 있다고 할 수 있다.

  이것이 관계와 삶을 힘들게 하고 나를 처참하게 할 수 있어, 바로 보고 기억함으로써 다음에 같은 일을 반복하지 않기 위함이라 할 수 있다. 그렇다면 행적은 누가 보아도 분명한 한계를 가지고 있어, 변명이나 거짓으로 포장할 수 없는 것이어서 생각과 마음만 들여다볼 수 있으면, 최소한의 성찰을 위한 구조화는 가능해졌다고 할 수 있다. 그렇다면 그러한 행적을 남기게 된 사전의 생각과 마음의 변화는, 당사자인 나만이 또는 그만이 알 수 있는 일이고, 다른 이는 그것을 볼 수 없고 보지도 않았기 때문에, 누구도 합리적 성찰에 참여도 할 수 없고 영향을 줄 수도 없다.

  그래서 이것은 오직 나만의 영역으로, 내가 아니면 들여다볼 수 없는 비밀스런 영역일 수 있다. 이러한 관계로 더욱더 잊어버리고 지워지기를 바랐는지도 모른다. 그것이 망각의 기능이 부여한 자기 합리화 또는 미화일 수가 있고, 그래야 내일을 사는 나의 자존심의 상처가 우울이나 열등으로 가지 않을 수 있기 때문이다.

그러나 나를 통해 세상을 바로 보려면, 내가 보는 세상과 그들이 즉 객체가 보는 세상이 같을 때, 왜곡됨이 없이 세상을 바로 볼 수 있고 바로 볼 수 있을 때, 내가 세상과 함께할 수 있는 방향이 보일 수 있기 때문이다. 그것은 내가 한 지나간 행적을 그들이 보고 기억하는 대로, 나도 똑같은 기억을 할 수 있으면 나와 그들이 같은 관점을 가지고 있는 것이 되고, 나와 객체가 같은 관점으로 세상을 보면 내가 보는 세상이 보다 합리적일 수 있어, 나의 편견을 벗어날 수 있기 때문이다.

이렇게 내가 보는 시각에 편견이 없어질 때 세상이 바로 보이고, 그것을 바탕으로 나를 바로 세울 수 있어 내가 세상 속에서, 보다 합리적으로 바른 삶을 이어감으로 내가 행복해질 수 있다면, 나를 보는 모두가 행복해질 수 있음을 가슴에 품으면 해서이다.

3의 나를 1과 2의 내가 평가!

IIIIIIIIIIIIIIIIII

이렇게 행적의 나를 생각과 마음의 내가, 평가할 수 있어지는 구도를 만드는 것이 자기 분리이고, 이렇게 세 명의 나로 분리하고 옳고 그름을 서로의 입장에서, 변호하는 과정이 자기 토론이 되는 것이다.

그렇다면 내가 어떤 행동을 하기 전에 고려하고 영향을 준 생각은 어떤 것이고, 마음의 움직임은 어떤 것이었는지를 알아야 비교해서 변론이 가능할 것이다. 보통의 사람들은 자신의 생각과 마음을 따로 떼어본 적이 별로 없어서, 그것이 그것 아닌가 하고 우려할 수도 있다. 그리고 생각과 마음 그 자체가 나와 같은 것이어서, 나에게서 따로 분리한다는 것 자체가 이상할 수도 있다.

　그러나 생각과 마음은 본질적으로 다른 것이어서, 잠시 동안만 들여다봐도 분리가 가능해지는 것을 알 수 있다. 사람은 누구나 거부할 수 없는 원천적 강요를 받고 산다고 설명했는데, 사회라는 집합체의 구성원으로 살려면 그 사회가 부과하는 의무 같은 것으로, 사회적 강요가 생기기 마련이다. 이것은 여럿이라는 공동체의 유지를 위한 도덕률 같은 것이어서, 사회 구성원으로서 지키지 않으면 많은 어려움에 처할 수 있다. 이렇게 여럿을 위해서 필요한 것들이 다시 말해, 이타성을 요구하는 영역이 생각의 영역으로 볼 수 있다. 그리고 생각은 미래 지향적이고 희망적이며 모든 가능성이 열려있는 영역이다. 그러나 어떤 행동을 할 때 요구받는 생각의 영역은, 숙고와 분석 등의 자기 판단과 고려가 반영되어 행동의 방향에 영향을 주었다면, 그것은 생각이 행동을 하게 한 원인일 것이다. 이렇게 생각은 숙고와 분석 그리고 판단과 고려 등의 변수가 함께 작용하고 있어서, 여기에는 지식 정보에 의한 지성적 고려가 포함되어 있고, 현실을 반영하는 외적 요소를 분석한 이성적 판단이 당연히 작용했다고 볼 수 있으며, 또한 상당 시간 검토하고 생각하게 한 시간적 여유가 있었던 것으로 봐야 한다.

　이렇게 지성과 이성의 고려와 분석 그리고 행동하기까지, 상당한 시간적 여유를 가지고 검토한 결과로 행동을 유도했다면, 이것은 생각의 영역이다. 사회의 도덕률과 이타성 그리고 지성과 이성의 뒷받침으로 영향을 준 것은 생각의 영역이고, 원천적 강요의 다른 분야인 자연적 강요에 의해, 생명 본질과 이기적 본능에 의해 순간적으로 고려 없이 행동을 선택했다면, 그것은 본성과 감성의 영역을 아우르는 마음의 작용으로 볼 수 있다.

통상의 경우는 지성과 이성을 동반한 이타심의 발로인 생각이 늘 지배하는 것 같지만, 행동하는 순간에 생각과는 다른 변수가 우려와 걱정을 가지고 개입하면, 생각과 다른 선택을 하게 되는 것도 자주 겪어보는, 생명체의 피할 수 없는 본질일 수 있다. 이것은 본성과 감성에 지배되고, 순간적 선택으로 변화시킬 수 있는 본질적 변수에서 살아있기 위한, 오랜 초습관화와 중독성에 의한 표현일 수 있어 이것은 마음의 영역이라고 볼 수 있다.

이렇게 본성과 감성의 영향을 받는 이기심의 작용으로 시간적 여유 없이 선택했다면, 이것은 마음이 행동을 유도했다고 볼 것이다.

행적으로의 나는 어떤 나인가?

사람들이 살아가면서 성찰이 어려운 것은 생명체 본질과도 관계가 있다. 그것은 생명 기본은 살아가야 하는 미래에 본질이 맞추어져 있는데, 돌아봐야 하는 행적은 과거이기 때문에, 우선 보는 관점과 방향이 서로 어긋나기 때문일 수 있다.

세상이 나를 나로 봐주는 것은 몸집을 가지고 있는 상당한 크기의 동물일 뿐이고, 나를 평가하는 것은 내가 어떤 행동을 했느냐에 대한 그들의 판단이기 때문에, 그들은 나의 지나간 과거를 보고, 나는 언제나 살아갈 미래에 관심이 집중되기 때문에, 내가 보는 것이 그들이 보는 것과 다름에서 오는 차이일 수 있다.

그리고 생명체가 세상을 살아가는 편의 때문에 잘한 것은 기억하고, 잘못한 것은 잊어버리려고 하는 속성이 있다. 그래서 한쪽이 상당히 부족한 채로 살아가려는 자기모순을 망각으로 잊어버리면, 혼자의 생각으로는 심리적 부담을 줄일 수 있기 때문일 수 있다. 이렇게 나는 지나간 잘못된 과거를 잊어버리려 하고, 상대는 나의 잘한 점이 그들의 잘못한 점과 연계되어 있다면, 그것을 잊어버리려는 반대 상황이 만들어내는 코미디 같은, 자기 연출의 영향일 수 있음도 고려해야 한다.

이렇게 생명체는 미래의 희망과 공존에 기여할 수 있다는 자부심 그리고, 이타심으로 무장하고 있다고 생각하는데 실제 행적의 결과는, 자신에게 유리함만을 쫓는 이기심으로 가득차서, 이익을 얻을 수 있는 행동만을 했을 수 있는 확률이 상당하기 때문이다. 그리고 지난 것은 잊고 또, 내일의 더 잘할 수 있다는 희망으로 막연히 무장되어 있다면, 내가 느끼는 나와 다른 이가 느끼는 나는 상당한 괴리가 있고, 그것을 극복할 수 있는 수단의 부족함에서 오는 비극일 수도 있다. 그는 나름대로 공존의 지혜에 부합될 수 있다는 긍정적 기대를 가지고 있는데, 행적을 돌아본 결과가 그에 미치지 못하는 이기심을 넘어 욕심의 수준으로 보였다면, 세상을 보는 눈과 사물을 판단하는 고려가 상당히 편중되어 있을 수 있고, 또 그것을 합리화하기 위한 변명과 거짓으로 또 다시 포장하려 했을 수 있다.

　이렇게 같은 것을 보는데 서로 다름의 가슴 아픔이, 코미디 같고 비극 같은 것을 극복할 수 있는 수단이 행적으로의 나를 성찰할 수 있는, 자기만의 토론과 분석일 수 있음도 관심을 두고 살펴야 할 것이다. 그것은 내가 생각하는 과정과 내가 선택하는 변수에서, 마음의 작용이 어떠했는지를 다른 이는 모르기 때문이다. 오직 나만이 행적이 있었던 전후의 주변 환경과, 행동으로 연결되는 여러 변수를 알고 있기 때문에, 자기 성찰이 필요한 것이다.

　이렇게 보여지는 나를 보이지 않는 내가 평가할 수 있어지면, 객체의 기준으로 나를 볼 수 있는 기회가 제공되기 때문에, 내가 보는 시각과 다른 이가 보는 시각이 보다 근접될 수 있고, 희극 같고 코미디 같은 자기 연출과 합리화로 포장된 가면을 무장 해제할 수 있을 것이다. 이렇게 나를 볼 수 있는 그대로 볼 수 있고 그들도 나와 같이 느낄 수 있다면, 그동안 기지고 있었던 변명이나 거짓 포장을 벗고 가볍게 서로를 보고 느낄 수 있는 관계가 형성되면, 나도 그들도 살아가는 날들이 한결 편안해져서, 내가 정말로 하고 싶었던 일들을 할 수 있는 시간이 여유로 주어질 수도 있을 것이다. 포장하고 합리화하려 했던 많은 시간과 고뇌들이, 나를 소중하게 하고 행복하게 할 수 있는 곳으로 옮겨질 수 있다면, 그 시간만큼 더 풍요로워질 수 있을 것이다.

희망했던 나와 일치 하는가?

|||||||||||||

이렇게 자기 분리와 자기 토론으로 나를 찬찬히 돌아볼 수 있으면, 내가 생각하고 마음으로 느꼈던 삶의 범주에서, 상당히 벗어나 있는 나를 볼 수도 있어질 것이다. 만일 그러하다면 행적 성찰의 범위를 더욱 확대해볼 필요가 있을 것이다.

내가 나를 어떠한 사람이라고 스스로 정체성을 정리해두었다면, 지나간 시간들을 10년 단위로 분리하고, 그중에서 가장 크고 영향력 있었던 행적으로 기억을 되살려, 그것도 가장 잘못 했던 일들을 떠올려서, 자기 토론 과정에 올려봄은 어떨까 싶다. 일반적으로 성찰의 필요를 느꼈다면 상당한 시간을, 삶의 고뇌와 맞잡고 노려보면서 씨름하듯 했을 것이기 때문이다. 수많은 행적을 모두 살펴보는 것은 시간 낭비일 수도 있다. 그것은 나를 돌아보는데 모든 것을 다 봐야 하는 것은 아니기 때문이다. 쉽게 보면 여론 조사와도 같을 수 있다는 것으로, 표본만 잘 추출하면 10년 단위의 커다란 몇 건의 성찰만으로도, 나를 직면할 수 있을 것이기 때문에 시간 낭비를 줄이자는 것이다. 이렇게 10년 단위의 크고 잘못되었다고 생각하는 일과, 잘되었다고 하는 일의 비중을 비교하고 결과를 사심 없이 돌아봤을 때, 내가 그동안 선택한 행적의 경향성을 알 수 있어질 것이다.

이타심의 발로가 돋보였는지 이기적 욕심이 넘치도록 보여서, 얼굴을 돌릴 수밖에 없었는지로 1차적 평가는 가능할 것이다. 이렇게 10년 단위의 큰 건을 돌아보고 또 일정한 시간이 흐른 후 여유가 있으면, 그 사이의 보다 작은 것들도 돌아볼 여유가 있으면, 더욱 좋은 기회가 될 수 있을 것이다. 나를 바로 볼 수 있다는 것은, 나의 삶을 진솔함으로 채울 수 있는 기회가 생겼다는 것이고, 또 불필요한 변명과 합리화를 위한 거짓에서 벗어나, 나를 홀가분하게 할 수 있기 때문이다.

이것은 고뇌로부터 나를 해방하는 것일 수 있다. 내가 어떠하였는지를 알면 그로부터 나를 놓아줄 수 있어지고, 이러한 반성을 통해 가슴 속 깊은 곳에 숨어있는 또 다른 나를, 성찰할 수 있어지는 영광을 얻을 수도 있기 때문이다. 내가 나의 깊숙한 본질까지를 들여다볼 수 있다는 것은, 희열과 같은 것으로 기쁨으로 나를 다시 맞을 수 있는 준비가 가능하기 때문이다. 이러한 과정을 거쳐 진정한 나를 포용할 수 있어지면, 그동안의 아픔과 고뇌를 치유받을 수 있는 단계로 진입할 수 있기 때문이다.

일반적으로 자기 성찰과 자기반성에서 이러한 단계까지 진입하기가 매우 어려워서, 중도에 포기하는 경우도 있을 수 있다. 그러나 이렇게 가장 깊은 곳을 선명하게 볼 수 있어지면, 아픔과 고통이 무엇이었는지를 알 수 있어지고, 그동안 내가 나를 어떻게 포장해두고 그것을 풀어내는 것에 인색하였는지를, 그리고 왜 두려워했는지도 알 수 있어지기 때문이다. 이러한 경지는 자기만이 할 수 있다. 그것은 그가 아니면 그 당시의 주변 여건과 마음의 흐름과 생각의 변화를 알 수 없기 때문에, 누구도 도와줄 수 없고 강요할 수도 없는 경지이고, 스스로 남에게 보이기 싫은 가장 부끄러운 곳이었을 수 있기 때문에, 나 자신만이 가능한 것이다.

이렇게 포용과 치유의 단계로 갈 수 있으면, 행복과 희망의 단계가

스스로 열리기 때문이다. 오직 나만이 할 수 있는 영광스러움이 그곳
에서 나를 기다리고 있을 것이다.

4

자기반성을 통한 참나 찾기

✎ 사람이라는 생명체가 망각의 기능이라는 시점적 사고가 없었다면, 그렇게 도전적이고 진취적으로 진화하는 데 차질이 생겼을 수도 있을 것이다. 한 시점의 극히 잘못되었고 기억하기 싫은 행적은 그 시점이 지나면 즉시 잊어버리고, 약간의 잘못은 생명 본질에 의해, 합리화로 자기 포장을 하는 마음 쏠림 현상이 생기고, 그것이 더욱 확대되면서 자신을 과대평가하게 됐다.

그것 때문에 인류가 동물군 중에서 최고의 극상 진화를 하는 동력을 얻었는지도 모른다. 그러나 큰 잘못도 그 시점만 지나면 잊어버리고, 그런 일이 없는 것처럼 하는 뻔뻔함의 희극과, 자신의 존재 가치가 부정될 수 있는 일을, 생존 본능으로 합리화하는 자기 포장의 억척은, 삶의 비애를 한층 가슴 아프게 할 수 있다. 그리고 그러함을 벗고 당당히 살고자 하는 그리고 살아갈 수밖에 없는, 생명 본질의 자기 미화가 오늘의 인류로 나로 우리로 있게 한 원천이었는지 모른다.

그렇지 않았으면, 그 많은 동물종 중에서 오직 한 종인 사피엔스만이 그 광대한 지구를 독점하는, 불상사가 생기지 않았는지도 모르는 것이다. 이렇게 낯부끄러운 자기 미화지만, 그것으로 해서 불을 얻고 그것으로 해서 사회를 이루었고, 그것으로 해서 문자를 만들었고 그것으로 해서, 너무도 당당히 인류로 살아가는 것은 아닌가 싶다. 그러나 그것은 문자를 얻기 전의 인격기의 일들이고, 모든 사람들이 지성과 이성으로 자신을 바라볼 수 있는, 인문기에 들어서서도 계속 그러함이 유지된다는 것은, 인류라는 극존의 생명체에게, 좀 모욕적인 것은 아닐까 걱정스러워진다.

왜냐하면 그렇게 뻔뻔한 과대망상으로, 지상의 모든 생물 종을 지배할 수 있어졌다고 자만하고 교만스러워지면, 이제는 자기 제어가 본능적으로 작동할 수 있는 양심 같은 것도 생겼을 수 있기 때문이다.

그래서 인류로 우리로 나로 평가될 수 있는, 우리의 나만의 행적을 문화와 문명이라는 거대한 광대탈 속에서, 이성을 가지고 지성으로 그리고 양심을 빌어, 한번 들여다보는 일탈이 있어야 되는 것은 아닐까 싶다. 지금까지 살아가는 거대한 굴레 속에서 너무도 미약한 존재로 살아왔다면, 자기 합리화의 과대 포장을 벗고 망각이라는 절대적 무기를 버리고, 나 또한 지구상을 지나가는 한 생명체에 불과함을 기억하고, 나를 들여다보는 자기반성이 있어야 될 것은 아닌가?

그리고 그러하도록 나를 그냥 두어둔 본래의 나도, 한번 만나보는 수고는 어떨까 시도해보자. 우리가 내가 선택한 행동의 결과가 행적으로 남아, 나의 기억 속에 그리고 우리의 영상 속에 남아 있다면, 그것을 살려내어 그것이 옳은 선택이었는지, 그렇게 될 수밖에 없었던 원인은 무엇인지 그리고 정말, 그렇게밖에 할 수 없는 나라는 존재가 그렇게 한심스러웠는지, 망각의 벽을 넘어 한번 맞서서 똑바로 볼 수 있는 기회를 주어보자. 지나간 행적의 결과가 왜 그랬을까? 하고, 선택의 착오를 일으킨 원인은 무엇일까? 그리고 그때는 왜 그러한 행동을 제어하지 못했을까? 지나간 것들에 대한 후회스러움이 있다면, 무언가 분명히 내가 통제할 수 있는 기능에서 문제가 생겼을 것이다. 그러면 그렇게 한 찰나와 그렇게 영향을 준 외적 변수에 쉽게 동의해버린, 나도 모르는 내면의 나가 있는 것은 아닌지, 본래의 나를 자기반성의 무대에 올려놓고, 사회 가치나 윤리에 역행한 무의식을 발견하고 성찰하는, 자기 아픔의 고통을 통해 참나를 또는 내면의 나를 보듬어, 포용하고 받아들임으로써 가슴 아픔을 치유할 수 있도록, 나에게 여유와 멈춤을 주고 그 과정을 통해 새로운 빛을 볼 수 있다면, 그것 또한 기쁨일 것이다.

자기반성으로 세상 속에서 평가

기억하기 싫은 그리고 지워버려서 없어진 지난 행적을, 일상을 멈추고 아픔을 감수하면서 돌아보는 용기를 일상에서 가져보는 것도, 나만의 또는 그들만의 특권이 될 수도 있다.

상당한 이들은 이러한 자기 아픔을 돌아볼 엄두도 못 내었을 것이기 때문에, 나만의 기회라고 볼 수도 있고 또, 그것은 나밖에 할 수 없는 영광의 아픔이 되기도 한다.

그러한 행동을 선택하도록 한 동인이 생각에서 비롯되었다면, 상당히 계획적이고 사전에 일정한 검토와 고려를 거쳐, 그렇게 하는 것이 무언가 좋은 점이 있었기에 그러했을 것이다. 그러면 그 원인을 찾아보고 그것이, 윤리와 사회 규범에 순응할 수 있는 것인지를 가려내면 될 것이다.

그리고 그것이 마음에서 비롯되었다면, 왜 하필 그 시점에 그것을 하도록 본능이 그리고 감정이, 움직였을까를 다시 한 번 냉정히 돌아볼 필요가 있다. 그것이 나의 생존에서 그리고 나의 이기심과 욕심에서 비롯되었고, 그렇게 하려하지 않았는데 나도 모르게 그리고, 전격적으로 선택되고 실현되었다면, 그것은 본능에 바탕을 둔 마음의 발현이었을 것이다.

그리고 이것이 본래 하고자 했던 방향과 선택이 아니고, 불가피하게 변화된 선택을 할 수밖에 없었던 어떤 외부적 요인이 있었다면, 그것은 또 다른 강요의 한 부류로 고려해보고, 그것을 제공하게 된 뿌리 또는 원천을 살펴봐야, 나를 그리고 내 인격을 온전히 수용할 수 있어질 것이다.

이렇게 생각의 영역에서 비롯되었다면, 사전에 계획을 가지고 어떤 이익을 위해 실현되었다고 볼 수밖에 없다. 이것은 흔히 형사 사건에서 고의성이고 사전의 각본에 의해 어떤 이익을 실현하려 했다는, 정상 참작이 될 수 없는 사회 규범이나 윤리를 위반한 사회적 강요에 반하는 행위로, 누구에게나 지탄을 받을 수 있다.

그러나 그것이 계획도 없었고 특별한 원인도 없었고 특정한 이익도 없을 수 있는데, 흔히 말하는 욱하는 감정을 누르시 못한 순간직 일이었다면, 일부 몇몇의 공감은 얻을 수 있는지 몰라도 결국 잘못한 것이고, 고의성이 없었다는 것 외에는 동조받을 수 없는 자기 통제 부족에서 오는 나의 못남이고, 그것이 통상의 동물적 본능과 이기일 수 있다. 이것은 누구나 자기 통제가 부족하면 일어날 수 있는, 감정을 가진 생명체의 비극일 수 있다. 그래서 정상 참작은 가능하나 그렇다고 잘못이 없어지거나, 용서받을 수 있는 것은 아니다.

생각에 의한 잘못은 다른 이의 공감을 얻을 수 없는 고의적 잘못으로 봐야 하고, 마음에 의한 잘못은 약간의 여유와 참음이 있다면 벗어날 수 있는, 순간 대응의 초습관에서 오는 잘못으로, 인문기 보편 지성에서는 부끄러울 수밖에 없는, 선인격기 동물의 잔상일 수밖에 없다.

그리고 어떤 외부적 요인이 있었다면, 생각과 마음의 저항을 무너뜨릴 수 있는, 그리고 내가 감수하고 담당할 수밖에 없는, 불가피함이 있었는지를 살펴보면 될 것이다.

그 외의 다른 선택이 없었는지만 고려하면, 원인을 제공한 내용을 알았으니 그에 맞게 수정하고, 바꾸려는 자기 수련과 마음의 감화가 필요할 것이다.

그리고 이러한 내용을 내가 아닌 CCTV적 관점에서, 누구나 볼 수 있는 영상으로 노출시켰을 때, 아무런 이해관계가 없는 이들로부터 받는, 모욕과 실망과 저주와 비난을 스스로 받은 것으로 내가 수용하면, 그것이 세상 속에서의 평가가 될 것이고, 이러한 평가를 겸허히 수용할 수 있는 가슴이 있으면, 새로운 방향도 보일 것이다. 그리고 그곳으로 가보면 새로움이 열릴 것이다.

기여를 위한 나와 비교 수정

 선인격기를 살았던 인류의 조상들은 포식의 두려움으로, 항상 긴장하고 우려하면서 살아야 했다. 그리고 내가 언제까지 살아있을 수 있을지를 모르는 불확실성의 공포 때문에, 모든 것을 잊어버리고 살아있는 동안 마음 편히 사는 것이, 마지막 희망이었을 수 있다. 그러나 불을 얻고 사람으로서의 존엄이 생기고, 삶에 대한 불확실성의 공포보다 언제까지 어떻게 무엇을 하며, 사회를 구성하는 다른 이에게 어떤 기여를 하며 살 수 있을까가, 커다란 숙제가 되었다. 지금까지는 힘을 가진 무리의 대장에게 속박되면서 살았다면, 불을 가진 자와 지혜를 가진 자 그리고, 최고의 힘을 가진 자가 지도자 자리를 두고 경쟁하게 되었고, 그것은 평등이라는 새로운 개념을 만들었다. 그리고 포식되지 않고 즉 타의에 의해 생명이 결정되지 않고, 내가 어떻게 하느냐에 따라 오래도록 살 수 있어지면서, 살아있는 것보다 어떻게 보람되게 사느냐 즉, 삶의 가치를 부여하는 진정한 사람으로서의 자리매김이 중요해졌다. 내가 하는 일이 내가 하고자 하는 것들이, 모두에게 도움이 되고 존경받을 수 있어지면, 평등이라는 가치를 바탕으로 나도 좀 더 우월해질 수 있고, 경우에 따라서는 나도 최고의 지도자가 될 수 있는 가능성이라는 욕심이, 내 주변을 맴돌기 시작했을 것이다. 이것은 힘의 서열에서 언제나 밀렸던 하위 무리에 속했던 자의, 한풀이 같은 것이 될 수도 있었다. 평등과 행복 그리고 소통과 공유 등, 힘의 문제보다 관계의 문제가 중요해지면서, 나도 우월해질 수 있고 경우에 따라서, 권력의 유혹에 빠져들 수 있는 상황으로 전개되었다. 그러기 위해서는 내가 구성원 모두에게 어떤 매력을 가진 개체인지가, 궁금해지는 호기심과 이기심이 생길 수 있다. 그러려면 내가 그동안 해왔던 행적들이, 주변 동료들에게 어떤 영향으로 기억되고, 내가 한 행동이 그들에게 호감을 줄 수 있는 것인지를 알고 싶을 수밖에 없을 것이다. 이렇게 내가 그동안 해온 행적들이 이러한 욕구에 미치지 못하면, 내가 가졌던 호기심을 버려야 하고 상당 부분 그러한 것에 부합되었다면, 새로운 야심으로 무장되어 더욱 가능성에 고무될 수 있을 것이다. 이렇게 자신의 행적이 사회적 요구에 미치지 못했다면, 지금부터라도 개선을 시도해야 하고 남들과의 관계 정립에서 우월적 요소가 있었다면, 새로운 변화를 시도해볼 수 있다. 자기반성을 통한 참나 찾기가, 이러한 물음에 상당한 대답을 해줄 수 있을 것이다. 만일 자기 성찰이나 자기반성 없이 자신의 사회적 우월을 위한 욕구에 도전했다면, 오히려 그동안 쌓아둔 보편의 관계가 더 훼손될 수 있어지는, 위기를 불러올 수도 있다. 권력이라는 호기심에서 우월한 자기를 바랐다면, 그동안 형성된 자신의 행적에서 나를 객체의 시각으로 살펴보고, 부족한 점을 개선할 수 있다면 자기반성은 나의 남은 삶을, 풍요롭게 하는 밑거름으로 작용할 것이다. 그렇지 않고 자기 성찰 없이 우월감의 포로가 된다면, 헤어나기 어려운 자기 붕괴를 가져올 수도 있다. 평소에 생각했던 희망과 이상에 부족함이 있었다면, 지금부터라도 새로 시작해보는 기회로 삼아보면 어떨까?

변수 왜곡의 내면의 나!

iiiiiiiiiiii

　지금까지 우리는 내가 누구인가를 들여다보는 과정으로, 생각으로의 나와 마음으로의 나를 분리해서 비교해보기 위해 자기 분리를 살펴보았고, 자기 분리를 한 것은 진정한 내가 어떤 사람이고, 무엇에 의해 움직이는 생명체인지를 보기 위한 과정이었을 수 있다. 그러나 내가 아닌 타인들은 나를 어떤 누구로 인식하고 평가할까 하는 데서는, 마음과 생각은 보이지 않으니 알 수가 없고, 오직 그들이 보고 느낄 수 있는 것은 그리고 부딪쳐서 확인할 수 있는 것은, 행적으로서의 나일 것이다.

　그러나 사람들은 일반적으로 지나간 일은, 잊어버리는 속성이 있어 별로 기억하려 하지 않고 또 좀, 잘못된 일이 있더라도 자기 합리화를 위해 미화하고 포장하려 하므로, 나도 나를 제대로 볼 기회가 상실되는 것은 아닌가? 우려스러웠다. 그러한 관계로 남들이 나로 인식하고 평가하는 행적을 들여다봄으로써, 남들에게 보여진 내가 어떤 사람인가를 같이 느끼려 하는 과정으로, 자기 토론을 불러들였다. 즉 생각과 마음은 실체가 없어 평가 대상으로 곤란하고, 행적은 기억으로 남아 있으니 행적을 상대로 생각과 마음이 토론하고, 그것을 바탕으로 무엇이 문제인지를 찾아보는 과정을, 자기반성이라는 절차로 논의하였다. 이렇게 실체인 나를 자기반성을 통해 들여다보면, 내가 왜 그러한 행동을 했는지를 알 수 있어지고, 남들이 나의 행동을 보고 어떻게 생각했을까를 이해할 수 있어진다. 이렇게 나를 객관적으로 보고 평가할 수 있어지는 과정을 자기 성찰이라고 할 수 있다. 내가 한 행적을 되돌아보고 그것을 생각과 마음의 관점에서 들여다보고, 잘잘못을 가려보는 것을 자기반성의 과정이라면, 객체의 관점에서 평가하는 절차가 자기 성찰이라는 과정으로 요약했다.

그러나 이러한 과정은 실제 일어난 일들만을 행적이라는 기억을 통해 살펴보는, 외적인 형태라고 볼 수 있다. 결과적으로 나타난 이러한 형태의 행적이 생기게 되고, 행동으로 옮겨지는 과정에서 어떠한 변화가 생겼다면, 그것은 반성과 성찰의 대상이 아니었다.

그래서 변수에 의해 왜곡된 결과로 나타난 행적만을 논의했지, 주변 환경에 의해 당초의 실현 행동이 변화될 수 있는 과정은 누락되어 있다. 이렇게 행동으로 실현하려는 과정에서 변수가 생겨, 처음하려고 했던 행동과 다른 결과의 행적이 나왔다면, 그것은 다른 요소에 의해 왜곡되어 실현된 착시로도 볼 수 있다.

그렇다면 왜곡되기 전의 실제로 하려고 했던 행동은 무엇일까? 그러한 변화를 주게 한 내면의 나는 어떤 형상일까? 이것은 남들이 볼 수 없는 과정이어서, 나만이 볼 수 있는 극비의 공간일 수 있다. 이렇게 남들은 볼 수 없는 과정의 나를 실체화시켜, 들여다보고자 하는 대상이 '내면의 나'이고, 이렇게 비밀스럽게 들여다본 현상을 '직시'라고 할 수 있다.

[표: 5] 자기 성찰의 단계별 멈춤 과정

구 분	내 용	비 고
1 단계	자기 분리(생각과 마음)	생각- 미래/ 희망, 마음- 현재/ 선택
2 단계	자기 토론(행적 대상)	행적- 과거/ 불변(이기/ 이타)
3 단계	자기반성/ 자기 성찰	자연적 강요/ 사회적 강요
4 단계	내면의 나/ 직시	외적 변수와 생명 본질 이해
5 단계	포용/ 치유	마음은 무엇일까?/ 이해

※ 성찰과 포용 그리고 치유로 가려면 멈춤의 진솔함이 필수 과정이다.

정립된 나와 실체의 나 성찰

지나간 과거의 나를 있는 그대로 객체의 관점에서 볼 수 있다는 것은, CCTV적 관점에서 나의 행적을 영상화 시켜보는 것과 같은 개념일 수 있다. 이렇게 자기 토론과 자기반성을 통해, 나는 어떤 유형의 어떤 성향을 가진 사람으로 정리되어지면, 내가 알고 있는 나와는 상당히 다른 부류의 사람으로 느껴질 수도 있다.

그것은 나는 항상 세상과 소통하면서, 세상의 보편적 가치와 보편적 정서에 상당히 근접되어 있는 사람으로, 스스로 생각하고 있는 것이 통상적 보편이기 때문에 생기는 현상이다. 그런데 실제 나의 행적으로 어떠한 고려 없이 들여다보면, 내가 알고 있는 나와는 차이가 생기는 것이 일반적일 것이다. 그것은 지난 것을 잊어버리려는 망각의 기능 때문에, 나를 돌아볼 일이 없어서 행적으로의 내가, 낯설어 보일 수 있는 현상과도 같다.

자주 나를 돌아볼 기회가 있었다면 통상의 나를 어느 정도 예측하고 있는데, 그러함이 없이 실제의 나와 직면 했을 때 느끼는 감정의 부조화로, 스스로 수긍하고 받아들이기는 거북해질 수도 있다. 그렇다면 한동안 멈추고 시간차를 두고 마음의 여유가 있을 때, 다시 한번 나를 들여다보는 시도가 필요할 것이다.

이렇게 같은 행적 또는 다른 유사한 행적들을 경험해보게 되면, 평정심을 찾을 수 있어질 것이고, 기억 속의 실제의 나를 받아들이려는 준비가 될 것이다. 내가 생각했던 나와 생소한 사람으로 느껴졌다면, 합리화와 자기 미화로 포장하지 말고 그대로 수용하는 여유를 가지면, 나를 이해하고 그러한 행적의 원인을 찾는데 상당한 도움이 될 수 있을 것이다. 이렇게 실제의 나를 행적을 통해 본래의 나로, 받아들이는 것을 자기 정립으로 볼 수 있다. 이러한 과정을 통해 과거의 나를 직시하게 되면, 내가 알고 있던 나와 다른 왜곡된 내 생각이나 마음을, 교정할 수 있는 기회가 주어질 것이다. 이렇게 과거에 대한 직시가 없으면, 미래의 방향을 설정하는 것이 왜곡될 수 있고, 그런 것으로 인해 늘 내가 불편해질 수 있다. 그러나 기억 속의 나의 행적이 본래 의도하거나 원했던 행동이 아니었다면, 주변의 외적 환경 변수가 있었던 것으로 그 변화를 주게 된 주변 요소를 떠올리고, 변경되는 과정의 내 속의 마음과 생각의 변화 과정을 살펴보고, 본래 하려고 했던 행동이 무엇이었는지를 알아가는 내면의 나를 볼 수 있어지면, 이것이 실체의 나일 수가 있다.

이렇게 아무도 알 수도 없고 볼 수도 없었던, 실체의 나 즉 내면의 나를 알아지면 그 과정을 또 다시, 자기반성과 자기 성찰의 대상으로 올려보는 것을, 실체의 나 성찰이라 할 것이다.

이렇게 실제의 나로 자기 정립을 했다면, 내면의 나 즉 실체의 나를 들여다보는 과정을 통해, 한 단계 높은 성찰이 가능해질 수 있다. 이러한 과정들이 미래의 나를 정립할 수 있는 토대를 제공할 것이기 때문에, 사회와 윤리 속의 자기 그리고 미래 이상과 소통하는 자기를 자아로 세울 수 있어진다. 이것이 자아 정립이다.

이러한 자기 성찰 없는 자아 정립은 허상일 수 있다. 사회와 미래와 자기가 소통하는 주체로 자아를 세우는 기회를 갖자.

5

새로운 나의 설정과 미래형 자아

✍ 자기 분리와 참나 찾기를 통해 지나간 나의 행적을 모두 더듬어보고, 이를 바탕으로 새로운 나를 설정할 필요가 생기는 것은 당연한 절차일 것이다. 그리고 지나간 나의 모습에서 내가 희망하는 나와의 다름이 발견되었다면, 이것을 합리적으로 수렴해서 내가 살아갈 미래의 행동에 반영할 수 있는 고려는, 피할 수없는 수순일 것이다. 이러한 자기반성과 성찰을 거치는 과정에서, 지나간 나의 못난 모습을 감추고 싶은 충동을 느끼는 것도, 자연스러운 감정의 발로일 것이다. 그러나 혹자들은 이러한 나의 보기 싫은 모습을 상기하고 받아들이는 것이 불편하여, 오히려 지워버리고 싶기도 할 것이다. 그러나 지나간 과거는 어떠한 경우라도 고치고 지울 수 없는 것이며, 합리화를 위해 자기 미화를 하려면 더 큰 문제를 맞을 수도 있다. 그것은 내가 기억하는 것보다 더 비판적이고, 참혹한 수준의 기억

을 가진 다른 이가 있을 수 있기 때문에, 섣부른 접근은 긁어 부스럼을 만들 우려도 있는 것을 고려해야 할 것이다. 그러함을 참고하여 지나간 행적의 변명은 불가능하다는 것을 받아들이고, 섣부른 변명이 더욱 궁색함을 불러올 수도 있음을 기억하고, 잘못되었으면 그것을 솔직히 인정하고 새로운 변화를 위한 기회로 삼아야 할 것이다. 지나간 것은 어쩔 수 없는 것이기에 한 번만 인정해버리면, 더 이상의 문제는 줄일 수 있다. 어차피 어제는 보이지 않고 기억만으로 있는 과거에 불과하기 때문에, 모두와 공존을 위한 새로운 희망으로 수정하고, 지난 일에 합당한 변화로 대처하는 대담함과 너그러움이, 내가 살아야 할 미래에 적응할 수 있는 자아로, 새롭게 정립하는 것이 훨씬 효율적인 처신일 수 있다. 잘못을 인정하는 것은, 이러한 잘못을 되풀이하지 않는다는 자기 각오로 새겨져서, 앞으로 살아갈 많은 행동에 올바른 지표가 되어줄 것이다. 그러한 확고한 자기 설정 지표가 없다면, 오히려 망망대해를 떠도는 폭풍우 속의 범선을 인도할 등대가 없는 것과 같을 수 있다. 가슴 아픈 반성과 성찰로 그 과정을 벗어나는 고통은 이해가 될 수 있지만, 사람들의 삶은 미래라는 광활한 기회의 공간이 그리고, 충분히 그것을 회복하고도 남을 시간이 있지 아니한가. 오늘의 어두운 등잔 밑에서 내일이 보이지 않는 답답함보다는, 지나간 잘못의 직시가 미래로 가는 나에게 이정표가 될 것임을 잊지 말면 될 것이다. 지나간 나의 행적들이 내가 생각하고 추구했던 나와는 상당한 차이가 있다면, 그러한 행동을 선택한 마음과 나를 높이고자 하는 자존의 생각이, 연출하는 각본이 잘못되었거나, 오히려 배우의 연기가 잘못되었을 수도 있다. 내가 그동안 가지고 있었던 나라는 이상적 존재의 자리매김이, 내가 세상을 보는 왜곡이 있어 위상 설정이 잘못되었을 수 있음을, 가슴 아픔의 크기로 뼈를 깎는 고통의 느낌으로 받아들이자. 그리고 지금까지 가지고 있던 나의 기준을 버리고 현실에 합당한 수준으로 재설정하고, 새로운 각오로 미래를 기획하는 대담함과 자리 낮춤이 있는 것도 좋을 것이다. 처음부터 설정되어 있는 세상의 보편적 모습은, 내가 그동안 왜곡된 기준에 의해 잘못 읽었음에서 오는 착오 같은 것일 수도 있다. 그리고 그 잘못을 새롭게 교정하고, 내일을 그리고 새로운 나로 나의 꿈을 펼쳐보자.

행적의 나

||||||||||||||||

사람이 살아오는 과정에서의 많은 행적들을, 자기반성의 과정으로 들여다보는 것은, 나의 참 모습을 찾아가보는 과거로의 여행일 수 있다. 이러한 여정들은 생소할 수도 있고 피하고 싶음도 있을 것이고, 오히려 기억이 지워져서 회상되지 않을 수 있음을 바람으로 소망할 수도 있다.

그것은 너무 오랫동안 묵혀두었던 냄새가 고약한 발효 물질일 수도 있기 때문에, 고개를 돌리고 그냥 그 자리를 모면할 수 있기를 기도하고 싶을 수도 있다. 성찰이라는 과정은 자신을 참되게 할 수 있는 좋은 기회인데도, 왜 이렇게 마주하기가 거북스러울까? 그것은 지나간 많은 시간을 망각의 기능에 의해, 잊고 살아온 기간 너무 길어서 마주함이 두렵고, 썩음이라는 과정처럼 피할 수 있기를 모두가 기대하기 때문이다. 그러나 어떤 것이던 가장 기억하기 싫었던 행적을, 한번 깊숙이 들여다보고 나면 그 다음은 좀 더 쉬울 수 있고, 이러함이 반복되면 그 시간의 깊이도 차츰 작아져서, 거북스러움이 한결 가벼워질 수 있다.

이것은 평상적으로 이렇게 가끔씩 회고해보았다면, 그냥 지나가는 가벼운 영상으로도 기억될 수 있다. 그리고 직면한 잘못이 있다면, 그 것을 통한 자기반성으로 그 다음의 행적은 그 나쁨의 깊이가 가벼워졌을 것이기 때문에, 보다 쉽게 나를 느낄 수 있을 것이다.

이렇게 수십 년을 묵혀둔 항아리를 한 번에 풀지 말고, 십 년 단위로 가장 큰 것을 한 건씩만 골라서 하나를 보면, 상당한 시간의 여유를 두었다가 들여다볼 용기가 생겼을 때, 순차적으로 볼 수 있는 과거로의 여행에서, 일정 관리를 여유 있게 하는 것도 보다 진솔하게, 나를 볼 수 있는 요령이 될 수 있다. 사람들이 살아가는 과정에서 그렇게 큰 잘못의 횟수는 적을 것이나, 오히려 사소한 작은 것들에서 자존심이 상해질 수도 있다.

그것은 사람의 생존과 이익을 위한 생명체 공동의 이기심들이나, 동물적 본능 같은 흔히 저질러지는 욕망 같은 것들에 의해, 그러함을 제어하지 못한 자신의 한심서러움이 더욱 아플 수 있다. 이러한 것들은 사회적 강요에 저항해 기회와 편의적으로, 습관처럼 관행화되어 느낄 수 없었던, 자연적 강요에 순응했던 결과일 수가 있기 때문이다. 통상은 누구나 보편적으로 용인하는 이기와 탐욕 같은, 도덕과 규범에 시비가 될 수 있는 그런 사소함 일 수도 있으나, 그것이 너무 일상적으로 일어났다면, 자존감에 상당한 상처가 될 수도 있기 때문이다.

이러함이 경향성을 가지고 있었다면, 행적이 실제의 나를 표상적으로 남들에게 보여주는 신용이나 신뢰 같은 것인데, 다른 많은 이들에게 어떻게 보여졌을까? 하는 좌절감이 생길 수 있음이다. 이렇게 보여진 나를 객관의 나가 들여다보는 자기 평가가, 사상누각처럼 보여졌다면 나라는 존재의 뿌리가 폭풍우를 맞게 되면, 너무도 허무히 무너져 내릴 수도 있다는 자기 아픔이 초라해 보일 수도 있다.

이렇듯 한 번에 많은 것을 보면 자기 회상을 중지하고 싶어지고, 그것은 망각의 기능에 의해 덮어두고 또 오래도록 보려 하지 않을 수도 있어, 지나간 그러함을 차곡차곡 더 쌓일 수 있음을 두려움으로 무장하지 말고, 본능적 무모함으로 불러내어 저항해보는 것도 한 방법일 수 있다. 그들은 나의 생각과 마음은 볼 수 없고, 오직 지나간 나의 행적만을 볼 수 있고 그것으로 나를 정의하려 하기 때문에, 내가 보지 않으면 그들이 보는 나와 내가 생각하는 나는 다를 수 있어, 문제가 생겼을 때 더욱 어려워질 수 있다.

내면의 나

행적의 나는 자기 토론이나 평가에서 상당한 정상 참작의 폭이 있을 수 있다. 그것은 외부의 남들이 본다면 행동 그 지체만을 보고 평가하므로, 다른 해석과 이해의 여지가 없을 수 있다. 그것은 보이는 또는 본 사실 그대로이기 때문에, 그 기억 영상을 변화시키는 것은 객체인 남들의 소관이 아니기 때문이다.

만일 그 행적에 변화를 주고 싶고 해석에 여지를 남겨주고 싶다면, 그러한 행동을 한 사람만이 가능할 수 있다. 그 사람이 행동하는 과정에 변수가 생겨, 행동하는 모양과 방향 그리고 절차 등의 변경이 생길 수 있는 것, 그것은 그 사람의 마음에 의존되기 때문이다. 그래서 행동하는 사람 즉 그러한 행적을 남긴 사람이, 그러한 행적을 남기는 과정에서 행동의 변화는 생길 수 있고, 그것은 오직 그만이 알 수 있는 영역이어서, 보는 이들은 모르는 것이 대부분이기 때문이다.

행동을 하는 당사자와 그러한 행동을 보는 다른 이가 보는 방향이 다르기 때문에, 행동하는 사람의 시각 영역에서 어떤 변화가 생겼는지를, 다른 방향에서 보는 객체는 전연 알 수 없기 때문이다. 이렇게 어떤 행동을 하려고 정해놓고 그것을 실현하는 과정에서, 어떤 변수가 생겨서 행동의 결과가 달라지는 것을 '변수 왜곡'이라고 하고, 이러한 어떤 변수를 알아차리고 나서 마음의 변화가 생겨서, 행동의 결과가 변화되어 행적으로 남았다면, 그 변화를 시킨 마음이나 생각을 그 사람 당사자의 '내면의 나'라고 할 것이다.

이렇게 변화를 줄 수밖에 없었던 원인이 제공되는 과정의 행위가, '내면의 나' 또는 '잠재의 나'를 호출한 것일 수도 있고, 흔히 말하는 무의식에서 나오는 본능을 제어할 수 없어서 생긴 흔적으로 볼 수도 있다. 어떻게 되었던 그 행적은 본래의 행동 목표와는 다른 결과를, 보는 이에게 또는 행적이라는 영상 속에 남겼다면, 그렇게 변경될 수밖에 없었던 원인이 있을 것이고, 그 원인을 제공한 변수가 내적 변수일 수도 있고 외적 변수일 수도 있으나, 결괴적으로 그 사람에 의해 바뀐 것이기 때문에, 그것은 그 사람만 알 수 있는 절대 자기 공간이라는 것이다. 그리고 절대 자기 공간이라는 것은, 다른 이는 아무도 영향을 줄 수 없고, 오직 그만이 그것에 직접 관계된다는 것을 뜻한다. 이 절대 자기 공간을 통제했던 그 인격체를, 내면의 나 또는 잠재의 나로 표현할 수 있을 것이다.

그러면 이러한 과정을 통해, 절대 자기 공간에 영향을 준 나를 '참나'로 볼 수도 있을 것이다. 이러한 잠재의 나 또는 내면의 나, 혹은 무의식의 나로 불러지는, 그 당사자 본질을 '참나'로 현실의 세상에 불러내는 절차와 수순을, '변수 왜곡에 의한 내면의 나'로 받아들이고, 이를 성찰하는 것이 인격 형성에 상당한 영향을 준다고 본다.

이러한 성찰과 자기 통제를 통해 응급 변수가 생겼을 때도, 본래 자신의 인품이 지켜질 수 있는 인격체로 다듬어져가는 과정을, 수련 또는 수도나 자기 도야라고 표현할 수 있을 것이다. 이렇게 행적의 나와 내면의 나까지 불러내어, 성찰을 하고 자기 수련을 할 수 있어지면, 어떠한 폭풍우가 와도 견딜 수 있는 누각으로 남아있을 것이다.

흔히 사상누각이라고 하는 표현을 인격체에 비유한 것으로, 이러한 내면의 나인 '참나'를 직시하지 못하면, 변수가 생겼을 때 허물어지는 왜곡으로 행적의 결과가 나올 것이다. 이렇게 참나를 찾아 포용할 수 있을 때, 사상이라는 누각의 기초에 시멘트 용액이 스며들듯이 인격이 형성되고, 가슴 아픔으로 돌아봤던 행적의 나에게 콘크리트가 굳어가듯, 치유라는 보듬음이 가슴을 따뜻하게 할 것이다.

사회 속에 나 설정

세상을 살아가면서 스스로 나라고 설정해놓은 허상을, 생각의 나 또는 마음의 나라고도 할 수 있다. 그것은 보이지 않는 오직 내 속에 그러할 것으로 인정해놓은 어떤 것이지, 그것이 보여주는 모두가 무엇이라고 정의할 수 없기 때문에, 허상이라고 한다. 외부에서 볼 수는 없지만 스스로 생각해놓은 나라는 품격은, 경우에 따라서는 아무도 흉내내고 흠집을 내어 허물어뜨릴 수 없는, 그 사람 본질 같은 것이 될 수도 있다. 그래서 그것을 옛사람들은 '성'이라고 했는지 모른다. 아무튼 이렇게 허상일 수도 있고, 절대 본질 같은 '본성'일 수도 있으나, 그러함의 표현으로 비추어지는 것은, 그들이 행동한 결과로 보여지는 행적일 것이다.

나도 변명할 수 없고 남들도 그것으로 인정하고 있는 행적을, 자기반성과 성찰로 들여다본 결과가, 내가 생각했던 그동안 알고 있었던 나와는 다른 것이라면, 내가 나를 보는 관점에도 문제가 생겼고, 또한 내가 세상을 보는 안목에도 치명적인 과오가 있을 수 있다는 것이다.

이러함으로 나를 성찰하고 반성해서 나를 직시하면서, 보다 마음에 들고 새로운 바람직한 나를 세울 수 있다면, 이것이 미래를 살아가는 새로운 나로 정립될 수 있을 것이다. 그리고 마지막 행동 과정에서 어떤 요소가 작용하여 변수 왜곡에 의한, 내면의 나로 인해 행동의 결과가 변형되는 행적을 남겼을 수 있다.

행적을 되돌아보는 과정에 이러한 변수 왜곡도 살펴보고, 그 원인을 직시할 수 있이지면, 어떤 문제에도 흔들리지 않는 나를 새로이 확립했다 할 수 있다. 이렇게 지난 행적을 살펴서 왜곡될 수 있는 요인을 분석하고, 다음의 행동에 참고하여 새로운 행동의 변화를 가져왔다면, 그것이 사회 속에 나를 설정하는 단계일 것이다. 이러함을 통해 나를 새로 설정하고 현존의 삶에서 수정된 행동으로 보다, 바람직해지는 과정이 성찰과 반성을 바탕으로 한 나의 확립일 것이다.

그렇다면 세상과 어떻게 관계할까를 본질에서부터, 새로 볼 수 있는 계기가 되었다고 본다. 우리가 살고 있는 사회라는 구조는, 사회적 강요로 보여져서 저항심이 생길 수 있는 도덕과 규범만 있는 것이 아니고, 다른 많은 좋은 점이 있기 때문에 모두가 사회라는 집합체 속에서 불평을 하면서도, 머무르는 것이 아닐까 싶다. 그렇다면 사회가 가지고 있는 누구도 벗어날 수 없는 치명적인 혜택은 무엇일까?

사회라는 구조는 그 구성원의 창의적 욕구를 자극할 수 있는, '하나를 버리면 여럿을 얻을 수 있는' 매혹적인 장점을, 울타리 안에 가득 가지고 있다고 본다. 그것은 내게는 매우 중요하지만 다른 이에게도 상당히 유용한, 나만의 무엇을 그들에게 나누어 줄 수 있으면, 그들도 그들만의 유용한 장점들을 풀어놓을 수 있도록 하는, 기능을 가지고 있다. 세상이 '공짜가 없는 주는 대로 받는' 것이라면, 나의 소중함을 나누어 주면 그들도 그들만의 귀중함을 나눌 수 있도록 하여, 모두가 유용해지는 혜택을 나눌 수 있기 때문이다.

이것이 하나를 희생하여 여럿을 얻을 수 있는 사회라는 구조의 매력인데, 그것을 누가 먼저 실현하여 모두가 유용한 결과를 얻어내느냐가 과제이다. 이것은 권력 의지의 한 표현일 수도 있으나, 자신의 우월성을 표출하고자 하는 앞선 이들의 기여로 볼 수도 있고, 그것을 실현하여 모두가 잘될 수 있는 결과를 낼 수 있는 능력을, 우리는 일반적으로 '리더십'이라고 통칭하고 있다.

미래의 바람직한 자아 확립

세상을 살아가는 데 그 구성원들이 바람직하다고, 여길 수 있는 것이 어떤 덕목과 가치들일까를 살펴보면, 미래를 바라보는 그들만의 안목이 생길 것이다. 일반적으로 사회라는 집합체는 그들도 생명으로 구성된 생명 공동체일 수 있어, 생명 본질에서 오는 본능적 이기를 떨쳐내는 것이 어려울 수 있다.

그렇다면 사회가 구성원 한 개인에게 무엇을 요구할까? 그것은 그가 실현하거나 누릴 수 있는 부분에서 이기적 움직임을 절제하고, 모두가 공존할 수 있는 공존의 지혜를 요구한다고 볼 수 있다. 결국은 이타를 요구할 수밖에 없는 것이, 사회적 본능의 속성으로 보인다.

물론 사회라는 공동체의 역할이 구성원을 보호하고, 어려움에 처한 구성원을 지원하는 기능도 포함되어 있으나, 그것은 표상적인 것을 수도 있다. 그러면 구성원 개개인에게 보다 이기적 욕구를 통제하고, 모두를 위한 이타에 상당한 관심을 기대할 것이다. 그렇다면 이것은 이미 정해져있는 순리와도 같은 것으로, 통상의 생활에서 일상으로 받아들이면 될 것이다.

그런데 왜 그것을 따로 설명하고 제시해야 하는가는, 지금까지 살펴본 지난날의 행적에서 이기적 선택이 많았는지, 이타적 여유로움이 많았는지를 보면 분별될 것이다. 이렇게 지난 행적에서 이타적 선택이 많았다면, 따로 자신을 성찰하고 반성하고 평가할 필요가 없을 수도 있다. 그러나 동서고금을 막론하고 늘 이것이 문제가 되는 것은, 이기적 본능에서 벗어나는 것이 어렵기 때문으로 볼 수 있다.

그래서 그러한 것을 보다 쉽게 설명하려는 노력이, '자연적 강요'라는 표현으로 도입된 원천적 강요의 범주로 보는 것이다. '사회적 강요'는 도덕과 규범 같은 것이어서 기본적으로, 이타에 바탕을 둔 공동체의 얼개 같은 것일 수 있다. 이렇게 이타에 뿌리를 둔 사회적 강요에는 저항하면서, 본능에 기인하는 자연적 강요에는 쉽게 굴복해 버리는 생명체 본질을 제어하려고, 인격 또는 인품이라는 격식과 품위를 내세워 공동체의 본질에 맞는 구성원으로 살 수 있도록, 계도하는 것으로 볼 수 있다.

이러한 요구에 부응하기 위해 지나간 행적을 되짚어보고, 자기반성과 성찰 그리고 객관적 평가를 통해, 내면의 참나까지 들어다 봄으로서 나의 실체를 정립했다면, 그렇게밖에 할 수 없었던 원인을 제공한 마음을 살펴봄으로써, 지나간 잘못을 포용하고 새롭게 나를 미래로 인도할, 행동 지침이나 고려의 방향을 잡았을 것으로 본다.

그러함을 깨우치고 새롭게 변화된 행적을 만들기 위해, 나를 통제하면 일상의 욕심을 제어할 수 있어질 것이다. 그러나 이러한 것은 한두 번의 각오와 실천으로 안정화되는 것이 아니고, 꾸준히 습관화되어야 경향성을 갖게 되고, 나도 그러하지만 나를 보는 다른 이도 그렇게 할 것이라고 예측할 수 있어지는, 관행화가 '자아의 확립'이라 할 수 있다.

이러한 과정을 통해 현재를 살아가는 나의 정체성을 회복하고, 미래를 살아가는 나를 형상화할 수 있으면 보다 합리적으로 세상을 볼 수 있어지고, 나의 모든 행적을 부추겼던 본질인 마음에 더 접근할 수 있어져, 생명 본질의 이해도에 기여할 수 있을 것으로 본다.

초습관화
중독과 마음

1

나와 사회의 조화 실현

 ✎ 사람이라는 생명 공동체 또는 생명 집합체라는 사회 속에서 살아가는 것은, 사람은 사회적 동물이라는 당위성도 있지만, 그것보다 사회와 함께하는 것이 혼자 사는 것보다, 많은 유리함이 있기 때문이라고 본다. 만일 어떤 사회 공동체가 일부 집단에는 유리하고, 다른 일부 집단에는 불리한 구조로 운용된다면, 불리한 집단은 저항하거나 떠날 수밖에 없을 것이다.

 이러한 사례는 전란을 겪던 역사 시대에 몇몇 사례에서도 볼 수 있다. 일찍이 이집트를 탈출한 모세의 행적에서도 그러함이 보이고, 중세 시대 전후의 유대인의 유랑도 같은 범주로 볼 수 있을 것이다. 이렇게 사회라는 공동체가 한쪽의 유리함을 위해 다른 한쪽의 불리함을 만들고, 그들을 포용할 수 없어지면, 그들이 가지고 있는 수많은 장점들도 함께 없어지는 것이 되어, 다양성이 위축되면 그 사회의 역동성에도 차질이 생기고, 사회가 담아내어야 하는 융복합의 조화가 상실될 수 있다.

이렇게 사회라는 구조의 공동체가 담아내야 하는 융복합의 조화는, 각자 또는 각 집단이 가지고 있는 장점들을 융용하여, 새로운 그리고 훨씬 더 유용함을 창출하는 기능으로, 그 사회를 매력 있게 하는 집합 효과가 모두에게, 유익함으로 나누어지는 기회가 주어지기 때문이다.

이것은 혼자 있거나 일부의 부분 집단으로 있을 경우는, 나타날 수 없는 다양성의 상호 작용이 만들어내는, 각자의 장점들에서 융합되는 수반 부산물 같은 것이어서, 공동체가 조화롭지 못하면 얻을 수 없는 성과급 같은 것일 수 있다. 이것이 잘 작동하도록 사회가 조화롭게 운용되면, 모두가 최고의 유용함을 나누고 분배받을 수 있지만, 이 부분이 잘못 운용되면, 집단 학살이나 집단 탈출로 역사적 허물을 남길 수 있다.

이렇게 사회라는 구조의 울타리 속에서 일어나는 의도하지 않은 부수적 효과는, 그 사회 구성원들이 가지고 있는 인문적 소양과 가치에서 발효되어, 그 사회의 지도 그룹의 표상적 헌신으로 숙성되어 나오는, 그들만의 인문적 역량일 것이다.

이러한 것들이 지속되면서 문화라는 것이 발효와 숙성을 거쳐 울어 나게 되고, 그것이 외적으로 표출되는 것이 문명이라는 행적과 예술이라는 시대성으로, 그들만의 가슴에 흐르고 스밀 것이다. 이것이 사회라는 공동체를 만들고 유지하는, 매혹적인 유인 효과로 볼 수 있다.

그렇다면 이러한 흐름을 유도하고 조정하고 조화롭게 하는 것은, 누구의 역할이나 솔선으로 가능해질까? 위에서도 말했지만 그것을 가능하게 하려면, 우선 그들의 인문적 소양의 수준이 상당히 필요할 것이고, 그것을 움직이게 하고 융합하게 하여 새로운 흐름으로 만들어내는, 인문적 정서가 가슴을 풍요롭게 할 수 있는 효소로 더해져야 할 것이다. 이러한 인문적 소양과 그들만의 인문적 정서가, 효소로 작용하여 공감대를 형성하면, 그들만의 감성에 의해 숙성 과정으로 들어갈 것이다.

이러한 과정에서 투입되는 효소에 일부 집단의 탐욕이 몰래 들어가게 되면, 숙성 과정이 익음으로 가지 않고 썩음으로 갈 수도 있어, 마지막 항아리를 열었을 때 모두를 도망가게 하는, 악취라는 냄새로 모두를 맞을 수도 있다. 이것이 많은 독재 국가에서 나타난 사례들이어서, 일부의 야심 같은 것보다는 모두의 행복 같은 것을 담아낼 수 있는, 조화와 지혜의 감응이 필요하다 할 수 있다.

조화 실현의 관점 비교

|||||||||||||

사회를 구성하는 각 객체들에게서 조화라는 것은 누구나 알고, 누구나 요구하는 사회적 가치지만 그것이 이루어지는 과정에서는, 각각의 생각과 이해가 사뭇 다른 것도 보편적이다. 그렇다면 이러한 조화를 어떻게 연출해낼까라는 숙제를, 구성원 모두가 풀어내야 할 것이다.

사회라는 울타리에 모인 여러 사람들이 각각 그들의 장점을 서로 나눌 수 있을 때, 새로운 융합과 복합의 지혜가 모두를 한 단계 높은 문화와 문명 또는, 예술로 창출하여 모두를 풍요롭게 할 수 있다고 했는데, 누가 먼저 자기의 장점 즉 비장의 유용함을 나누어 줄까? 나누어 주었는데, 상대가 자신의 소중한 장점을 나누려 하지 않고 내 것만 가져갔다면, 그것은 조화보다는 불신으로 갈 수 있는 원인을 제공했다고 볼 수 있다.

그렇다면 이러한 불신은 누가 만든 것일까? 전자의 먼저 나눔을 실현한 사람일까 후자의 나눔을 실현하지 않은 사람일까? 만일 후자가 서로 나누기로 합의한 적이 없는 전자만의 기대였다면, 불신을 유발할 수 있는 바탕의 시작을 누가 했다고 볼 수 있는가? 이것이 그들을 구성하고 있는 사회의 인문적 소양이라는 것이다.

굳이 합의가 있어야 된다고 생각하면 먼저 시작한 전자가 문제가 될 수 있고, 세상에 공짜가 없고 주는 대로 받는 것이라고 하면, 나누지 않은 후자의 사회적 소양의 결핍으로도 볼 수 있다.

그러나 사회의 인문적 소양 수준이 인문적 품위를 논할 수 있는 수준이었다면, 누가 먼저에 관계없이 당연한 상대적 호응이 있어야 하는 것을, 상식으로 느낄 수 있다. 그런데 중요한 변수는 전자는 자신이 가지고 있는 최고의 비기를 내어놓았는데, 후자도 같은 수준의 귀중함을 나누는 것이 일반적인데, 전자가 내어놓은 비밀스런 기술이라는 것이 후자가 보기에는, 자신이 가지고 있는 최고의 귀중함에 못 미친다고 생각해서, 자신은 최고가 아닌 버금가는 소중한 책략을 내어놓았다면, 어떻게 될까? 일견 이것도 합리성이 있다고 생각될 수 있지만, 그것은 그 사회가 가지고 있는 인문적 정서가 허용할 수 없는 것이라면, 후자의 고려가 부족했다고 볼 수 있다.

그것은 각자의 능력에는 차이가 있을 수 있고, 모든 것은 최고와 최고가 융합했을 때 최선의 결과를 얻을 수 있어, 최고와 차고가 복합되어서는 차선의 결과가 나올 수밖에 없는 이치가, 언제나 한 단계 높은 효과를 주는 것이 아니고, 그에 못 미치는 결과를 낳을 수 있기 때문에, 정서적으로 상당한 거리가 있다고 봐야 할 것이다.

그것은 누가 보아도 최고의 가치를 창출할 수 있는 장점을 가슴에 잉태해보고, 머리에서 화합해낼 수 있는 능력은 그만의 고유성으로도 볼 수 있고, 그러함을 한번 잉태하고 시도해본 사람은 그것을 내어주어도, 또 같은 수준의 장점을 창출할 수 있는 가능성이 있지만, 그렇지 않은 사람은 그와 같은 수준에 이르는데 오랜 공력이 필요할 수 있다.

그렇다면 모임의 융 복합은 어려울 수 있다. 한 번 최고의 비책이 가능했던 사람은 두 번의 그러한 수준의 무엇을 녹여낼 수 있지만, 그러한 수준에 가보지 못한 사람은 아무리 오랜 시간이 흘러도, 그곳에 미치지 못할 수 있음을 고려할 필요가 있다. 그렇다면 모임에서 생기는 유기적 장점의 융합은, 최고품으로 창출될 수 없어지고 결국은 차고의 수준 미달이 산출되었을 때, 그 모임의 유기적 융용은 그 다음부터 서로가 참여를 기대할 수 없어져서, 그 사회는 정체의 늪으로 흘러갈 수 있다. 그것이 그들의 역량으로 평가될 것이다.

나의 정체성과 경향성

IIIIIIIIIIIIIIIII

사람은 사회적 동물이라는 말에는, 생명체인 동물과 그 동물의 공동체인 사회가 함께 조화롭게 공존할 수 있는 기능을, 사람이라는 존재를 통해 실현하려는 가치가 포함되어 있다고 본다. 그렇다면 생명체와 공동체의 공존에서, 어떤 상호 유리함이 있어 사회를 구성하고 유지하는 것일 것이다.

그 유익함의 한 단면이 내가 잘하는 것을 나누어 주고, 내가 못하는 것을 받아서 보완하므로 모두가 도움이 되는 것을, 모였을 때 생기는 사회라는 구조의 장점이라고 한다. 그렇다면 생명체의 바탕인 생명의 본질과, 공동체의 뿌리인 사회의 본질은 어떠한 것이고, 상호 어떠한 관계가 있을까? 생명의 본질은 살아있음의 지속에서 오는 미래가 목적일 것이고, 사회의 본질은 함께 살아가는 공존이 덕목일 것이다.

그리고 모여 사는 것에서 상당히 좋은 점을 생명체가 발견했고, 그것이 미래의 목적인 생명 지속에 유리하기 때문에, 사회적 강요인 도덕과 규범을 지키는 수고를 하면서까지, 유지하고 존속하려고 했을 것이다. 그렇다면 사회를 구성하는 나라는 생명체의 정체성은, 미래와 생명 지속에 목표가 맞추어질 수밖에 없을 것이다.

그래서 미래가 없는 생명은 생명이 아니라고 할 수 있고, 미래는 희망과 자존이 없으면 불가능할 수 있다. 미래와 생명 지속이라는 것은 희망과 영원이라고 할 수 있어, 사회를 구성하는 단위인 사람이라는 나의 정체성도, 영원한 희망에서 헤어나지 못하고 매몰될 수 있다.

영원이라는 것은 바쁜 것이 없을 수 있는 가치로, 오늘 못 하면 내일 하고 라는 시간적 무한성과, 희망이라는 것은 모든 것이 가능할 수 있다는 공간적 무한성을 동시에 가질 수 있어, 한없이 태만해질 수 있는 소지와 불가능이 없다는 무모함으로, 비쳐질 수도 있어 약간의 고려가 필요하다 볼 수 있다.

이러한 것들은 나는 모든 것을 할 수 있는, 내가 최고라는 자만을 생명 정체성 속에 포함하고 있다고 볼 수 있다. 이것이 발전의 원동력이지만 또한 절대 좌절을 제공하는 사람이라는 생명체의 자기 함정일 수도 있다. 나는 모든 것이 가능한 최고를 나의 정체성으로 알고 있는데, 남들도 그렇게 인정해줄까? 남들은 나의 미래 희망과 영원 가능성을 어떻게 평가할 수 있을까? 그것은 사회라는 공동체의 본질인 공존에서 찾아볼 수 있을 것이다.

사회 속에서 함께 그리고 보다 조화롭게, 행복하게 살아가려면 서로의 신뢰가 있어야 될 것이다. 만일 공동체를 구성하는 각 개체들이 서로 믿지 못한다면, 그 구조가 유지될 수 있을까라는 질문에서, 당연함을 알 수 있을 것이다. 그렇다면 그들이 나를 신뢰할 수 있는 것은 무엇일까? 나는 모든 것이 가능한 최고라는 자만으로 무장하고 있는데, 그들은 나를 믿기 위해서 무엇을 보여달라고 할까.

이들이 나를 믿을 수 있게 하는 것은, 미래도 희망도 영원도 자만도 아니다. 그것은 그들이 볼 수 없기 때문이다. 보는 것이 믿는 것이라는 말도 있지 아니한가. 그들은 단지 내가 무엇을 어떻게 했는지를, 지나간 행적을 통해 보고 그것으로 믿을 수 있는지를 가늠할 것이다.

그렇다면 나의 지나간 행적이 어떠했을까를 돌아봐야 하는 자기 성찰이 필요하고, 문제가 있으면 자기반성을 통해 고쳐져서, 그러함을 그들에게 지속적으로 보여줄 때만 신뢰가 가능할 수 있다. 이렇게 나는 나를 미래의 정체성으로 보는데, 다른 이는 나의 행적의 경향성을 보는 서로 다름을 가지고 있다. 다시 말해 그들은 과거를 보고, 나는 미래의 희망을 보는 착시 관계에 있다.

인품 정체성의 유의미란?

이렇게 어떤 사람의 지나간 행적이, 일정한 성향을 가지고 있어 어떤 방향성을 나타낼 때, 그 사람의 행동 유형은 일정한 범주가 있을 수 있고, 그러함을 다른 이들도 예측할 수 있을 때, 그 사람의 행동에 어떠한 경향성이 생길 수 있다. 사회를 구성하는 여러 사람들이 어떤 사람을 신뢰할 수 있으려면, 그가 행동한 과거의 행적을 보고 그 행적에 일정한 경향성이 있으면, 믿을 수 있는 상당한 근거가 될 수 있을 것이다.

그러나 그 사람 당사자는 자신의 정체성을, 미래의 희망과 가능성에 무게를 둘 것이다. 그것은 사람이 살면서 일부 실수와 착오에 의해 잘못도 할 수 있고, 그것을 바탕으로 개선하므로 미래는 더욱, 신뢰할 수 있는 사람으로 변모하고 있다고 생각하기 때문에, 미래의 가능성을 중요시할 수밖에 없다.

앞으로 충분히 많은 시간이 있고, 그동안 많은 것을 새로 보여줄 수 있는 자신감이 희망으로 있기 때문이다. 그러면 이 사람의 미래의 희망과, 그 사람이 지나간 행적의 경향성 사이의 간극을, 어떻게 이해하고 고려하는 수단이 필요할까? 그것은 그 사람의 통상의 생각과 그것을 표현하는 말의 합리성에서 출발할 수밖에 없다.

그 사람의 생각과 말은 그 사람이 처신할 방향을 보여줄 수 있고, 그것이 합리성이 있다고 보면 그렇게 행동할 가능성 또한 높아질 수 있기 때문이다. 그렇다면 그 사람의 생각과 말의 합리성이 인정된다면, 그 사람의 행동의 합일성이 다음 고려의 대상이 될 것이다. 합리적인 생각을 가졌고, 그것이 옳다고 그 사람이 늘 말하고 있었다면, 그렇게 행동할 가능성이 높아졌기 때문이다.

그런데 그 사람이 늘 말하던 대로 행동을 했다면, 그 사람의 말과 행동은 합치되는 것으로, 언행이 합일되었다 할 수 있다. 이러한 합리적 생각과 말이 실천을 통해 합리적으로 행적을 남겼다면, 그가 말한 것과 생각한 것들을 믿을 수 있어질 것이다. 이렇게 그 사람의 생각과 말 그리고 행동이, 늘 그러한 범주에서 일정한 방향성을 가지고 있으면, 그를 인품이 있다고 할 수 있고 그 품격에 정체성이 생겼다고 볼 수 있다.

그러나 많은 경우 그렇지 못한 경우도 상당히 있어, 생각과 말의 합리성이 있고 그리고 말과 행동의 합일성이 행적으로 확인되었다면, 그 사람의 행적과 행적이 어떤 경향성이 있을 때, 인품 정체성이 '유의미'하다고 할 수 있다. 일반적으로 많은 사람들이 합리성과 합일성 그리고, 경향성을 갖기에는 상당한 어려움이 있을 것이다.

그것은 사회라는 공동체는, 그 사람이 그 공동체를 위한 어떤 이타성을 보였느냐를 보지, 경향성에서 이기적 성향을 보인 것에 대해서는, 별관심이 없을 수 있기 때문이다. 그러나 어떤 경우에 어떻게 되었던 합리성, 합일성, 경향성을 자료화해서 상당한 행적을 분석해봤을 때, 이 세 가지의 인품 정체성 요소가 분산될 수도 있고, 수렴될 수도 있을 것이다.

생각과 말 그리고 말과 행동 또 행동과 행동의 분석 결과가 수렴되지 못했더라도, 상당한 방향성을 인정할 수 있을 때 '유의미'하다고 할 수 있고, 이 유의미함이 보편적 신뢰의 토대를 제공할 수 있어, 그 사람의 사회적 신뢰가 인품으로 보여지게 되는 것이다. 이러한 인품 정체성의 유의미함은 늘 관심을 갖고, 자신의 사고와 언행을 통제하고 행동을 제어할 수 있을 때, 수렴으로 갈 수 있어 그가 바라는 결과를 얻을 수 있고, 분산되어 발산되면 누구도 그를 믿으려 하지 않을 것이다.

경향성의 나 세상 적응

인품 정체성의 요소가 경향성을 갖는다는 것은, 그 사람의 인격이 안정되어 있다는 것으로도 볼 수 있다. 인품 정체성의 세 요소가 서로 분산되거나, 경향성이 없이 발산 형태로 행적 자료가 정리되면, 인격의 불안정성이 확대되었다고 할 수 있을 것이다.

가령 생각을 표현하는 내용을 보면 이타적이고 친사회적인데, 어떤 문제에 대한 의견을 표시하는 성향은, 다분히 이기적이고 친본능성인 경우가 있을 수 있고, 그러한 경우를 생각과 말의 합리성이 부족하다고 봐야 될 것이다. 그리고 의견 표시나 모임에서 의사 결정 과정의 선택은, 지성적인 선택의 성향을 보였는데 그 일을 실행하려고 하면, 감성적이 되어 제3의 실행을 요구하거나 다르게 실현한 경우, 말과 행동의 합일성이 결여되었다고 볼 수 있다.

또한 유사한 일을 선택하고 결정해서 행적으로 남은 사례가, 서로 상당한 차이를 보인다면 행적과 행적의 경향성은, 무의미 해져서 (−)유의미로 분석될 수도 있을 것이다. 이러한 것을 좀 더 구체적으로 분석해보려 한다면, [표: 4]의 행동한 결과의 분포가 이기적 상한에 있는지 이타적 상한에 있는지를 고려하고, 이러한 행적 분포가 경향성이 있으면, 그것이 자신이 바라던 성향이면 (+)유의미한 것이지만, 자신의 당초 바람과 다른 성향이면 (−)유의미한 것으로 평가해야 할 것이다.

물론 이것은 생각과 말의 합리성 부분도 고려해보고, 말과 행동의 합일성 부분도 검토해보면, 인품 정체성 요소의 분산, 발산, 수렴 등의 방향성이 있을 것이다. 이러한 분포의 방향성들이 일정한 경향성이 있으면, 유의미 또는 무의미를 산출해 표현할 수 있을 것이다. 만일 이러한 자료의 정리와 분석을 한 결과가, 세 요소 모두 방향성이 다르거나 행적 경향성이 모두 이기적 영역에 분포된다면, 이러한 자료의 분석 결과는 (−)유의미로 보아야 할 것이다.

그 내용별 판단 사항은 다를 수 있지만, 방향성의 분산이 높아 일정한 성향을 보이지 않고, 경향성도 이타적 영역의 분포가 극소할 경우는, 자기 분리와 자기 토론을 거쳐서 자기반성의 성찰 과정을, 한번 시도해보는 것이 좋을 것이다. 이렇게 방향성도 없고 경향성도 친본능형의 영역에서 분포되는 성향을 보인다면, 다른 사람들의 행적에 의견을 나타내는 것은 결례일 수가 있다. 자신도 신뢰할 수 있는 인품 정체성을 갖고 있지 못하면서, 남들의 인품을 논하는 것은 그 의견에 신뢰도 또는 신빙성을 담보할 수 없기 때문이다. 물론 참고 의견 정도는 수렴이 가능하나, 평가하고 판단하는 의견으로서는 신뢰성은 부족하다할 것이다.

[표: 4]의 점 분산 성향이 높을 경우 내면의 나인 참나를 밀도 있게 들여다보는 여유를 가져보기를 권고하고 싶다. 표에서 이타적 영역의 분포가 극소하다면, 그것도 왜 그런지 심도 있게 살펴볼 필요가 있다. 물론 생존이 생명 본질의 우선순위여서 그러한 선택을 했다면, 고려의 대상이 될 수 있으나 자신과 가족의 삶에 심각한 영향이 없는 여건이라면, 자신이 생각하고 판단하는 기준이 일부 왜곡되었을 수도 있는 것이어서, 원천적 강요인 자연적 강요와 사회적 강요를 받아들이는 자세의 다름이 있거나, 아니면 어떤 한 분야에 트라우마적 저항이 있을 수 있다. 그렇다면 그것부터 살펴보는 아량과 멈춤의 여유가 필요하다 할 것이다.

2

행적을 통제하고 제어하는 기작

    ✎ 사회라는 공동체를 살아가는 구성원들은 그 사회를 유지하고 발전할 수 있는 에너지를, 구성원들 간의 신뢰에서 출발한다고 봐야 한다. 만일 이들이 서로를 믿지 않는다면, 그 공동체는 유지할 수 없기 때문이다. 이렇게 구성원들을 신뢰하게 하는 것은, 그들의 행적이 상호 신뢰할 만한 무엇이 있거나 최소한 그 사회가 요구하는, 도덕과 규범을 준수하는 보편적 공감대가 유지되고 있다고 볼 것이다.

사람이라는 생명체의 행적의 결과가, 사회라는 공동체를 유지하게 하는 동력원이 될 수도 있고, 또 그것이 구성원 각자를 신뢰하게 하는 상호 관계성을 보전하는 수단으로도 존재되고 있어, 그 사람의 인품을 안정되게 유지하는 근본으로도 작용한다.

그렇다면 이러한 행적은 어떻게 통제하고 제어되기에, 그렇게 많은 역할을 할 수 있을까? 만일 그 사람을 대표할 수 있는 행적이 불안정하여 믿을 수 없을 때, 그 사회가 유지될 수 있을까? 그리고 그 구성원들은 사람이라는 인격체로 존중될 수 있을까? 하는 의문을 가질 수도 있다. 어떤 사람을 신뢰할 수 있는 범위로 행적을 통제하는 기작으로는, 사회적 강요가 큰 역할을 하는 것으로 알고 있다. 그것은 사회적 강요인 도덕과 규범을 지키지 않으면 일정한 비난과 제한을 받게 되어, 사회라는 울타리의 보호를 받을 수 없어지기 때문이다.

혼자 살려고 한다면 몰라도 함께 모여살 수밖에 없는 사회라는 속성을 받아들여서, 삶과 생활의 한 부분으로 인정하고 살아가는 전재로 보면, 사회적 강요는 이미 그 사람의 인격과 같이 되었기 때문이다. 사람의 행적을 통제하는 외적 요소를 사회적 강요라는 도덕과 규범으로 본다면, 그 사람이 그러한 강요를 받아들여서 스스로 그렇게 하려고 노력하는 통제 요소로, 그 사람의 자유 의지에서 발현되는 내적 제어를 들 수 있을 것이다.

이렇게 외적 통제인 도덕과 규범을 수용하지 않을 경우, 내게 불리한 제한이 생기기 때문에 이것은 강제하는 것일 수 있다. 그래서 많은 사람들이 사회적 강요에 저항하고 있는 것일 수 있다. 이것을 저항하지 않고 받아들인다면, 그 사람 개인의 인격에 의해 내적 제어가, 인품을 논할 수 있는 수준의 경지에 이르렀다고 할 것이다.

일반적으로 강제성에 의한 외적 통제는 습관화에 장애가 될 수 있다. 그러나 내적 제어에 의해서 스스로 할 수 있어지면, 그러한 행적은 습관화에 저항이 없이 일정 시간이 흐르면, 관행화가 가능해질 수 있다. 이러한 내적 제어 과정은, 자연적 강요에 의한 이기와 본능적 행동을 다스릴 수 있는, 그만의 수련과 공력이 쌓였다고 볼 수 있을 것이다. 그리고 외적 통제인 사회적 강요에 저항이 생긴다는 것도, 자연적 강요인 생존 본능에서 오는 이기적 욕망에 순응하기 때문으로 볼 수 있다.

그렇다면 행적을 통제하고 제어하는 것은, 자연적 강요를 스스로 다스릴 수 있는 각자의 능력으로 보아야 할 것이고, 본능적 행동을 순간 선택하게 하는 기제가, 오랜 습관화에서 오는 초월적 습관화로 본다면 이것을 제어하는 것도, 상당한 시간에 걸쳐 습관화하는 방법으로 갈 수밖에 없을 것이다.

합리적 행적을 유지토록 하려면 모두가 수용할 수 있는 행동으로, 오랜 시간 동안 습관적으로 하게 되면 나도 모르게 그것이 가능해져서, 신뢰할 수 있는 행적으로 모두에게 보여질 것이다. 이렇게 바른 행적을 남기고 싶다면 본능적 이기에 유혹되지 말고 꾸준한 솔선이 필요하게 된다.

선택과 결정의 기작

사람들이 살아가는 과정에서 어떤 범주의 행동들이 있을 수밖에 없고, 그러한 행동들이 동일 범주에 있을 경우, 일정한 성향을 갖는 경향성을 나타내게 된다. 이렇게 유사한 범주에서 결정과 선택을 하는 결과들이, 어떤 범주에서 일정 방향을 갖는 성향이 생기면, 그러한 행동은 반복의 가능성이 높아진다고 봐야 하고, 그렇게 되면 습관화로 가는 과정에 들어섰다고도 볼 수 있다.

이렇게 어떤 범위의 유사한 사례에서, 생각과 마음이 선택과 결정의 방향성이 생겨서 성향화하게 되면, 그러한 통상의 생각과 마음에 변화가 없는 이상, 일반적으로 경향성을 보일 수밖에 없어지고, 상당한 시간에 걸쳐 동일한 경향성이 유지가 되면 습관화로 가고, 그것을 합리적 결과로 받아들여서 여러 사람들이 함께할 수 있어지면, 그것은 관행화라는 과정을 거쳐 그 집합의 규범화로 갈 수도 있다.

이렇게 도덕과 규범이 경향화와 습관화를 거쳐 관행화로 가지는 과정은, 공감대가 작용하는 정서적 영역으로서 감성화될 수 있다. 공감대가 형성되고 정서적 반응을 유발하게 되는 과정이, 지속적으로 반복되어지면 감성화라는 절차로 변이하게 되고, 그것이 아주 오랜 기간 반복적으로 많은 세대에 걸쳐 중첩적으로 일어나는 것을, 본성화의 시작으로 볼 수 있을 것이다.

이렇게 어떤 행동이 지속되는 과정에서 여러 사람들에게서 감성화, 본성화되어가는 것을 인정할 수 있어지면, 그 행동을 하게하는 선택과 결정이, 그 생명체의 본성과 감성에서 유발되었다고 볼 수도 있을 것이다. 그렇다면 이 감성과 본성이 어떤 지식 정보에 바탕을 둔 지성적 고려에서 시작되거나, 당시의 현상 환경을 고려한 이성적 분석에서 기인했다고 볼 수 있을까?

이것은 상당한 사고적 정리가 필요한 영역이 될 것이다. 즉 오랜 시간에 걸쳐 경향화된 행적들이, 관행화를 거쳐 습관화되어가는 과정의 주변 상황 변화와, 여러 현상들을 정리 분석해서 형성된 지식 정보의 발전 과정과는 관계없이, 관행화 습관화된 행동 선택으로 볼 수 있어, 지성적 고려와 이성적 분석의 결과와는 다를 수 있는 행적을 남길 수 있을 우려가 있다.

그렇다면 당초에 성향화, 경향화하는 과정에서 생각과 마음이 그 행동의 합리성을 지원했다면, 습관화 관행화를 거쳐서 많은 사람들의 공감대가 형성되고, 정서적 영역의 감응에 의해 지속적 반복을 거쳐서, 오랜 기간 많은 세대를 걸치면서 중첩적으로 나타나면, 감성화를 지나 본성화되는 것을 충분히 고려해야 할 것이다. 이렇게 감성화, 본성화되어 어떤 행동을 계속적으로 지원 독려하게 되어 반복화, 습관화가 진행되었다면 가장 나중에 하게 된 행동의 유발을, 생각의 영역에서 지성적 고려와 이성적 분석에 의해했다고 볼 수가 없을 것이다.

그것은 그 오랜 시간이 지나가는 과정에서 지식 정보도 발전해서 변화했을 것이고, 현상 분석을 위한 주변 환경 요소들도 많은 변경이 생겼을 것이기 때문에, 그 시점의 지성과 이성적 판단으로는 불합리할 수 있는 행동들이, 감성화 본성화의 격려와 지원에 의해, 정서적 공감을 형성하여 실현되었을 수도 있기 때문이다.

그렇다면 같은 습관화의 결과물이지만 나중의 행적은, 생각의 영역은 작용하지 않고 마음의 영역에서만 행동하도록 한 것일 수 있다. 이것을 본성적 선택 또는 감성적 선택으로 볼 수 있다는 것이다.

행동하도록 하는 기작의 변수와 마음

|||||||||||||||||

    사회를 구성하는 많은 사람들이 그들을 서로 믿게 하여, 일정한 약속과 같은 행동을 하게 하는 것이 사회적 강요로 볼 수 있다. 그리고 그 사람을 평가하는 기준은 그가 실현한 많은 행적들이, 어떤 경향성을 갖느냐가 중요한 신뢰의 변수로 작용할 수 있다. 그렇다면 그러한 행적을 남기도록 고려하고 지원하고 독려하도록 한, 행동의 원인은 무엇이 제공했느냐로 관심이 가게 된다.

    그러한 행동을 하게한 고려와 분석의 동기는 무엇일까? 즉 그 행동을 함으로써 어떤 이익이 발생하거나 또는 어떤 명분이 있어, 그것을 할 만한 가치가 있었다던가 하는 그런 것이 있었을 것이다. 그리고 자신도 잘 모르게 본능에 의해 습관적으로 또는 중독된 것처럼 했을 수도 있고, 어떠한 욕구가 불현듯 생겨서 그 욕망을 제어할 수 없어, 순간적으로 그러한 행동을 했을 수도 있다.

    그렇다면 이익과 명분이 있었다면, 그것은 생각의 영역에서 상당한 고려와 분석이 있었을 것으로 본다. 그렇게 함으로서 자신이 살아가는데 충분히, 도움이 될 수 있는 어떤 것이 있었다고 보는 것이다. 그리고 본능에 의해 습관화된 것처럼 어떤 힘에 의해, 자신도 모르게 실현되는 경우도 있을 수 있다.

    그것은 오랜 시간 그렇게 해왔던 것이어서 그러한 상황에서는, 언제나 그런 행동을 했고 그것이 경향화를 거쳐 오랜 시간 습관화되었다면, 그렇게 하는 것이 가장 쉽고 가장 편안할 수 있을 것이고, 늘 하던 대로 그리고 그렇게 하는 것이 행복하기까지 했다면, 그것은 습관화가 중독화로 진전되는 과정으로도 볼 수 있을 것이다. 그리고 불현듯 생긴 욕구 때문이라면 이것은 더욱 습관화를 넘어, 중독화된 행동 자극의 반작용으로도 볼 수 있다 할 것이다. 그러한 욕망을 통제할 수 없어 순간적으로 실현하게 되었으나, 그것이 사회적 강요인 도덕과 규범의 허용 범위를 넘어섰다면, 자연적 강요로 볼 수밖에 없고, 반사회적일 수 있는 행동이 제어됨이 없이 불현듯 시행되었다면, 그 행동의 원인을 제공하는 어떤 중독과 같은 요소가 작용했을 수 있다.

그렇지 않으면 보편적 사회 규범을 어겨가면서까지, 그러한 행동을 하지는 않았을 것이기 때문이다. 만일 이러한 반사회적일 수 있는 행적이 실현될 때 주변에 어떠한 이들이 보고 있었다거나, 자기가 가장 좋아하는 이성 친구 같은 이가 있었을 때도 그렇게밖에 행동할 수 없었을까 하는, 상황 변화의 변수를 고려해보면 어떻게 되었을까? 아무도 보는 이가 없는 상황에서 중독된 것처럼 행동할 수 있었더라도, 보는 이가 있으면 그 상황은 달라질 수 있는 요소가 생긴 것이다. 이것을 '변수'라고 할 수 있다. 이렇게 보는 이가 있는 경우와 없는 경우를, 상황의 변수라고 하면 약간의 반사적일 수 있는, 보편적 도덕에 제한을 받을 수 있는 행동했을까?

이러한 변수에 따라 어떤 행동이 변화되어 행적이 달라졌다면, 그 순간적 판단을 하고 행동의 변화를 주게 한 요인은, 마음이라는 감성을 바탕으로 한 본성이었을 수 있다. 이렇게 생각과 고려의 영역에서 이익과 명분이 있는 일이었다면, 누가 보더라도 실현되었을 가능성이 높을 수 있고, 욕망에 의한 본성이었다면 그것은 순간 변수의 선택으로, 그러한 행동이 제어되거나 변화된 상황으로 행적이 전개되었을 것이다. 그렇다면 변수가 생긴 후의 행동 통제는 마음에서 비롯되었다고 볼 수 있다.

마음의 실체와 착오

어떤 행동을 하기 전에 생각의 영역에서 이익의 발생 상황 추이를 분석해보고, 또 명분이 그 일을 할 충분한 가치가 있다면, 생각의 관점에서 고려하고 판단한 대로 행적의 결과가 나왔을 수 있다. 이렇게 행동 전에 상황을 고려하고 분석해서, 행동하는 것이 앞날을 살아가는 데 유익하다고 판단되었다면 외적 변수 예를 들어, 보는 이가 있고 없고와 같이 어떤 영향을 줄 수 있는 요소가 있더라도, 실현하는 것이 일반적일 것이다.

그런데 어떤 일을 도모하려고 움직이기 시작했는데 또는, 그 순간에 보는 이가 있거나 외적 변수가 생겨서 변화될 수 있다면, 그것은 순간적 판단에서 선택된 행동으로 봐야 하고, 그것은 습관화되어있어 익숙한 행적이었든가 아니면, 일반적인 경우 여러 사람이 그렇게 선택하고 행동하는 공감대가 형성된, 감응에서 오는 감성적 변화로 볼 수 있다.

생각의 영역에서 충분히 고려하고 검토해서 행동하려고 했던지 아니면, 특별한 고려 없이 그냥 그렇게 하고 싶은 충동으로 했던 간에, 행동을 실현하기 직전에 변화가 생겨, 다른 행동을 하거나 그 행동을 하지 않을 수 있다. 그렇다면 그러한 순간적 변화에 가담한 고려는 생각이었기보다는, 즉흥성과 감성이 어우러진 마음의 작용에서 기인하였다고 보는 것이 좋을 것이다.

이렇게 어떤 행동의 마지막 단계에서 변화가 생기는 것은, 감성을 바탕으로 하는 본능이 우선시되었을 수 있다. 이것은 원천적 강요의 자연적 강요로 볼 수 있을 것이다. 그리고 보는 이가 있어 변화되었다면 이기적 관점에서 시작되었으나, 사회적 규범을 우려해서 변화된 것으로도 봐야 할 것이다.

이러한 결과는 공익을 소홀히 하고 이기적 본능이 우선이 되는, 마음의 본질에서 올 수 있음이 충분히 고려된다 할 것이다. 이렇게 순간적 또는 마지막 단계에서 변형되는 것은, 마음에서 유발된 요인으로 볼 수 있는데 그 행적의 결과들이, 항상 미래에 유리하고 희망적인 결과를 가져왔는지일 것이다. 마음의 순간적 선택으로 이루어진 행동들이 모두, 내게 유리한 결과를 낳았다면 매우 좋을 것이나, 그렇지 않은 경우가 많았기에 삶에 대해서 늘 고뇌하는 것은 아닐까 싶다.

이것은 마음에 의한 순간적 결정들이, 자주 잘못된 선택도 할 수 있다는 것을 보여주는 것이다. 그러나 사람은 언제나 그러한 잘못됨을 마음을 다스려, 마음을 제어하려는 것은 아닌지 의심스러워진다. 이렇게 마음은 착오를 일으킬 소지를 충분히 가지고 있는데도, 그러함을 개선하기 위해 마음으로 제어하려 함은, 앞뒤가 바뀐 것으로 오해할 수 있다.

이렇게 마음은 실수도 하고 착오도 일으키는 것이, 일반적 현상으로 본다면 어떻게 할까라는 고민에 빠질 수 있다. 마음은 오랜 행적의 경향성이 습관화 관행화를 거쳐, 반복적으로 시도되는 초습관화에서 오는 익숙함이 편안함으로 변이하고, 편안함이 행복함으로 전이되는 정서적 공감대가 감응하여 생기는, 감성화를 거쳐 본성화로 가는 것이 아닌지 살펴봐야 할 것 같다.

이렇게 오랜 습관화가 모든 세대에 걸쳐 지속적으로 실현되는, 익숙함과 편안함에서 오는 공감에 의해 감성화로 이끌어지고, 그것이 행복감을 느끼게 한다면 본성화로 갈 가능성은 충분히 있다고 본다. 그렇다면 오래전에 습관화된 행적이, 현 시점의 변화된 현상(상황)에서도 반복적으로 실현되는 착오가 생길 수 있고, 그것은 주변 환경이 변화되었음을 몰라서 생긴, 착각 같은 것에서 유발할 수 있음을 살펴야 할 것 같다.

초습관화의 환경 변수

어떤 시대를 살아가는 생명체가, 그 시대의 환경에 가장 합리적으로 적응할 수 있는 행동을 반복적으로 하면서, 진화와 주변 환경 적응에 도움이 되었다면, 그들만이 많은 유익함을 얻었을 것이다. 이렇게 어떤 행동이 지속적으로 반복되고, 그것이 그들 생명체의 환경 적응과 생존에 유리한 것으로 인정되어, 세대를 초월하여 계속 이어지는 행동을 초월적 습관이라 하여 이를 '초습관화'라 한다면, 세대를 초월하여 반복되는 것을 넘어서 시대도 초월하여 지속적으로 반복되었다면, 그것을 초세습관화라 할 수 있다.

이렇게 시대와 세대를 초월해서, 수십만 년 동안을 계속 동일한 행동을 반복했다면, 그것은 시대와 세대를 초월한 습관이라 하여 '초세습관화'라 부르고, 이러한 습관은 자신도 모르게 저절로 실현될 수 있어, 본성화를 넘어 본능적 현상으로 볼 수 있다.

그렇지만 그렇게 오랜 시대에 걸쳐 동일한 행동 습관이 지속되었다면, 그 사이의 시대 흐름에 따라 주변 환경의 변화가 생겼을 수도 있다. 그런데도 그러한 초월적 습관이 똑같이 반복되고 있다면, 환경 변화에 적응하는 합리적 행동으로 볼 수 없어질 수도 있다. 그것은 인류사 수십만 년 사이에, 몇 번의 빙하기와 온난기가 있었다는 지구과학적 사실에 비추어 볼 때, 충분한 환경 변화가 생겼다고 볼 수 있고 그러한 변화가 있었음에도 불구하고, 동일한 행동을 습관적으로 초세습관화하여 이어져 왔다면, 이런 본능화된 행적은 환경에 적응하는 데 합리성이 떨어질 수 있다.

그것은 그들의 생존 환경에 불리한 변화로 작용하여, 진화와 삶에 큰 영향을 줄 수 있을 것이다. 예를 들자면 사바나에서 코끼리 무리가 오랜 기간 동안, 건기와 우기를 거치면서 먹이 조건이 좋은 지역을 찾아 매년 같은 길을 순환하면서 살았다면, 지구 환경이 변해서 온난기와 빙하기가 바뀌었다면, 온난기에 습관화된 행적대로 순환하는 것이, 빙하기에는 적응에 불리할 수 있다는 것이다.

그래서 이러한 전환기가 감지되면, 건기와 우기의 지역적 위치 변화가 생겼을 수 있다는 것으로, 종전의 우기에 먹이 조건이 양호했던 위치가 기후 변화로 먹이 조건이 나빠졌다면, 동일한 행동의 초세습관화를 따른 무리의 생존이 어려워졌을 수 있다.

이러한 시대와 세대를 초월한 본능적 습관인 초세습관화가, 생존에 불리하게 작용할 수 있음을 깨우쳐야 한다는 것이다. 사람들도 선인격기 피포식자였을 때의 초월적 습관이 초세습관화를 거쳐, 인문기까지 지속되었다면 최소한 빙하기와 온난기가 바뀌듯이, 피포식자일 때의 환경과 최고 포식자가 된 현실의 환경적 변화를 인식하고, 초월적 습관이 그대로 실행되도록 묵인한다는 것은, 생존과 환경 적응에 문제가 있다는 것을 깨우칠 필요가 있다고 보는 것이다.

　이러한 것이 초습관화의 '환경 변수'라는 것으로, 다시 한 번 살펴보는 것이 삶에 상당히 도움이 될 수 있어, 본능적 행동 즉 나도 모르게 실현되는 초월적 습관인, 초습관화에 의한 행적을 살펴보는 아량과 여유가 필요하다는 것이다.

　현세를 사는 사람들에게 본능적 행동이, 실수와 착오를 일으키는 사례를 고려해보고, 스스로 행동에 반영해보면 어떨까 한다.

3

행적 기작의 자기 변수

✎ 이렇게 사람들이 세상을 살아가면서 하는 행동을, 통제하고 제어하는 기작에는 여러 요소가 있을 수 있다. 우선 외적 환경 변화에서 오는 고려가 있을 수 있고, 사회적 강요에 의해 불가피하게 받아들여야 하는, 조건도 있을 것이다.

그리고 상황이 처한 위치에 따라서 자연적 강요를 수용하여, 고려해 볼 것 없이 내게 유리한 것만 선택적으로 실현했을 수도 있고, 그러한 과정에서 외적 변수가 작용하면, 모두 결과는 다른 흐름을 보였을 것이다. 이렇게 행적은 많은 변수에 의해 통제되고 제어되어, 본래 하고자 하는 바와는 다르게 변화될 수도 있고, 다양한 실현 과정의 개입 변수도 작용할 수 있어, 당초 예상과는 다른 결과를 보일 수 있다. 그러면 그러한 변화의 수용 때문에 바라지 않은 문제를 만들 수도 있고, 그러한 결과 때문에 더욱 어려워질 수도 있을 것이다.

그렇다면 이러한 사회적 강요나 자연적 강요 또는 외적 변수 외에, 실행하는 당사자의 자기 변수는 어떤 것이 있을까? 우선 초습관화 때문에 생기는, 선천적 영향과 후천적 영향도 있을 수 있다. 선천적 영향이라 함은 왜 그런 행동을 했는지는 모르지만, 지나간 조상들이 계속 그러한 행적을 남겼기에, 그것을 보고 그대로 따라한 자연적 살기의 영향을 무시할 수가 없다. 그러한 환경에서 늘 그러하게 행동했다면, 보고 배운 것이 그것뿐이어서, 다른 선택을 할 고려가 부족할 수 있기 때문이다.

　이러한 행동은 그렇게 행동하게 한 원인이 무엇이었는지 모르지만, 모두가 그렇게 행동했기에 그것이 옳다고 생각하게 할 수밖에 없는 것으로, 그 많은 선조들이 그것을 따랐다면, 그 만큼의 충분한 이유가 있을 것이라는 기대 때문일 것이고, 그것을 바꾸었을 때 어떤 영향이 생길지를 아무도 모르기 때문에, 습관화된 대로 편안하고 익숙해서 그렇게 했는지도 모른다.

　후천적 영향이라면 선천적으로 어떤 행동을 하던 것을, 생존의 유리함을 위해 불가피하게 가까운 조상에 의해서, 즉 내가 알고 있는 증조 또는 고조대 전후에서, 어떤 원인으로 새로운 행동으로 습관화되었다면, 이것을 후천으로 볼 수 있다. 이렇게 후천화의 습관이라면 그것이 무엇 때문이었는지를 나는 알 수 있지만, 이것도 습관화되어 수세대 지속되었다면, 그들은 왜 그렇게 했는지도 모르고 본대로 그냥 따라서 행동할 수도 있을 것이다.

　이렇게 선천적이든 후천적이든, 원인을 모르고 행해지는 습관적 행동들이 너무 많아지면, 인문기를 살아가는 지혜롭고 지혜로운 사피엔스 사피엔스가, 의문을 가져볼 필요가 있지 않을까 생각하게 된다.

이렇게 습관화되어 자동적으로 하던 대로 하게 되면, 이것은 경향성에 의한 습관화 관행화되는 것으로, 결국에 가서는 감성화 본성화로 갈 수도 있다. 그리고 선천적 행적을 필요에 의해 후천적으로 그러한 행동을 바꾸었다면, 선천적 습관은 배척되어 사라지고, 후천적 습관이 초습관화로 갈 수 있다고 봐야 한다.

그렇다면 선천 습관은 열성으로 볼 수 있고, 후천 습관은 우성으로 볼 수도 있을 것이다. 이렇게 후천이 우성화될 수 있다는 것은, 모든 초세습관화의 행적들을 현 세대를 사는 이들에 의해 바꿀 수 있고, 그것이 습관화하면 초습관화를 거쳐 초세습관화로 갈 수도 있을 것이다.

그렇다면 각 습관화의 시간의 길이에 의해서, 습관성의 강도가 중독화의 밀도와 비례할 수 있다고 본다.

당대 습관화의 반복과 중첩(중독)

후천 습관이 우성화되어 선천 습관을 배제하고, 그들만의 습관으로 경향화를 거쳐 관행화로 갈 수 있는 것은, 선천 습관의 어떤 오류를 발견하고 그것을 고치려는 의지의 표현으로 볼 수 있다. 이렇게 선천 습관의 오류 교정을 위해, 선천 습관이 생활에서 배제되는 과정을 '열성화'라 하고, 선천 습관의 오류를 교정한 새로운 생활 형태가 경향화 습관화해 가는 과정을, '우성화'라고 할 수 있다.

그것은 선천 습관 특히 보고 배워서, 그것이 어떠한 이유로 습관화 되었는지를 모르는, 자연적 살기의 영향으로 세습적 승계에 의한 것이라면, 그러한 행동의 정당성을 알 수 없었기 합리적 이유만 있다면, 바꿀 수 있는 바탕을 가지고 있다. 그러나 일반적으로는 선대에서 하던 대로 그냥 보고 배운 대로, 합리성의 고려 없이 실현되는 경우가 상당할 수밖에 없다.

그것은 태어나서 어릴 때부터 보고 배워서, 습관성이 약간의 중독화를 나타낼 수 있고, 그러한 행동을 하게 되는 유아기에서 소년기까지는, 옳고 그름을 판단할 수 없는 무조건적 자연적 살기의 타성으로 봐야 하기 때문이다. 어떤 행동들이 습관화를 거쳐 세습습관화로 되어가는 과정은, 보고 배운 대로 그냥 하게 되었고 그렇게 하다보나 익숙해졌고, 그것이 습관화가 된 것이고 익숙해진 것이 가장 하기 쉬운 것이어서, 하는 과정에서 스트레스 없이 할 수 있는 것이기에, 편안하고 편안하다고 생각되어지고 느껴지면, 그것을 행복하다고 느낄 수 있어져서 늘 그렇게 하는 것을 행복하다고 하는, 반작용적 생태적 반응이 중독성 같은 것으로, 그들도 모르게 행동 심리적 요인으로 작용할 수 있다고 본다.

그것이 반복적 행동인 습관화에서 시작되었다면 편안하다고 느끼고, 그것으로 해서 행복하다고 느껴질 수 있어지면, 그것은 행동 생태적 작용에서 행동 심리적 과정으로 변화하고, 행동 심리적 요인으로 행복하다고 반작용적 영향을 나타내면, 그것은 심리적 행동화를 유도할 수 있어지는 과정으로, 중독화로 볼 수 있다는 것이다.

이러한 심리적 편안함과 그것으로 인한 행복함을 느끼면서, 익숙함에서 오는 편안함의 습관화를 후천적 우성으로 보고, 그러함으로 인해 사라져간 습관들을 선천성 열성으로 보는 것이다.

이러한 것은 당대의 지성적 판단을 기초로 한 이성적 옳음을 실현하는 과정에서, 옳음의 실천이 누락되어가게 되고 그것이 습관화로 가는, 당대 습관화의 반복이 계속 중첩되어가는 과정이다. 이것은 지속되는 시간의 길이나 반복 횟수의 중복도가 높아지면 높아질수록, 더욱 심리적 습관화의 강도가 높아지게 되어, 중독성을 유도하고 지원하는 결과를 가져왔다고 보는 것이다.

이렇게 익숙함에서 오는 편안함으로 인해 심리적 행복감을 느끼게 되면, 그것의 반작용으로 생체 심리적 중독성을 나타낼 수 있고, 그것의 반복도가 높아지면서 그 심리적 강도도 높아지는 것으로 생각된다. 이런 것들은 우리가 흔히 느끼는 군사 훈련 과정의 반복도가, 무의식적으로 실현되어가는 과정의 느낌으로도 볼 수 있고, 재난 훈련의 과정이 반복되면서 동일한 현상이 나타날 때, 나도 모르게 재난 훈련 때의 행동이 자동적으로 실현되는 현상과도 같은 것이다.

이렇게 후천 습관이 지속되면 우성화되고, 그것이 심리적 작용으로 보여지는 중독성 같은 것으로 변이한다고 본다.

세습습관화의 반복과 중첩(중독)

이렇게 당대 습관화의 반복으로 중첩되어가는 과정에서, 새로운 후천의 습관이 경향화를 거쳐 습관화되었다는 것은, 선대의 행동 습관이 바뀌었다는 것이 된다. 물론 새로운 행동 현상으로도 볼 수 있지만, 선대에서 하던 행동 패턴이 바뀌어가는 선천 열성 후천 우성이라는, 습관 변화를 가능하게 하는 것이다. 이러한 어떤 세대의 이성적 옳음에 의해, 지성적 고려가 반영되어 행동 습관이 교정되었다면, 그 다음 수세대에 걸쳐 그것이 지속적으로 유지되는 결과를 가져올 수 있고, 이렇게 습관화가 세습되어가는 과정을 '세습습관화'의 반복과 중첩으로 볼 수 있다.

유아기부터 동일한 습관이 반복되면서 평생을 가고, 그것이 수세대에 걸쳐 지속되었다면, 익숙–편안–행복이라는 행동 심리 현상으로 거부감 없는 정서적 감성화로 변이하면서, 행복함을 실현하려는 반작용적 행동 유인 효과가 발생되었다면, 그것을 중독화 현상의 전이로 보는 것이다.

이렇게 나도 모르게 편안함과 행복함을 위해, 습관적으로 어떤 행동이 반복되어가는 과정은, 심리적 자극에 의한 지원을 받은 독려 같은 것으로 볼 수 있어, 세대에 걸쳐 중첩되어 가는 과정을 중독으로 표현할 수 있다. 이러한 현상이 수세대에 걸쳐 자연적 살기의 과정화를 지나면, 그렇게 하지 않은 것이 매우 이상할 수 있고 그렇게 하는 것이 잘못되었다고 생각해서 고쳐지기를 바라게 되는 경우 그러한 심리적 현상이 스트레스를 유발하면서 불행하다고 느껴질 수 있어져서, 행복의 실현을 위해 매우 강하게 저항할 수 있어지는 과정을 경험할 수 있어진다.

이러한 것은 선대의 증조할아버지나 할아버지께서, 윗대 어른들께서도 그렇게 하는 것을 보았고, 그러함을 토대로 손 자녀들에게 그렇게 하도록 훈육하면서, 그들도 스스로 그렇게 했고 자손들도 지속적으로 그러한 행동을 했다면, 자손들의 입장에서는 듣고, 훈육되었고, 하시는 것을 보고 따라하게 되었고 하는 과정이, 3~5세대가 확인하는 절차가 되어, 들었고, 보았고, 행동했고 그리고 행복했다고 느끼고 생각했다면, 그러한 습관은 고쳐지기가 어려울 수 있다.

물론 모든 습관은 고쳐지기가 매우 어렵지만 이렇게 듣고, 보고, 행동한 것이 잘못되었다고 거부당하면 나의 존재의 뿌리가 흔들리게 되어서, 살아있음을 부정하는 것으로 받아들이거나 느낄 수 있다. 이것은 흔히 말하는 역린 같은 것으로 작용할 수 있는 모순을 안고 있다고 볼 수 있어, 삶에서 심각한 마찰과 정신적 심리적 스트레스로 작용하고, 그것이 경우에 따라서 열등에서 우울로 전이하면, 삶이 완전히 파괴될 수도 있어짐을 살펴야 한다.

이러한 과정에 진입했다면 나의 습관과 관행을 거부하는 그들의 선천적 습관화도, 이성적 옳음과 지성적 고려를 거쳐서 행동화 세습습관화 하였는지를 찬찬히 살펴서, 무엇이 합리적인가를 되짚어봐야 할 것이다. 그것은 쌍방의 자기 성찰로도 볼 수 있어, 역지사지의 마음으로 자기 분리와 자기 토론 그리고 자기반성을 거쳐, 참나를 성찰하므로 그러함을 유발한 원인을 알 수 있어지면, 그러함을 제공한 마음을 포용하고 수용하는 과정을 받아들여야, 아픔을 치유할 수 있는 단계로 갈 수 있다.

이것은 직접 사람이 살아가는 과정을 보고, 듣고, 행동했고 하는 과정의 습관화로 보아서, 세대를 초월한 습관화가 되었기 초습관화하여, 그러한 행동을 유발한 감성이 인성으로 변이할 수 있다.

초세습관화의 반복과 중첩(중독)

세습습관화의 반복과 중첩을 어떤 세대의 그러한 습관이 있었다는 것을, 확인할 수 있는 기간 또는 세대 간 행적을 설명하는 것으로, 어떤 세대가 함께하는 증조 또는 고조의 선조와 동시대를 살면서, 그들로부터 확인된 지속적 습관화를 말한다.

다시 말해서 증조로부터 들은 바로는, 증조할아버지의 고조할아버지가 살아계실 때부터 그러한 행동적 습관이 있었고, 그것이 현재 나에게서도 반복되는 습관인 경우를 말하는, 최대 5~6세대에 걸쳐 지속되어온 습관으로 확인할 수 있는 경우를 말한다고 본다. 그러면 그 기간은 약 100년에서 200년에 걸쳐 지속된 습관화로 보는 것이다. 이렇게 습관이 지속되어온 세대가 확정되고 그것이 변함없이 습관으로 내려왔다면, '세습습관화'로 확인할 수 있기에 그렇게 설명되는 것이다.

그렇다면 이렇게 습관의 지속 세대를 알 수 없고, 그 지속 기간도 알 수 없을 정도로 지속화된 습관이라면, 그것을 어떻게 설명하고 부르면 될까? 즉 세대로는 6세대 이상이고 기간으로는 200년 이상 지속되어서, 그 세대 수와 지속 기간을 알 수 없는 습관화를, 세습을 초월한 습관화라고 하여 '초세습관화'로 부르고, 그렇게 오랜 시간에 걸쳐 시대를 초월하고 세대를 초월해서 지속된 습관이 있다면, 그것을 초세습관화의 반복과 중첩으로 보는 것이다.

그렇다면 그것은 사람으로 인정받을 수 있는, 인격기 이후의 지속적인 습관으로도 볼 수 있다. 그래서 사람으로 인격이 형성되어진 불을 사용한 이후의 모든 기간을, 초세습관화의 반복과 중첩 기간으로 볼 수도 있다. 이렇게 오랜 시대를 초월한 기간과 수많은 세대를 초월한 습관화가 반복되고, 중첩되어는 과정에서 그러한 행동은 경향화 관행화를 넘어서, 심리적 감성화 과정을 넘어서는 정서적 본성화로 진입한 것이 아닌가 싶다. 그것은 그러한 행동이 익숙하고 익숙해서 스트레스 없이 편안히 받아들여지고, 그러한 편안함이 중첩되면서 정서적 안정화를 도모했고, 그러함이 심리적 행복함으로 변이되었다면, 그것은 정서적 감응에 의한 공감대를 넘어서 감성화를 진행했고, 그 단계를 넘어서는 인성화 또는 본성화로 볼 수 있을 것이다.

이렇게 시대와 세대를 초월한, 무한의 기간 동안을 지속해온 습관이라면 어떤 것이 있을까. 그것은 우리의 가장 보편적 마음에서 우러나온 일상화된 행적으로, 이성에 관한 관심으로 촉발되는 사랑의 열병 같은 것과, 그로 인해서 유발되는 2세의 기쁨과 그리고, 그 아이를 키워가는 과정에서 공동 보육 같은 일상적이고 너무도 보편적 정서에 의한, 행동의 지속과 반복으로 습관화된 마음의 발로로 볼 수 있을 것이다.

이것은 심리적 감응으로 공감대가 형성되어 있고, 정서적 안정을 이끌어내는 편안함과 행복함에서 기인하는 감성화를 넘어서, 마음의 동질화로 본성화된 것으로 여겨진다. 이것을 심리적 감응에 의한 습관의 반작용적 현상으로 볼 수 있고, 이것을 지속적 반복화를 부추기는 정서적 행동의 중첩으로 본다면, 상당한 중독성을 고려할 수 있을 만큼의 지속과 반복 및 중첩도가 크다고 본다.

사람들의 사랑과 행복 같은 것을 이러한 반복에서 오는, 습관화의 정서적 감응이 중첩되어지는 과정에서, 마음으로 가슴에 스며든 것으로 본다.

시원초 습관화 중독 즉 본능 선택

　우리가 일상생활에서 중독이라고 하는 것은, 알코올 중독, 담배 중독과 같이 반복 횟수가 높을수록, 중독에서 벗어나기가 어려운 것으로 알고 있다. 그리고 이것은 일종의 습관화에 의한 중독으로 볼 수 있는 것으로, 습관화되지 않으면 전연 문제가 되지 않는다. 마약 중독, 알코올 중독, 담배 중독 같은 것은, 외부에서 악성 물질이 몸속으로 들어오면서 그 약물과 같은 악성 성분 때문에 생기는, 즉 생체적 고통이 심리적 고통을 자극하고 그것이 의식적 고통으로 전이하면서, 따를 수밖에 없어지는 행적을 통한 습관적 반복에서 오는 고통으로 볼 수 있다.

　그런데 게임 중독 운동 중독과 같이 악성 물질의 유입이 없어도, 반복된 행동의 습관성 때문에 계속 같은 행동을 반복하도록 하는, 의식이 있으면서도 심리적 고통을 견디지 못해 동일한 행동을 반복하는 습관성에 의한, 즉 습관화가 불러오는 고통으로 보는 것이다. 이것은 생체적 습관화가 심리적 고통을 불러오고, 그것으로 인해 의식적 고통이 생기고, 그 고통이 습관화된 행동을 하도록 강요하는 현상으로 보는 것이다.

　이것도 일종의 사회적 강요나 자연적 강요와 같이 본인의 자유 의지에 관계없이, 어떤 행동을 하도록 강요하는 습관화의 반작용으로 볼 수 있는 것이다. 이렇게 중독의 개념이 습관화에서 기인하는 것으로 보면, 인류의 행적에서 너무도 오래된 초습관적 행동의 반복이 유사한 의미의 중독성으로 작용하여, 본능적으로 그와 같은 행동을 하도록 하는 것을 '습관화 중독'이라 하고, 이러한 중독은 생명 유지를 지원하는 순기능적 중독으로도, 작용한다고 보는 것이 합리적일 수 있다.

약물 등의 악성 물질이 유입되는 습관성에 의해 생기는 중독은, 생명을 단축 또는 삶을 고통스럽게 하는 역기능적 중독이지만, 초세습관화 같은 모든 세대에 걸쳐 모든 사람들이 지속적으로 반복한 행동들은, 생존 연장에 도움을 줄 수 있는 순기능적 중독으로 본다. 그러나 이러한 중독은 모두 의식이 있으면서도, 그것이 더 나쁜 결과를 가져온다는 것도 알고 있으면서 고통을 못 이겨서, 의식의 지시가 심리적으로 반응하여 습관적 행동을 하게 하는 것이다.

그런 점에서 본능과 같이 무의식적으로 반복하는 행동과는 구별될 수 있다. 본능적 습관화의 반복과 중첩이 초월적 기간과 세대에 걸쳐서 이루어진, 초습관화의 영향으로 사람이라는 생명체의 기원에서부터, 반복되고 중첩된 것을 '시원초 습관화'로 표현하고, 이것이 습관 지속에 의한 중독성을 보이므로, 시원초 습관화 중독으로 설명한 것인데, 이것도 결국 중독과 같은 기능을 한다고 본다. 이러한 시원초 습관화와 초세습관화는, 생명 유지에 유리한 행동이 지속되면서 습관화 중독으로 전이한 것이어서, 생존과 진화에 원동력으로 작용한 것으로 본다.

그러나 현세에서 우리가 논하는 중독의 개념은, 생명 지속을 저해하고 싶을 피폐하게 할 수 있어, 반대 현상을 나타내는 중독성으로 볼 수 있다. 결국 중독은 습관성에 의해서 기인되고, 그러한 행동을 계속하도록 지원하고 독려하는 것으로 본다면, 우리의 초습관화가 같은 행동을 반복하도록 묵인하는 과정도 중독으로 볼 수 있다.

이것은 편안함에 의해서 기인되고, 행복함을 추구하고자 하는 마음의 영향과도 같은 것이라고 볼 수 있는 것으로, 초습관화 중독의 반응이 심리적으로 나타나는 것을, 마음에서 오는 현상으로도 볼 수 있을 것이다.

4

생존을 위한 시원초 습관화의 선택

✎ 이러한 초습관화 중독이 생명을 지속하게 하고, 생존에 유리한 행동을 하도록 오랜 기간에 걸쳐 지원하고 독려하는 현상이, 마음에서 오는 생존을 위한 유리함을 선택해서 행동하도록 격려하고, 지원하는 현상과 같은 범주의 현상으로 볼 수 있다. 불이 없어 맹수들의 위협으로 쫓겨야 하는 선인격기의 행동 양태는, 모든 행동이 살아남기 위한 처절함으로 일관되었다고 볼 수 있고, 그것이 지속적으로 반복됨으로 습관화를 거쳐 초습관화로 가는 과정은, 삶을 유리하게 하기 위하여 끊임없이 이기적 선택을 충동질하는, 심리적 반응과 일치한다고 볼 수 있고, 그것은 태생적 동질성을 가지고 있는지 모른다.

이렇게 인류가 시원에서부터 살아남기 위해 끊임없이 노력한 결과의 행동 습관은, 삶에 유리한 이기적 선택으로 지속된 초습관화에 의해 살아남았다고 볼 수 있고, 이렇게 살아남은 것이 마음에서 우러난 생명 본질적 행동일 수밖에 없다. 맹수에게 저항할 어떠한 무기도 없고 또한 그렇게 할 힘도 없으면서, 공존이라는 사회적 미덕을 위해 맞서려 했다면, 더 많은 처참함을 보는 살육을 당했을 것이고, 그리고 이것은 결국 무리의 생존에는 매우 불리하게 되고, 종의 보존을 위협했을 수 있다. 이렇게 살아남기 위해서 시원적 본능을 선택했기에 오늘까지 살 수 있었고, 그러한 행동은 어떠한 고려 없이 즉시적으로 실현되어야 살아남을 확률이 높았기에, 상황을 판단하고 행동할 바를 정하고 그리고 행동하는, 이성적 선택은 할 수 없었을 것이다. 그러한 관계로 어떠한 상황의 분석 없이 바로 움직여야 해서, 이러한 행동은 습관화가 지속되는 과정에서 자율 신경화될 수밖에 없었을 것이다.

이렇게 사람이라는 생명체의 발생 시원기부터 살아남기 위해, 가장 유리한 방법을 선택해서 즉시적으로 어떠한 고려 없이 행동했기에, 살아남아서 인류라는 종으로 진화할 수 있는 토대가 마련된 것이다. 생존을 위한 즉시적 선택과 행동은 습관화를 거쳐 초습관화되어, 중독성을 나타내게 되고 그것이 반복되면서 어떤 고려 없이, 무조건적으로 선택되는 행동을 할 수 있게 하는, 자율 신경화된 본능적 행동으로 변이했다.

이러함이 지속되면서 중독성에 의해 계속 그러함을 하도록 하는, 마음의 충동질 같은 동질성이 지속되어 무의식적으로 또는, 무감각적으로 반응하므로 고착화되었다고 본다. 이러한 무의식적 본능화의 고착은, 사회적 강요에 속하는 공존의 미덕 같은 이타적 행동을 제한하는 결과를 가져와서, 사회적 비난을 가져오는 요인으로도 작용한다고 본다. 이런 본능적 선택은 마음에서 비롯되어, 무의식적으로 즉시적 선택의 결과에서 오는 영향으로, 선인격기 피포식자였을 때의 초습관으로 보는 것이 합리적일 것이다. 그러나 인문기를 살아가는 현대에 와서도 그러한 선택이 지속되는 것은, 이타적 삶을 요구하는 사회적 강요를 수용해야 하는 시점에서는, 매우 불리한 결과를 가져온다. 이러한 시원의 초습관을 제어하려면, 이성적 현실 판단에 의한 지성적 고려와 분석에 근거해 새로운 행동을 선택하고, 그것을 지속적으로 반복하므로 우성화를 하는 방법 즉, 습관화하는 방법밖에 없을 것이다.

그렇지 않고 잠시만 주의를 소홀히 하면, 시원초의 본능이 초습관화에 의해 나타날 수 있기 때문이다. 최강의 포식자가 된 현대에서는, 잠시의 여유를 가지고 고려해본 뒤 행동해도 좋을 것으로 보인다.

본능화된 초세습관화 중독

인류가 시원의 시기를 지나 삶의 상당한 지혜를 터득하게 되면서, 불이라는 절대무기를 얻게 되고 그것으로, 맹수들을 경계하고 물리치게 되는 삶의 혁명을 이루었다. 이제부터서는 포식자에게서 도망하는 것이 아니고, 새로운 강자로 맹수들을 위협할 수도 있는 위치 바꿈이 시작되면서, 일상과 생활에 많은 변화가 생겼다.

지금까지는 어떤 위험의 우려가 있으면 대피하는 것이 가장 중요한 행동 양식이었고, 그렇게 행동한 개체만 살아남았으나 이제는 우선 대피보다, 어떠한 상황인지를 분별해볼 수 있는 시간을 얻게 되었다. 최악의 경우엔 불이라는 무기로 맹수를 위협하고, 때에 따라서 불이 꺼질 경우 일정한 피해도 생길 수 있었지만, 무조건적 반사적 행동 방식에서 변화가 오게 된 것은 불가피했다. 불에 의해 추위를 피할 수 있는 밤에는 불이라는 밝음으로 인해, 활동 시간이 확장되었기에 새로운 시간이 생겼다고 볼 수도 있고, 불이 맹수들의 위협으로부터 보호해주고 또한 불에 타고 있는 나뭇가지들이, 불이 붙어 있었기에 새로운 무기가 되어 짐승들을 공격할 수 있게 되었다.

이것은 획기적인 변화로 우선은 자존감이 생겼다는 것과, 생각을 하고 상황을 판단하여 행동할 수 있는 시간이 생겼다는 것은 큰 변화였다. 이렇게 하여 사람의 품격이 갖추어져가는 인격기에 들어서면서, 무조건적 도망보다는 어떻게 대응할까라는 상황판단의 시간이 주어져서, 즉시적 행동이 불필요해져간 것이다.

그러나 아직은 긴급 대처 상황에서는, 선인격기의 우선 대피 습관이 본능적으로 유지되고 있었고 새로운 습관으로, 생각하는 그리고 상황을 분석하고 판단해야 하는 어려운 숙제도 남겨졌다. 이러한 난제들은 보다 안정되게 살 수 있는 방책을 찾게 되었고, 그것의 한 부분으로 먹을 것을 비축하게 되는 종전에 없던 습관이 생기면서, 점점 이기적인 욕심으로 변모해가는 새로움이 유행처럼 번지게 되었다.

이러한 변화는 천재지변의 재난에서 삶에 도움이 되었지만, 서로의 관계에서 불편을 제공하는 역작용도 불러왔다. 그리고 이러한 습관은 경향화를 거쳐 관행화되었고, 결국 초습관화라는 중독성의 본능화로 전이되면서, 시원기의 생존에 유리한 행동을 무조건적으로 선택하는 자율 신경적 반응처럼, 또 하나의 무의식적 반응인 이기심으로 함께 동질화되어 갔다. 이것이 시원기의 살아남기 위한 행동 양식과 유사함이 있었기에, 너무도 쉽게 안정적 습관화와 감성적 본성화를 가져올 수 있었다.

피포식의 시원기에는 먹이의 저장은 불필요했다. 그것은 포식자를 피해 계속 도망해야 하는 상황과는 맞지 않기 때문이었다. 그러나 도망의 습관이 불필요해지고 맹수들을 제압할 수 있어지면서, 재난 대비라는 생존에 유리함이 저장이라는 새로운 욕심을 만들어내었고, 이기심으로 동화해버렸다. 이러한 이기심의 본능화는 사회라는 공동체를 살아가는 구성원으로서, 사회적 강요의 수용에는 서로 다른 가치여서 갈등을 유발하고 있다.

사회는 도덕과 규범으로 이타성을 지원하려고 하는데, 이기심은 부정적 결과를 가져오는 초습관화로 볼 수 있기 때문이다.

시원초 습관화의 환경 변수

ꞮꞮꞮꞮꞮꞮꞮꞮꞮꞮꞮꞮ

생명체가 살아가면서 어떠한 습관이 생기고, 그것이 초습관화를 거쳐 감성화되면, 모두의 공감대를 형성할 수 있는 정서적 감응으로 인해, 모두의 마음속에 동일한 또는 비슷한 감정을 느끼고 공유하게 되는, 중독성 같은 것이 가슴속에 생기는 것 같다. 이러한 것이 감성화를 넘어 본성화 그리고 본능화되는 과정은, 오랜 시간 끊임없이 동일한 상황에 대해 동일한 행동을 해서 생긴, 습관성의 무의식적 실현이 마음에서 초래되는 반작용으로도 볼 수 있다.

우선은 생명 시원기부터 어떤 습관이 생겼을까를 한번 생각해보면, 어떤 습관에 중독화되어 초습관으로 가고 그것이 반응적 감응으로 마음이라는 가슴속에 담겨지고, 그로 인해 그러한 행동을 계속하도록 지원하고 독려하는, 생체적 중독성 같은 것으로 자율 신경화해서 지금까지 남아있는 것을, 시원초 습관화라고 할 수 있다.

그렇다면 생명의 시원기부터 습관화 초습관화되었을 행동은, 살아남을 수 있는 생존일 수밖에 없다. 그것은 지금까지 살아있음이 증명하는 생명 본질의, 생존 이기심으로 보는 것이 합리적일 것이다.

이러한 생명 본질의 시원 초습관이 지금까지 남아서 실현되고 있고, 이것이 현대 사회의 사회적 도덕과 규범에 어울리지 않는 습관이었다면, 고쳐지는 것이 합리적일 것이다. 그런데 또 하나의 딜레마는 시원기에도 살아남는 것이 생명 본질로 중요했지만, 지금도 살아남는 것이 생명 본능으로 중요하지 않다고는, 누구도 자신 있게 말할 수 없기 때문이다. 그래서 생존에 유리한 이기적 생명 본능이 지금까지 존속되어 오고 있고, 이것이 사회라는 공동체의 이타성을 요구하는 사회적 강요와, 서로 부딪치는 것이 문제가 될 수밖에 없다.

그렇다면 이러한 동질의 습관이 수백만 년이 지난 지금의 환경에서도, 합당하냐는 것이 고려의 대상이 될 수밖에 없다. 우리가 생명 시원기라고 하면, 불이라는 초특급 무기로 무장되기 전의 생명체로 봐야 하는데, 그때는 야생의 피포식자 신세였을 것이다. 그러나 지금은 최고의 포식자로 군림하고, 건물이라는 집으로 보호되고 막대한 문명의 이기로 무장되어 있는 현실과는, 환경적 다름이 너무나 크다고 보는 데도 그러한 습관이 본능적으로 지속되는 것이, 인격체로 살아가는 데 유리한가이다.

즉 생존을 위한 본능적 이기심이 현실 사회 공동체에서 인격자를 자처하고, 지성과 이성으로 무장했다고 하는 현대인의 행태에 합당할 수 있는가이다. 지금은 사회라는 공동체가 최소한의 생존을 보호하고 있다면, 본능적 이기심보다는 지성적 그리고 감성적 이타심이 상당히 필요한 환경으로 보고, 이러한 것이 이성적 판단에 의한 행동으로 볼 수 있음을 살피려 하는 것이다.

그런데도 무조건적 즉시적 이기적 선택의 반응적 행동은, 인격이라는 측면에서 부끄러운 것이 아닌가 싶다. 시원기의 환경에서는 즉시적 반응을 해야 살 수 있었지만, 지금은 그러한 급박함이 없을 수 있어, 어떤 행동을 하기 전에 상당한 시간의 여유가 있다고 보기 때문에, 한두 번 생각해볼 수 있는 시간이 있다는 것과, 시원은 원시 시대로 문화나 지성 같은 것이 없는 동물적 본능의 시기였지만, 지금은 지성적 고려와 이성적 분석이 가능한 문화 시대라는 사실을, 염두에 두고 마음을 다스릴 수 있으면 좋을 것 같다는 것이다.

초세습관화 중독의 객관화

습관화가 지나치게 반복되고 중첩되어 오랜 기간, 수많은 세대에 걸쳐 지속적으로 반복되면, 나도 모르게 저절로 그렇게 하게 되는 것을 '초습관화'라고 하고, 이러한 기능은 어떤 행동의 반복에 의한 중독과도 같은 것으로 인식되어진 것이다.

가령 사람이 태어나서 일정 시간이지나 움직일 수 있어지면, 간섭을 받지 않고 스스로 자립하고 싶어지는 것과 같은 것도, 수많은 세대에 걸친 습관의 반복에서 오는 중독성의 발현으로 볼 수도 있다는 것이다. 이러한 행동 양태는 일반적으로 마음의 부추김에서 비롯된 것으로 느끼는 것이 보편의 생각일 것이다. 그러나 이것도 수많은 세대가 그렇게 해왔고, 수많은 시간을 모두 그러함으로 행동을 해서 초습관화된 중독성의 발로라면, 이러한 중독성은 삶을 풍요롭게 하고 행복하게 할 수 있는 원동력이 될 수 있을 것이다.

사람들은 어떠한 행동이 끊임없이 반복되어 습관화된 행동은, 그렇게 하면 그것을 가장 쉽게 할 수 있고 가장 익숙해져서 가장 편안하고, 또한 편안함에 의한 행복감을 느낄 수 있다면, 마음의 편안에서 오는 행복과도 같은 것일 것이다.

그렇다면 이러한 중독성 있는 습관은, 마음의 충동질 같은 것으로 볼 수 있어 생존에 유리한 순기능적 습관으로, 생존을 위한 필수 기능적 중독성으로 발전하면, 삶에 유리해질 수 있는 것과 같은, 마음의 반응적 작용과 같다고 할 수 있다. 이러한 행동이 언제부터 어떻게 행동화되어, 습관화를 거쳐 중독화되고 그것이 익숙하고, 편안하고, 행복해지면서 모두가 관행처럼 할 수밖에 없는 행동들로, 초습관화하여 보편화 객관화로 진전된 것일 수 있다.

그것은 누구나 그러한 과정을 거쳐서 성장하고, 그리고 자립하고 사춘기를 지나 이성을 열망하게 되고 그리고 사랑하게 되고, 그것의 결과로 다음 세대가 이어지고, 그러함을 행복하다고 느끼고 생각하는 관행적 습관이, 이러한 초습관화에서 오는 마음의 영향으로, 중독성을 가진 것으로 보편화되었다고 보면, 이것은 일반적으로 객관화의 과정을 거쳤다고 인정할 수 있다.

이렇게 언제부터였는지도 모르고 무엇 때문에 시작된 습관인지도 모르면서, 모두가 관행처럼 하게 되고 그것을 행복하다고 믿거나 생각하고 있는, 이러한 습관화를 초세습관화라고 하고, 그것은 행복함을 추구하고 보다 유리한 삶을 도모하기 위한, 생존 본능의 이기심이면서도 모두가 공감하는 행동 양태로 객관화되어, 중독성을 나타내는 것을 총괄하여 표현한다고 볼 수 있다. 이러한 것은 어느 시대를 살아가는 모든 이들이 함께 느끼고 공유하는 공감대 같은 것으로, 감정의 공유에 의한 감성화로 설명할 수도 있는 것이다.

이렇게 정서적 공감에 의해 모두가 같은 행동을 하도록, 지원하고 격려받고 독려될 수 있어지는 것을, 중독성 있는 마음의 발로로 보아 감성화가 진행되면, 본능화의 전 단계로 준본능화 또는 본성화로 발전했다고 볼 수 있다는 것이다.

이러한 것이 지금까지 인류를 진화하게 할 수 있는, 기본적 에너지원으로 볼 수 있고 이것은 중독성을 가진 것으로 보이는, 습관성에서 오는 편안함과 행복함이 마음의 원천일 것이다. 이런 초습관의 순기능이 없었다면, 이기적이고 동물적인 본능으로 인해 멸망으로 갈 수도 있을 것이다. 본능은 순간적 선택을 요구하지만, 감성화된 감정의 공유에는 시간적 여유가 있다는 것도 고려하자.

살아남지 못한 초습관화의 소멸과 도태

_{ılıllıllıllıllıll}

인류가 살아가는 과정에서 많은 생활 습관들이 생기고, 필요에 따라서는 새로운 행동 방식으로 전환되기도 하면서, 어떤 습관은 퇴락해서 점점 소멸될 수도 있고, 어떤 습관들은 자연환경이 변화되거나 거주지를 이동하므로 불필요해져서, 자연스럽게 도태 과정을 진행했을 것이다. 이렇게 어떤 습관이 세대를 초월해서 오랜 시간 동안, 많은 사람들에게 영향을 주어서 습관화가 진행되고 관행화 보편화하게 되면, 이것은 누구나 그렇게 하게 되는 전염성 또는 중독성과 같이, 모두가 저절로 하게 되는 것을 초습관화라고 한다.

일반적으로 초습관이라 하면, 시대나 세대를 초월하여 습관으로 형성된 것을 뜻하므로, 초습관화의 범위는 인류 시원기부터 현세까지, 어떤 시기에 생겨서 어떤 시기까지 실현되었다고 기준이 정해진 것도 있지만, 그렇지 않고 그러한 것을 모르는 모든 습관화를 포함하고 있다고 보면 될 것이다. 그렇다면 이러한 습관은 필요하면 생길 수 있고, 필요 없으면 소멸될 수 있는 가변성을 가지고 있고 또 어느 때 필요도가 생기면, 소멸 도태 과정을 거치던 습관도 되살아날 수 있는 속성이 있다고 봐야 한다.

예를 들어 인류 시원기에는 수렵과 채집으로 생활을 했다고 보면, 이동 생활이 습관화되어 오랜 기간 습관화할 수밖에 없을 것이다. 그러나 어느 시대에 농경이 시작되면서 정착 생활이 유리해져서, 이동 생활의 습관은 도태되고 정주 환경의 생활이 자연스럽게, 우성화되어가는 과정과 같다고 볼 수 있을 것이다. 그러나 이렇게 정착 습관이 우성화되어 소멸 도태 과정에 들어선 이동 습관이 열성화되면서, 선천 습관은 빈약해지고 후천 습관이 융성되어가는 변화도 있지만, 반대 현상으로 정착 생활이 갑갑해져서 여행이라는 새로운 습관을 만들어낸 것은, 이것도 후천 우성으로도 볼 수 있지만, 선천의 이동 생활 습관이 부활되었다고도 볼 수 있을 것이다.

이렇게 습관화되어 중독성 같은 속성을 갖게 되면, 필요 시 언제든지 또는 생활의 합리성을 위해 되살아날 수도 있는 것이, 초습관화의 본질적 특성으로도 볼 수 있다. 그렇다면 어떤 습관이 오랜 시간에 걸쳐 여러 세대의 모두가, 비슷한 행동을 하게 되는 습성을 갖는 것으로 볼 수 있어, 어떤 때는 사라졌다가 어떤 때는 살아날 수도 있는 것이 되고, 또 필요시 순간적으로 나도 모르게 나타날 수도 있는 것이 된다.

우리가 살아가는 과정에 원인이 무엇인지 모르는 깜짝 놀랄 위험에 부딪치면, 모두가 화들짝 놀라서 도망하는 행동을 보이는 것이 일반화되어 있다고 볼 수 있다. 그러나 이러한 행동은 선인격기 피포식자 상태에서 포식자가 나타났을 때, 조건 반사적으로 무조건적으로 실현된 행동의 부활 같은 것이고 이러한 행동은, 환경은 바뀌었지만 우리 체내 세포 속에 그러함의 습관화가 복제되어 있다가, 불현듯 나타나는 초습관화로 볼 수 있는 것이다.

이렇게 보면 초습관화의 생멸은 필요에 따라서 언제 어떻게 나타날지를 모르는, 생체적 반응이 세포 복제처럼 몸속에 내재되어 있는 것은 아닌지 그리고 그러함은, 심리 생체적 반응인 마음의 역기능과도 같은 현상을 나타낸다고 볼 수 있을 것이다.

현세를 사는 우리는 사회적 강요의 미덕으로 추앙되는, 이타적 사고와 행동을 실현하는 것이 인품과 인격의 완성으로 볼 수도 있다. 그러나 종종 나도 모르게 이기적 선택이 우선되는 것은, 자연적 강요의 실현으로 볼 수 있을 것이다. 그래서 어떤 후천 습관이 우성화되어 새로운 습관화를 거쳐 관행화 초습관화하지 않으면, 선천의 열성화된 초습관이 살아날 수 있다는 것을 기억해야 한다고 본다.

5

본능화 중독의 표현을 위한 명명

✎ 어떤 행동들이 모두가 보편적으로 실현되는 객관성을 갖게 되면, 그것은 초습관화로 진행될 수 있고, 이러한 초습관이 모두에게 지속적으로 나타나는 것을, 중독 현상과 유사한 것으로 봐서 습관화 중독으로 표현했다. 이렇게 어떤 행동이 습관화해서 관행화를 하게 되면, 정서적 공감대가 형성되어 모두가 같은 감응을 느끼게 되는 감성화로 진행되고, 그것이 더욱 반복 중첩되는 초습관화로 가고 반응적 행동으로 자율 신경화가 진척되면, 본성화를 넘어서 본능화로 진전된 것으로 보게 된다.

이렇게 습관이 관행화 습관화를 거쳐 초습관화로 가게 되면, 정서적 공감대에 의해 감성화 단계를 거치게 되고 그것이 더욱 진행되면, 본성화를 지나 즉시적 행동화의 기능적 작용으로 변모하고, 이러한 것을 본능화되었다고 할 수 있다. 그리고 이러한 초습관의 중독성에서 실현된 것으로 보여지는 감성적 작용을 본성화로, 그리고 기능적 작용으로 변이된 것을 본능화로 보아, 심리적 중독성을 나타내는 것으로 인정할 수 있다. 습관은 생체적 중독성으로 발전하는 것은 당연한 결과지만, 이러한 초습관이 세대와 시대를 초월하여 지속 반복되면, 생체적 기능이 정서적 감응을 작용하게 되고 이러한 것이 감성화 과정으로 발전하면, 심리적 현상을 동반하게 된다.

그것은 웃을 일이 없어도 그냥 웃기만 하면, 뇌신경 기능에 의해 스스로 행복감을 느끼는 반응이 나타나는 현상과 같이, 심리적 작용이 생체적 반응을 불러오기도 하지만, 생체적 작용이 심리적 반응을 자극할 수 있는 것과 같을 수 있는 것이다. 이러한 생체적 작용의 습관화에서 오는 중독성의 정서적 심리적 반응 현상을, 정서적 감응에 의한 감성화로 그리고 심리적 반응 현상의 공감으로 본다면, 그것은 마음에서 비롯된 심리적 정서적 작용으로 볼 수 있어, 생체적 습관화의 중독성을 심리적 정서적 감성화에 의한 마음의 작용으로 보는 것이, 상당한 반작용적 감응으로도 일반화할 수 있어 보인다.

이렇게 생체적 습관성에 의한 중독성을, 심리적 반응에 의한 마음의 자극에서 유발되는 감성적 반작용으로 인정할 수 있고, 그렇게 되면 습관의 중독화가 자극하는 정서적 반응이, 감성의 원천인 마음의 작용으로 실현되는 것과 같을 수 있는, 동질성을 부여하는 것이다. 이렇게 습관의 중독과 마음의 자극을 상대시켜 두면, 우리가 알지 못하는 본능적 행동과 나도 내 마음을 제어할 수 없는 심리적 움직임을 이해하고, 통제하는 데 도움이 될 수 있다는 것이다.

우리는 마음이라는 형이상학적 표현이 어디서 왔고, 그 본질이 무엇인지를 모르고 있다. 그리고 마음으로 마음을 통제하고 제어하려고 무한의 노력을 하고 있는데, 그 모든 것들이 허사가 되는 것을 자주 보게 된다. 그것은 마음이 무엇인지를 모르는 데서오는 실수와 착오로 볼 수 있다. 습관이 중독성을 실현해 나도 모르게 그 일을 이루게 되면, 그것은 나도 모르게 마음이 작용하여 본성적 본능적으로, 어떤 일을 하게 되는 것과 같은 것이 될 수 있다.

이렇게 습관화가 세대와 시대를 초월하여 초습관화되면, 중독성에 의해 저절로 실현되는 것처럼 마음에 의해 저절로 실현되는 현상과, 의식이 있는 상태에서 내가 통제할 수 없는 것처럼 행동되어지는 현상이 같을 수 있음을 살펴, 상관성을 들여다보면 나를 통제하고 참나를 보는 데 도움이 될 것이다.

세습습관화의 명명(인성)

어떤 습관이 자연적 살기의 영향으로 여러 세대에 걸쳐서 실현되는 과정이 세습습관화로 볼 수 있고, 이러한 습관화는 현세를 사는 사람들에 의해서 윗대 몇 세대에서 그러함을 실현했고, 또 지금 세대와 다음 세대에서도 그러한 습관을 보고 배워서 그대로 실현될 가능성이 높다면, 그것은 습관이 세습된 것일 수밖에 없다.

그러나 이렇게 세습된 습관은, 사람들에 의해서 여러 세대에 걸쳐 습관화 관행화를 거치면서 보편화되어가면, 정서적 공감에 의해 감성화를 도모하고, 그러하게 되어서 동질감을 공유하는 심성적 유사성을 느끼게 되면, 그것은 사람들에 의해서 생긴 감성으로 인성화 과정으로 변이되었다고 볼 수 있다.

물론 세습되는 습관들이 언제 어디서부터 시작되었는지를 모르는 경우도 있지만, 최소한 사람에 의해 실현된 것은 누구나 확인할 수 있는 것이어서, 그러한 세습은 사람에 의해서 생긴 공감적 감성화로 보아서 인성화되었다고 하는 것이다. 그러나 그러한 습관의 시작은, 선인격기 피포식의 생명체일 때부터 생겼을 습관일 수도 있으나, 그것을 확인할 수 없는 것이어서, 그냥 사람의 정서적 감응에서 유래된 것으로 확인하는 정도에서, 인성화 과정을 거쳤다고 보는 것이다.

물론 어떤 행동들이 현실 환경을 살아가는 데 매우 불합리하여, 사람들의 생존에 나쁜 영향을 줄 수 있다면 현실의 상황을 반영하여, 이성적 판단과 지성적 고려에 의해 새로운 행동으로 바뀔 수는 있는 것이다. 이것이 선천 열성, 후천 우성이라는 것으로 이렇게 새로 형성된 습관이 후대에 지속적으로 반복되면, 그것도 사람에 의해 실현되는 습관으로 세습되어 관행화 습관화를 확인할 수 있으면, 같은 인성화 과정으로 볼 수 있을 것이다.

이렇게 어떤 습관이 관행화 습관화되어 모두의 공감대를 형성하고, 서로의 느낌을 동질화할 수 있는 정서적 감성화 과정을 거친 것으로 인정되면, 그러한 행동의 습관화는 중독성 같은 것으로 분류 표현하고, 그러한 중독성도 마음에서 발현되는 정서적 감응에 의한 공유적 공감으로 보는 것이다.

그리고 이러한 것을 사람들이 공유하는 공감적 정서의 감성화 과정으로 보아서, 사람의 보편적 심리에서 발현되는 사람의 심성으로 보는 것이다. 어떤 사람이 자신만의 행적으로 새로운 행동을 습관화해서 경향성 과정을 지나, 그 사람의 인품을 가늠할 수 있는 수준으로 습관화가 진행되었고 그것을 모두가 인정한다면, 그러한 습관의 공감성에 의해 그 사람의 심성으로 안정화될 수도 있을 것이다. 그리고 이러한 일부의 행동들이 여러 사람들의 동의를 받아, 공감적 감성을 유발하고 같은 행동을 하도록 관행화를 진행하면, 그것도 일정한 기간과 세대를 거쳐 세습습관화될 수 있고, 그러한 일부의 심성적 감성화가 인성적 정서로 안착될 수 있을 것이다.

이렇게 습관은 행동의 세습과 관행화를 통해, 정서적 공감대가 감성화를 공유하게 되면 새로운 심성에서 인성적 심성으로 변이하고, 일정 시간이 흐르면 또 하나의 인성으로 전이할 수 있을 것이다. 이러한 감성과 습관성 중독은 마음이라는 울타리에서, 동질적 움직임으로 나타난다고 보는 것이다.

초세습관화의 명명(본성)

우리가 현세를 살면서 어떤 행동을 하고, 어떤 습관들이 승계되고 있는지를 알고 있는 것은, 세습습관화의 범주일 것이다. 윗대 할아버지들께서 그렇게 하는 것을 보았고, 또 그렇게 하는 것이라고 훈육되면서 성장했기 때문에, 그렇게 행동하고 살았다.

그리고 그러한 습관들은 다음 세대에서 보고 배워져서, 그들도 그렇게 하고 있는 것을 보았기에 알고 있어, 최소한 보고 듣고 행동했고 또, 그렇게 행동하는 것을 보았기에 그 세대까지는, 어떤 습관이 어떻게 세습되고 관행화했는지를 알고 있고, 그것을 설명해서 증명할 수 있을 것이다. 그러나 그 외의 행동을 유발하는 습관에 대해서는 어떻게 설명할 수 없을 수 있다.

그것의 기원도 모르고 왜 그렇게 행동하고, 그러한 습관이 세습되었는지를 확인해줄 수 없는 것들도 상당히 있을 것이다. 이렇게 습관화가 어떻게 되었는지를 확인할 수 있는 것은, 현세의 눈으로 행동하고 있는 것을 보고 배워서 그렇게 하는, 자연적 살기의 영향들이 세습된 것으로 알고 있는 인성화된 세습습관화일 것이다.

그렇다면 그 외의 습관들로, 어떤 시기를 확정할 수 있는 것으로 인정되는 행동과 시기는 시원기의 행동 습성들일 것이다. 인류 시원기에는 아직 인류가 불을 다룰 수 없었고, 그냥 두 발 걷기가 가능하여 두 손이 도구를 쓸 수 있도록 자유로워졌다는 것과 아직은, 포식자인 맹수들에게서 쫓기어야 한다는 사실만을 인정할 수 있는 시기를 말한다. 이 시기는 무조건 먹고 살아남기 위해서 도망하는 것 외에는, 다른 어떤 행동도 유효하지 못했다. 의협과 용기라 하여 맹수가 나타났을 때 앞서서 막아줄 수도 없었고, 가족 중에 누가 맹수의 먹이로 살육되더라도 그냥 보고 도망할 수밖에 없는, 비정할 수 있는 도망자였을 수도 있다. 그러나 그때에는 그러한 것만이 오직 옳은 행동의 선택일 수밖에 없다.

그렇다면 먹어야 하는 이기심은 생존의 필수 행동이고, 그 외 위급 상황에서는 뒤도 보지 않고 무정하게 도망하는 것이었을 것이다. 이러한 행동이 습관화할 수밖에 없고, 그러함으로 인해 생존해서 다음 세대를 남겼을 것이기 때문이다. 그 외의 행적으로 습관화되었을 것으로 추정되는 것들은, 모두 초세습관화의 범주로 봐야 할 것이다.

이렇게 세습습관화의 행적들과 시원기에 습관화된 시원초 습관화의 행적들을 제외한, 모든 습관들이 초세습관화 시기에 생기고, 다른 모습으로 변하는 선천 열성, 후천 우성을 거쳤을 것이다. 이 시기는 불을 얻어 인격의 존엄이 생겨서, 상황을 판단할 수 있는 생각이라는 형이상학적 새로운 두려움이 생겼고, 사회를 구성하므로 사회적 강요인 도덕과 규범이 생겨서, 새로운 질서가 혁명처럼 몰려오는 사유의 폭주 시대였을 것이다. 그러나 이 시기는 그렇게 길지는 않았을 것으로 생각되는 것은, 시원기를 지나 세습습관화가 계속 이어지는 사이의 기간이었기 때문에, 현세에서 보면 상당히 길 수 있지만 새로운 변화로 혁명적 변혁을 맞았을 시간은, 새로운 사회라는 질서가 정착되어가는 기간 또는 사회적 강요인 도덕과 규범이, 보편화 습관화할 수 있는 격변의 기간 정도로 보는 것이 옳을 것이다.

그러나 이 시기는 계속 밀려나는 세습기의 이동과 더불어, 그 사이에 그냥 연장되고 있는 기간일 수 있기 때문이다. 그리고 이 기간은 시원의 기간보다 상당히 짧을 수 있었기에, 습관화의 보편화 관행화 동안의 정서적 공감과 새로운 가치의 인성적 공유에 의한, 감성화가 마음이라는 바탕에 본질적으로 다른 감응들이 새겨지고 심어져서, 사람으로서 기본적 감정이 생기고 안착하는 시기로 보아, 이러한 정서가 본성화로 변이하면서, 사람이라는 본질을 정립하는 심성의 바탕이 되었을 것으로 본다.

시원초 습관화의 명명(본능)

|||||||||||||||

　이러한 인류 시원기의 행동이 습관화하여, 자신도 모르게 실현되는 과정의 자율 신경화 변이는, 행동과 행적의 고려에서는 불가피한 것일 것이다. 시원기 포식자인 맹수들의 습격에서 살아남으려면, 어떤 반응과 동시성으로 도망칠 수 있어야 후손을 남기고, 인류로 진화했을 것이기 때문이다.

　이렇게 동물적 본능으로 자율 신경화되지 않으면, 대피의 지연에서 오는 위험의 가중으로 일시적으로는 생명이 연장될 수 있을지 몰라도, 지속적으로 살아남기에는 본능적 대피를 한 부류들과는 많은 불리함이 있었을 것이고, 이러함은 결국 그들 후예를 남기지 못하고 소멸 도태되었을 수 있다고 보는 것이다.

　이렇게 시원기의 습관인 시원초 습관화는 어떠한 고려나 상황 판단의 여유가 불필요, 즉시적 순간적 행동 실현만이 합리적 행동으로 받아들여졌고, 약간의 판단을 위한 고려나 여유는 죽음으로 연결되는 통로였을 것이다. 그러함으로 인해, 시원기의 일반적 행동의 보편화와 관행화가 보편적 감성의 공감을 이끌어냈고, 이것이 정서적 공유로 정착된 습관이 동물적 본능이라는 흔히 우리가 말하는 '본능'으로, 생체적 체세포 안에 복제되어 느낌과 행동의 동시화를 이루었다고 봐야 한다.

　그러나 불을 얻어 인격기에 들어서고 생각의 여유가 생기고, 무엇이 합리적인 행동인가의 고려가 생기기 시작했고, 이러한 과정에서 여럿이 토론을 거쳐, 사회의 유용함을 지금까지의 가족 무리에서 대체하는 방안을 선택하게 되는, 이기를 위한 이타의 발로를 설정하게 되고, 그것은 오늘날 도덕과 규범이라는 모양으로 지속되고 있다.

그렇다면 시원기에서 생긴 살아남기 위한 행동의 습관화는, 시원초 습관화라는 이름의 행적으로 지금까지 실현되고 있는, 본능적 행동으로 볼 수 있다. 그리고 본능적 행동은 누가 시켜서 또는 무엇을 판단해서 하는 행동이 아니고, 그냥 저절로 나도 모르게 너무도 오랜 시간 동안 습관화되었기, 생체적 몸과 동질화되었다고 볼 수 있다. 그리고 이러한 것을 우리는 자연적 강요라고 부르고, 자연스런 강요이기 때문에 누구도 거부할 수 없는 정서적 공감을 가지고, 보편적으로 실현되는 행동으로 보는 것이다. 그리고 이러한 행동은 자동화 기능화되었다고 볼 수도 있어, 생각과 고려의 영향에서 배제되어 있다고 봐야 한다.

그러나 초세습관화로 불리는, 동물에서 사람으로 변화될 수 있는 행적의 혁신적 변화는, 생각을 해서 합리적이라고 판단하고 모두가 그것을 의식적으로 동의하므로 생기는, 감성적 공유의 행동이 합의에 의해 실현되는 것이다. 그러한 점에서 사회적 강요에 속하는 도덕과 규범은 사회라는 공동체를 위해, 자유를 억압하는 줄 알면서 받아들이게 된 외부적 강요로 인식되고 그러함으로 인해, 저항하려는 심리적 반응도 있는 행동들의 습관화로 볼 수 있다.

그러나 이것은 모두가 의식적으로 동의해서, 정서적 공감을 모두가 공유했기에 실현되는 행동으로, 사람이라는 본질을 생성한 인격기 초입에서 실현된 습관화에서 오는 반응이어서, 이를 '본성'이라고 이름하고 사람의 바탕 행동으로 자리 잡게 된 것이었다. 그래서 이러함의 심리 반응은 즉시적이 아니고, 약간의 여유와 생각이 가능한 행동들의 습관화에서 오는 당위성보다 약간의 저항도 해볼 수 있어서, 감성화의 과정을 모두가 공유하는 것으로도 볼 수 있다.

이렇게 시간의 여유를 가지고 생각할 수 있는 행적들의 습관화는, 마음의 공감이 있어야 가능할 수 있다. 이것이 본능과는 다른 것으로 감성적 공유가 바탕화하고 있기에, 마음이라는 근거에서 심성 또는 인성으로 부르고 본성으로도 이름하게 되었다고 본다.

초습관화의 본성과 본능의 명명(마음)

||||||||||||||||

생명체가 살아있기 위한 활동은 그러한 행동을 했기 때문에 살 수 있었고, 현재까지 살아있는 것으로 본다면 생명이라는 본질은, 그러한 행동을 지속적으로 하도록 지원하고 독려했을 것이다. 왜냐하면 그래야 생명체로 살아남을 수 있기 때문이다.

생명체가 살아있기 위한 움직임을 신경 활동에 의해 실현했고, 그러함으로 계속 살아졌고 생명 본질의 유지가 합리적으로 달성되었다면, 그런 행동을 계속하도록 신경 활동을 유지하는 기관에서, 계속 지원하도록 하는 감각적 어떤 얼개를 형성했을 수 있고, 이러한 얼개가 합리적으로 신경망을 통제하고 그렇게 움직이도록 명령했기에, 살아남았다고 볼 수 있다. 그렇다면 이러한 신경망에 의한 기능은 어떤 활동이고, 어떤 얼개를 가지고 있고 그것을 무엇이라고 불러야 할까?

그것은 살려는 감각에서 시작되어서, 그것이 어떤 감성 체계를 형성하고 이러함이 더욱 발전하는 과정에서 동일한 행동을 하도록 계속 지원하므로, 그것이 습관화되고 그러한 습관화가 기능적으로 신경 작용에 의해, 스스로 통제하는 생명체 감각의 기능적 얼개를 마음이라고 설정하면, 습관화의 중독성 발현과 신경 기능의 동일 행동을 지원하고 독려하는 기능이 같은 것으로 볼 수 있다.

이러하듯 감성의 동의 없는 행동은 있을 수 없는 것이 되고, 습관은 이러한 감성의 지원을 받아 계속 실현되는 반응적 작용으로 본다면, 감각에 의한 신경 활동 통제와 습관화 중독 기능이 같은 현상을 연출한다고 봐야 한다. 그래서 본능적으로 발현되는 자연적 강요와, 본성적으로 감성화에 의해서 동의되고 실현되는 사회적 강요는, 별다른 제어나 거부감 없이 실현되는 기능적 움직임 또는, 감성적 독려로 볼 수 있을 것이다.

이러한 두 가지 작용 또는 기능을 우리는 하나는 본능이라고 하고, 하나는 본성이라고 하여 어떻게 누구 때문에 또는 무엇 때문에 실현되어지는지를 모르면서, 늘 그렇게 행동하고 습관화되고 그리고 감각적 기능에 의한 감성의 지원을 받아, 또 다시 반복되면서 살아남았기 때문에, 그것이 생명의 본질로 보고 그것이 나의 본체로 인정하므로, 그것이 무엇인지를 들여다보려고 하지 않은 것이다.

우리는 이러한 기능적 움직임과 감성적 부추김이, 무엇 때문에 실현되고 있는지를 들여다볼 수 있으면, 자연적 강요와 사회적 강요의 모순적 갈등을 지혜롭게 인식할 수 있어지고, 그래서 그것이 어디서 왔는지를 느낄 수 있다면, 보다 편안한 위안을 받아서 행복이 무엇인지를 인지할 수 있을 것이다.

그리고 이러한 정서적 심리적 감응들이 모두 마음의 기능과 중복되고, 습관화의 중독과도 중첩되는 것을 살펴볼 수 있을 것이다. 물론 인성과 심성 등 마음에서 일어나는 감정적 감응이, 생각의 영역에서 많은 부분 지배되고 고려되어진다고 보지만, 결국은 마음의 영역에서 동의하지 않으면 심리적 스트레스로 작용하여, 생명체 유지와 관계성의 부드러움에 차질이 생길 것이다. 그러면 우리가 초습관화에서 오는 본능적 중독과, 감성적 선택에서 오는 본성의 발현이 어떻게 중복되고 중첩되는지를 한 번 살펴보자.

어떤 문제를 선택하도록 하는 게임에서 그 문제의 정답을 모른다면, 어떻게 해야 할까? 스스로 봐서 옳다고 생각되는 쪽으로 모여서 서라고 하면, 무조건 사람이 많은 쪽으로 갈 가능성이 높다고 본다. 그것은 하나는 많은 사람들이 맞다고 하는 쪽이 옳을 것이라는 무조건적 감성이나 느낌에서 오는 결과이고, 또 하나는 피포식자 시절 많은 쪽으로 행동할수록 살아남을 가능성이 높은 확률로, 많은 무리 속으로 모였기에 살아남은 습관화가 있기 때문이다. 결국 습관화의 기능과 감성화의 기능이 동일해질 수 있는 것이다.

본능화
중독의 이해

1

본능화 중독의 이해와 교란

✎ 우리는 어떤 행동이 습관화되어, 세대와 시대를 초월해서 계속되는 것을 초습관화로 설명하고, 이러한 초습관화가 인류 시원기부터 지속되었다면, 그것을 시원초 습관화로 설정했다. 그리고 불을 얻어 사람의 존엄이 생기고, 지구상에서 최고의 강자로 군림할 수 있어지면서, 사회라는 공동체 속에서 생겨난 새로운 습관들을 초세습관화라고 하여, 세대를 초월하여 언제부터 시작되었는지를 모르는 초월적 습관으로 분류했다. 이러한 습관화가 저절로 실현되고, 지속적으로 그것을 하도록 지원하고 독려하는 현상을, 중독 현상과 비슷하다고 보아서 습관화 중독이라고 설명했다.

결국 중독성이라는 것은, 행동하는 생명체의 의지에 관계없이 지속되어지는 어떤 행위를 뜻한다면, 습관화의 반복과 중첩에서 오는 어떤 행위의 반복적 시도와 같은 것일 수 있어, 같은 범주에 두고 살펴봤다.

그러나 이러한 습관화 중독은 생체적 중복성과 심리적 중복성을 동시에 가지고 있고, 상호 반응하면서 표현의 형식만 다를 뿐 결과적 행적은, 같을 수 있는 동질성을 가지고 있다고 본 것이다.

이것은 시원부터 습관화된 초습관을, 생명체 활동의 기능적 자동 반복에 의한 본능으로 보고, 정서적 공감의 감성적 자동 반복에 의한 본성으로, 등치화시킬 수 있다고 본 것이다. 지금까지는 본능을 동물적 본질에서 오는 행동으로 보려고, 생명체의 습관화가 반복되면서 중독된 현상처럼, 보려고 하지 않은 것이다. 그래서 사람이라는 생명체의 행동 양태에서 본능적인 것을 제외하려 하였고, 그것의 표현을 본성이라는 형태를 빌어 구분하고 차별화하려고 했다.

그리고 사람과 동물이 같은 생명체라는 것과 또 사람도 동물이라는 것을, 애써 외면하려는 차별적 생각에서 비롯된 구분이 아니었나 싶다. 물론 그리할 수밖에 없었던 사유는 사람은 사회라는 공동체를 수용 발전시켰지만, 동물들은 무리라는 집합체 범위를 벗어날 수 없었던 점도 감안해야 할 것이다.

이러한 생명체의 습관화된 행동들이 반복되는 과정에서, 같은 행동을 지속하도록 격려되는 과정을, 중독이라는 새로운 설명을 도입한 것이 어색하고 불편스러운 것은, 습관의 관행화에 따른 공감적 정서의 감성적 충동과 상대시켜, 비교하는 패러다임의 변화를 시도한 적이 없었기 때문에 생기는, 부적응적 생소함에서 오는 충격일 수도 있을 것이다. 그러나 동일한 움직임에 대한 생각의 변화는, 처음에는 충격적이고 혼란스러울 수 있다.

그것은 천동설에서 지동설로의 변화를 받아들이는 형식의 변화와도 같을 수 있다. 우리가 실고 있는 땅을 탁자 모양의 평지로 생각했던 것을, 공 모양으로 변화시키고 공의 반대쪽에 있는 물질의 추락을 방지하는 설명을, 중력을 도입하므로 해결한 것이 지동설의 형식이라면, 행동의 반복적 실현의 원인을 습관화로 표현하고, 그것이 지속될 수밖에 없는 현상을, 중독으로 설명한 것과 다르지 않다고 본다.

그리고 습관화는 생체적 행동 반응이지만 심리적 충동질에서 오는 정서적 반응을, 중독과 같은 형식의 결과로 본다는 것과도 같다고 본다. 이러한 패러다임의 변화는, 코페르니쿠스의 마녀화를 도모한 현상과 같이 매도될 수 있으나, 결과는 수세기 후 받아들여졌다는 것도, 무조건적 마녀사냥에 대해 고려해볼 여지일 것이다.

그러나 이러한 시도는 신을 도입함으로서 탐구적 시도를 차단해버린 신앙적 시도가, 관념의 진화를 처벌하는 결과에서 오는 현상으로도 볼 수 있다. 우리는 행동의 자율 신경화와 반복과 중첩에서 오는 습관화의 중독성을 다시 살펴보고, 동일한 행동의 관행적 공감과 정서적 공유에서 오는 감성의 충동을, 중독적 감응으로 들여다보면 어떨까 싶다.

거부되는 선입견과 고정 관념

초습관화라고 하는 것은 선인격기부터 반복적으로, 시대와 세대를 초월해서 모든 우리의 선조들이 실현해서 행적을 남긴, 선사적 행동들의 중독성이 실현되는 것 같은 반복을 설명하려는 것이다. 이러한 행동은 생존에 유리한 결과를 가져왔기에, 모두가 동의하고 함께 공감하면서 관행화가 습관화와 같이 실현되어, 정서적 공감대가 형성되었고 감성적 공유도 실현되어, 심리적 동질성에 의해 모두에게 충동되고, 독려를 지원하는 현상으로 나타났다고도 보는 것이다.

이러한 것을 본능적 중독이라 표현하여, 생체적 활동과 정서적 작용이 동일화된 것으로 보려는 시도에서 비롯된 것으로, 감성화 단계를 넘어선 심리적 현상으로도 보는 것이다. 그리고 이러한 심리적 현상을 나타내는 형이상학적 얼개를, 마음의 작용에서 오는 현상으로 볼 수 있다는 것이다. 이러한 작용은 시원기부터 중독적으로 반복되어 오면서, 아무런 감각이 없이 저절로 시행되는 것을 일반적으로 보아 보편화하므로, 무감각적으로 실현되는 것을 당연시하는 것이다.

그리고 이러한 현상은 본능적 작용은 강화하고, 이성적 작용을 억제하는 현상으로도 나타나고 있는 것이, 정상적 반응으로 볼 수 있다. 그것은 시원의 본능화 중독에서 초래된 것이기 때문에, 마음의 동의를 받아 실현된 것으로 인정되기 때문이다.

이러한 초습관화 중독과 마음의 작용이 동질성일 수 있다는 것은, 늘 하던 것은 익숙한 것이고 익숙한 것은 잘하게 되어 편안해지게 되고, 편안해지면 행복감을 느낄 수 있는 현상의 상호 반작용성을 고려하면, 이해가 가능할 수 있다. 결국 습관화된 것은 편안하고 행복감을 느낄 수 있는 것이기 때문에, 초습관화와 마음의 작용을 같이 보아 중독성의 현상으로 설명하려는 것이다.

그러나 우리는 초습관화의 중독성이, 마음의 현상에서 지원되고 충동되는 심리적 현상으로 보려하지 않기 때문에, 생경하게 느껴지고 거부감을 갖게 되는 정서적 반응을 보일 것으로 본다. 그리고 그렇게 느끼게 되는 현상을 지원하는 기제를, 마음의 본질을 미지의 영역으로 오래 동안 인정하여, 신의 영역에서 유래된 것으로 지난 역사 시대를 지나왔기 때문이기도 하다.

선사 시대부터 인류는 무엇인지 잘 모르는 절대 현상을, 신의 영역으로 가처분해서 들여다보려 하지 않는, 집단 무감각의 위탁에서 오는 결과일 수도 있다. 잘 알 수 없는 골치 아픈 것들을 신에게 처리를 위탁해버리면, 우리는 참으로 편안해질 수 있는 편안함의 행복함에서 오는 부작용일 수도 있는 것이다. 이렇게 마음은 신이 준 것이라고 의탁해버리고, 여러 종교와 철학에서 그렇게 설명해버리면 고정 관념으로 고착화되어, 새로운 탐구의 시도가 불가능해졌다는 것도 살펴봐야 될 것이다.

그리고 사람의 능력으로 알 수 없어서, 신의 영역에 묻어버리고 들여다보지 않은 것은, 그것이 무엇인지를 알 수 없는 것으로 탐구의 시도가 종결되었기 때문이기도 했다. 그러나 우리는 신의 영역에서 진화라는 현상도 받아들이게 되었고, 천동설에서 지동설로의 변화도 수용하게 되었다.

그리고 초월적 중력이 작용하면, 빛도 휘어버릴 수 있다는 일반 상대성 이론도 인정해가는 실정이고, 우주의 블랙홀이라는 모든 물체와 빛까지도 빨아들이는 천문 현상이 있다는 것도, 일반화되기 시작한 점을 한 번 되뇌어보면 좋을 것 같다. 그러하면 훨씬 사고의 영역이 유연해질 수 있어, 절대의 고정 관념이라는 벽을 넘어서는 용기도 가질 수 있을 것으로 본다.

나는 생각하므로 존재한다는 어떤 철학자의 생각의 유연성과 무한성을 발휘해서, 사람이 짊어져야 할 자연적 강요인 본능과, 사회적 강요인 도덕과 규범의 합리적 조화를 위한, 평형 영역을 찾는 인문적 탐구도 필요할 것으로 본다.

습관화의 통세 선택이 중독을 유도

우리가 신의 영역으로 우리의 행적인 습관화와 마음의 움직임인 감성화를, 포로 수용소로 보내버리고 잊어버린 것은 아닌가 싶다. 인류생체 지도 게놈과 DNA가 밝혀지고 뇌 과학도 상당한 진전이 이루어진 시점에서, 포로 송환 협상을 시도해보는 것도 필요할 것으로 본다.

어떤 행동이 반복되면서 경향성을 보이고, 그것이 습관화를 거쳐 초습관화되는 과정을 중독의 유사성이 있다고 하였고, 어떤 행동을 할 때마다 마음에서 동의해서 실현되었기 때문에, 마음에서 그러함을 하도록 어떤 성향이 생겨서, 일반화되는 과정을 성향화라고 한다면, 그런 성향이 더욱 반복적으로 지속되어, 마음속에 어떤 뿌리가 마련된 것처럼 느끼거나 또는, 동일한 성향이 지속되면서 마음의 근육이 생겨가는 과정으로 보아, 이런 현상을 '심근화'로 표현할 수 있다.

이것은 동일한 마음이 반복적으로 나타나므로 운동 신경에 의해 근육이 생기듯이, 마음에도 보이지 않은 근육이 생긴 것으로 보는 것을

'심근화'라고 하고, 또 동일한 마음이 지속적으로 반복 발현하므로, 마음의 뿌리가 생겨서 성장하는 것은 아닌가 하여 이것 또한, '심근화'로 설명하고 통칭하려고 한다.

그러면 어떤 행동이 반복되어 경향성을 갖게 되고, 그것이 습관화되어 가는 과정을 생체적 반응으로 본다면, 어떤 행동을 지속하도록 승인하고 지원하는 과정을 성향화로 보고, 그러한 마음이 반복되는 것을 '심근화'되었다고 하는 과정을 심리적 반응으로 보아, 감성화가 진행되었다고 보는 것이다. 즉 행동의 경향화를 정서적 성향화로 보고, 행동의 습관화를 감성의 심근화로 대칭시켜서, 외적 습관과 내적 작용이 서로 상응한다고 보는 심리적 현상으로, 습관화가 초습관화하듯이 심근화도 초심근화로 전이하면, 습관처럼 그것도 중독성으로 수렴할 수 있다는 것이, 습관과 감성의 중독화로 설명한 것이다. 그리고 이러한 현상들이 모든 세대를 초월해서, 그러한 습관이 관통된 것처럼 현세까지 이어지는 것을, 세대와 세상을 통과했다는 뜻으로 '통세 선택'이라 표현하였다. 즉 습관화와 심근화 현상이 모든 세대를 관통하여 현세까지 이어지고 있는 것을, '통세'되어 그러한 행동과 심성이 선택 실현된다는 의미가, 중독성을 유도했다고 보는 것이다.

우리는 인문사적 관점에서 역사는 반복된다는 말을 가끔 들어보고 있다. 즉 역사가 반복된다는 것은 한 세대 당대에는 자신이 한 행동을 알고 있기 때문에, 치명적 잘못을 반복하지 않을 수 있지만, 여러 세대가 지나가는 과정에서 그러한 치명적 과오를 잊어버리는 망각 현상 때문에, 수세대 후 같은 과오를 저지른다는 뜻으로 받아들여야 할 것이다. 이렇게 되면 세대를 거쳐서 습관화가 순환하는 것처럼, 인문적 가치도 보다 큰 싸이클을 가지고 순환되는 것으로도 볼 수 있고, 이러한 현상들도 초습관화나 초심근화에 의한, 중독성의 결과로 압축해서 볼 수도 있을 것이다.

문자가 없던 시기는 여러 세대가 지나면 기억은 와전되어 잊어버릴 수 있지만, 문자로 기록되어 전승되고 있는 역사적 사실들을 추억 회상하여, 세계 대전 같은 역사는 반복되지 않도록 하는 것이, 사람이라는 동물의 영명함이 아닌가 한다.

사람의 행동과 마음의 씀씀이가 중독성 같은 것으로 반복될 수 있다고 보면, 세계 대전의 끔찍함이 핵전쟁으로 확산할 수 있음도 살펴, 반복의 과오를 되짚어보는 현명함을 우리에게 요구한다고 본다.

본능 선택 개념의 일반화

우리는 어떤 일이나 행동을 반복하게 되어서 너무도 익숙해지면, 그것을 보지 않고도 저절로 그것이 이루어지도록 하는 것을, 상당히 경험하거나 볼 수 있을 것이다. 그것은 너무 오랜 기간 반복적으로 같은 행동을 하면, 나도 모르게 그 일을 실현하는 것과 같다. 그러한 것이 반복되고 세대를 초월하여 통세적으로 선택되면, 중독된 것처럼 자율 신경화되어 본능화된다고 보는 것이다.

그것은 우리가 군사 훈련에서 너무도 익숙해지면, 위급 상황에서 훈련된 행동들이 저절로 실현되어, 자신의 안전을 지킬 수 있도록 생체적 반응이 중독화되는 것과 같을 수 있다. 그리고 권투 선수가 링에서 시합하는 과정의 공격과 방어의 행동은, 너무도 연습에서 익숙해져서 그러한 것이 중독된 것처럼, 잽을 날리고 방어적 모션으로 돌아오는 것과도 같을 수 있다.

이러한 것은 의식적으로 지시를 하거나 고의적 선택보다는, 나도 모르게 실현되는 것으로 보는 것이 합리적으로 보인다. 이렇게 어떤 행동이 훈련을 통해 익숙해진 것처럼 저절로 반복되어 나타나는 현상을, 본능적 반응이라고 할 수 있는 것이다. 그러면 이러한 행동이 지속적으로 반복되어 자율 신경화를 실현했다면, 그것은 중독성을 넘어서는 반응으로 보아야 할 것이다. 이렇게 어떤 행동이 지속적으로 반복되는 시간의 길이와 반복되는 횟수의 증가가 높을수록, 실현될 가능성이 높은 것으로 보는 것을 중독성의 강도가 높다고 할 수 있다.

그러면 당연히 시간의 길이와 반복의 횟수가 중독성을 강화하는 지표로 보아, 인류 시원의 초기 행동들이 지금까지 지속되는 것이 있다면, 그것이 우선 선택되어 실현될 것이라는 것을 알고 있는 것으로도 될 수 있다. 그리고 인류사 기간 동안 실현된 횟수가 많은 행동들이, 무조건적으로 나타날 확률이 높다는 것도 기정사실화된다고 볼 수 있다. 이러한 개념이 본능 선택 개념의 일반화라고 할 수 있다.

그러면 우리는 지나간 행적들을 유추해보면, 통상적으로 특별한 조심성 없이 행동할 때, 어떤 행동을 하게 되는지를 알고 있다고 볼 수 있다. 이것이 본능 선택 개념이다. 그렇다면 우리는 약간의 지성적 고려가 있는 사람이라면, 어떤 사안별 본능적 행동이 자연스럽게 선택되어질 것도 알고 있을 수 있다. 그런데도 그러함의 본능에 의한 이기심 때문에 그 일을 그르칠 수 있는 것도 알고 있으면서, 그대로 실현되게 방치해두는 것일까, 라고 의문을 제기해보지 않는가? 그리고 결과가 사회적 강요인 도덕과 규범에 맞지 않아서, 스스로 위축되어보기도 하고 또 비난을 걱정해보기도 하면서, 자신을 탓하여 우울감을 느낄 수 있는 상태에 이르는 것을 방관했을까?

그것은 본능적 선택이어서, 거부감 없이 나도 모르게 저절로 실현되었기 때문일 수 있다. 그래서 자신을 열등하다고 비하해본 적이 있다면, 그것은 자신의 잘못이라기보다는 심리적 중독성에서 오는, 초습관의 발현으로 살피는 것이 합당하다고 본다. 그리고 그러함을 마음 상해하지 말고, 마음의 심근성이 그러할 수 있음을 양해하고, 다음부터는 어떤 선택에서 약간의 고려와 생각의 여유를 가져보면, 무엇을 선택해야 할지가 선명해질 수 있다.

본능적 행동은 자율 신경화되어, 그 지속 기간의 길이에 비례하여 중독성이 강화되고 있는 것을 이해하고, 또 그 반복 횟수의 높음이 중독성을 비례 강화하는 것도 염두에 두면, 본능적 행동은 순간 선택과 자동 시행의 결과이기 때문에, 현실에서는 생각할 시간이 있고 분별할 여유가 있음을 살피면, 바람직한 선택이 가능해질 것이다.

잃어버린 고리 원인의 소멸과 도태

||||||||||||||||||

우리는 우주라는 개념의 다른 표현으로 볼 수 있는 하늘이라는 개념

을, 최고의 절대 개념으로 보고 이것을 지구 역사의 시원 개념으로 볼 수 있을 것이다. 그리고 지구상에 생명체가 살아가면서 자연사가 시작되었고, 그 시기에 인류라는 동물의 한 종이 지구 생명체의 일원으로 편입되므로, 인류사라는 개념을 정립하고 수용하게 되었다.

그렇다면 동물적 자연사와 사람이라는 인류사의 초입은, 어떻게 연결되고 있고 언제부터를 인류사로 보아야 할까? 우리는 인류라는 생명체의 종이 어디서 기원했는지를 지구상에 볼 수 있는 곳이 없다.

일반 선사의 연구는 고고학과 지질학의 범주인 지사학에서 생명체의 화석으로부터, 현세의 생명체를 추적 연구하여 그 계보를 정리하고 있는 과정이다. 그러면 사람의 계보는 어디서 시작해서 어떤 진화 과정을 거쳤을까? 인류는 영장류의 한 계보로 보아서, 두 발 걷기가 가능한 시점부터를 초보적 인류로 인정하는 것 같다. 두 손은 자유로워졌으나 도구의 발전은 거의 없었고, 또한 불을 활용할 수 있는 지혜가 축적되기 전부터를 인류사에 편입시킨다면, 포식자에게 쫓겨서 인격이라는 존엄이 압살되고 있는 기간은 어떻게 해야 할까?

그러한 시기는 외형상 인류의 형상은 하였지만, 동물의 행동학을 따르고 있는 생명체로 보아야 할 것이고, 본능이라는 기능적 움직임으로 있었던 시기를 구분하기 위해서 선인격기로 분류했다. 그리고 명실공히 사람의 존엄이 보장될 수 있는 시기부터를 인격기로 분류하여, 불의 사용으로 인한 맹수의 제압과 최고의 강자라는 자존심으로 무장될 수 있는 시기부터를, 인문적 관점에서의 참 인류사로 보는 것이 합리적일 수 있다. 그렇다면 사람을 사람답게 통제하고 제어할 수 있어지는, 마음이라는 형이상학적 얼개는 어디서 왔을까가 인류사의 오랜 숙제였을 수 있다.

그리고 그러한 생각들이 논의되고 자리 잡아갈 무렵부터 사람은 어디서 왔고, 무엇 때문에 살고 있을까라는 말도 안 되는 질문을 하기 시작했을 것으로 본다. 이러한 인문적 사고의 시작이, 철학이라는 형식의 생각 체계를 만들었을 것이고, 종교라는 신앙도 만들어갈 수밖에 없었을 것이다. 왜냐하면 사람이라는 동물 종은 불을 얻어 준신에 속하는 반열에 오르면서, 자만이라는 오만함이 자존의 수준을 넘어섰을 것으로 보고, 그러한 자만이 모르는 것이 있는 것을 수치스러워했을 수 있다.

그러함에서 마음이라는 것과 사람의 존재라는 질문은 해결이 불가능한 영역이었기에, 신의 영역으로 의탁해서 모든 것을 신에게 책임 지워버리는 상당히 편리적인, 무책임으로 무장해버린 것이 아닌가 싶다.

그리고 불을 얻기 전의 인류 선조인 원숭이를 닮은 사람인 원인에서 시작해서, 불을 얻고 인격이 생긴 시점까지를 영위했던 현명해지고 지혜로워진 원인들이, 지구상에서 사라져서 몇 조각의 뼈로만 남아있기 때문에, 그들이 어떤 생각과 마음을 가졌는지를 고고학적으로도 알 수 없기 때문이다. 물론 일부의 도구 등은 있을 수 있으나, 인문적 역량을 가늠할 수 있는 고고학적 자료가 없기 때문에, 자연사와 참인류사 사이에 간극이 생겼고, 그것을 보충하거나 또는 동물적 원인과 인문적 인류를 같은 반열에 두는 것은, 너무도 불공평하다고 생각할 수 있기 때문이다.

그래서 그 빈 간극을 철학이 시작되던 시점에서 신의 영역으로 의탁해버렸고, 그것이 그동안 신앙적 철학적으로 그러할 것이라는 가정에

서 출발한 개념으로, 고착되고 안정적으로 안착되었는지도 모른다. 동
물적 원인과 인문적 인류의 끝과 시작이 고고학적으로 증명이 곤란해
지면서, 마음의 출처는 탐구 대상에서 사라져버렸다.

2

본능화 중독을 배제하는 관점 Ⅰ

    ✎ 우리는 행동의 반복에서 오는 습관화와, 같은 행동을 반복하도록 동의하고 지원한 마음의 감성적 공감과 정서적 공유의 중복이, 이러함을 더욱 강화되도록 하는 것을 마음의 근육이 생긴 것으로 또는, 마음의 뿌리가 성장해가는 것으로 보는 관점을 '심근화'라고 하였다. 그리고 이러한 행동의 지속적 반복을 지원한 초습관화와 초심근화가, 상당한 중독성으로 작용해서 본능적 행동을 강화하는 기제로 설명했다.

    그러나 이렇게 행동의 반복과 마음의 열망에서 오는 본능적 움직임을, 영혼이 지배하는 정신의 영역으로 보아 신에게 의탁하므로, 실존적 탐구를 차단해버린 것이 아닌지 우려되고 있다. 물론 사람이라는 생명체를 신의 소관으로 분류한 것은, 원인들의 흔적과 뿌리가 없어져서 진화의 고리가 상실된 현상도 중요한 역할을 했고, 사람과 동물의 차별화가 너무도 심하여 구별해보려는, 사존직 의지에서 기인했다고도 볼 수 있다.

그러한 관계로 마음과 본능 등은, 영혼과 정신의 영역에서는 고려의 대상이 아닐 수 있다. 그것은 신께서 동물적 본능 같은 것을 사람에게 주지 않았을 것이라는 것과, 마음이라는 현상은 감정을 동반하므로 본능과 따로 볼 수 없는, 실체적 동질성도 고려해야 했기 때문이다. 그래서 우리는 신성한 영역, 즉 눈으로 볼 수 없는 영혼과 정신의 영역을 신께서 하늘을 통해 사람에게만 주어졌고 동물에게는 주지 않은 영물로, 사람의 자존감의 본질로 보는 것으로 고착되어왔다고 본다.

그러함에서 다른 어떤 사고의 확장도 사람의 존엄을 훼손한다고 보아, 불경의 논리로 원천적으로 배제한 것으로도 생각할 수 있다. 이러함이 보편화되어있고 일반화되었다는 사실을 받아들이는 것은, 특별한 문제가 없어 모두가 동의하는 사안으로도 볼 수 있다. 그것은 각 국가나 여러 부족들의 창조 신화나, 개국 신화에서 보편적으로 찾아볼 수 있기 때문으로 미루어 짐작할 수 있다.

대부분의 국가나 민족의 국조나 시조는 하늘에서 내려온, 신령한 존재로 신격화되어 신성시되고 미화되고 있기 때문이다. 이러한 신화적 전설이 모든 부족 모든 국가의 사회적 공감으로 수만수천 년을 내려왔다면, 그것을 의심하거나 다르게 보려는 태도는 그들 국가나 민족을 비하할 수 있어, 금기시되는 것은 상대를 대하는 예의 같은 것으로 불문율화되어 있는데, 사람을 움직이게 하고 공감하게 하는 마음의 본질을, 행동의 습관화 또는 심리적 심근화에서 오는 중독성이, 본능적으로 우리를 움직여서 행동하게 하는 얼개로 본다면, 누가 그것을 받아들이려 할까.

그래서 우리는 그러한 영역을 신의 영역에 보관해두므로, 훼손과 변질을 방지하고 스스로 존엄하고 신비함이 있는 영물로, 인정받기를 바라는 자존심이 그렇게 되도록 했는지 모른다. 그리고 그것은 모든 종교와 철학에서도, 그러함을 받아들여서 보편화 일반화하고 있기 때문에, 다른 관점의 접근은 누구도 허용하지 않는 절대적 신성불가침의 가치로 고착되고, 배제된 것으로 생각할 수 있을 것이다.

이러한 것은 사람에 대한 존엄함의 존중이기도 하지만, 사람의 능력으로 알 수 없어 판단을 보류해두고 일시적으로 훼손 방지를 위해, 박물관 수장고 같은 데 보관해둔 고고학적 유물 같은 것으로, 너무도 소중하고 비교할 수 없는 값짐이 있는 것이어서 함부로 고증하는 것을, 지극히 두려워하는 것은 아닌가도 의심스러울 수 있다.

왜냐하면 너무 오래도록 방치한 것으로도 볼 수 있기 때문에, 하늘나라의 우주를 탐구해서 과학적 해석이 가능해진 시점의, 올바른 자세일까를 살피면 어떨까 해서이다.

마음과 의식을 신이 주었다는 관점

우리는 살아가면서 지구상의 많은 생명체를 보고 그들의 삶과 성장, 그리고 생존과 번식에 대해서 자연스럽게 알게 되는 것이 대부분이다. 그리고 그들 생명의 시작이 유성 번식 또는, 무성 번식에서 유래되고 있음도 기초적 교육을 통해 알게 되었고, 초기 생명체의 세포 분열이나 포자 번식 및 양성의 화합에 의한, 고등 생명체의 번식과 확산을 개략적으로 알고 있다.

특히 움직이는 생명체는 자신을 확인하고 외부 환경에 적응하기 위해, 감각이라는 것은 필수의 요소일 수밖에 없다. 감각이 없으면 자신이 있는지 없는지를 모르기 때문에, 죽었는지 살았는지를 구분할 수 없어 생명체의 기능을 잃어버리기 때문이다. 움직이는 생명체가 살아가려면 자신을 느끼고, 외부 환경에서 살아남기 위해 감각 기능은 생명 시작과 함께 부여되었다고 보아야 한다. 그리고 이러한 감각 기능이, 자신의 삶에 유리한 것인지 불리한 것인지를 판단하는 과정을 의식이라고 보고, 그러함이 실현되어 삶에 합리적으로 적응하도록 도와주는 과정을, 생각으로 볼 수 있을 것이다.

그렇다면 일반적으로 생명체가 살아가기 위해, 필요한 기본적 요소들이 감각과 그에 따라 작용하는 의식과, 감각과 의식의 작용을 조합하여 삶에 유리할 수 있도록 응용하는 작용, 또는 능력을 생각이라고 할 수 있을 것이다.

그렇다면 마음은 어디서 왔고, 어떻게 움직일 것일까라는 의문이 생기는 것은 당연한 과정일 수 있다. 그리고 그것이 무엇인지를 잘 모르기 때문에, 그냥 신이 준 것이라고 막연히 생각하고 묻어둘 수밖에 없었다. 그것은 잘 모르는 것을 설명하여 알려고 하면 그것이 너무도 복잡해지고, 그러한 복잡함 때문에 설명의 앞과 뒤가 서로 꼬이고 엉켜서 해결할 수 없어지는, 이해할 수 없는 상황으로 흘러가기 때문이다.

그렇다면 그것을 영구 미제 사안으로 처리하여, 캐비닛이나 수장고에 넣어둘 수밖에 없는 것이 현실이기 때문에, 신에게 의탁하면 전능하신 신께서 해결해줄 것으로 믿으면 되는 것이다. 이렇게 신께서 마음과 의식을 주었다고 생각하면 모든 것이 해결되고, 복잡함이 선명해지기 때문에 매우 좋은 방법의 하나일 수 있다.

그렇다면 어떤 신께서 주었느냐가 문제일 수 있다. 어느 지역이나 부족에서 신이 없는 곳이 없고, 그리고 그 신들이 모두 다를 수 있어, 지역과 부족의 공감에 의해서 서로 다른 결과가 나올 수 있음에서이다. 그리고 신이라는 형이상학적 상상의 존재는, 오랜 전설과 설화의 시대에서부터 수많은 신들이, 지역과 대륙에 따라 각각 다르게 정의되고 있어, 우선 그들을 알아가는 과정이 또한 복잡하고 어려울 수 있다. 그것은 그리스-로마 신화의 수많은 신들의 전설과, 인도-이란권의 수많은 힌두-아랍 신화들 그리고, 중남미의 마야와 잉카의 전설과 신화들에서 어떻게 정리하고, 해석해서 합리적 추론을 이끌어내야 하는 문제도 있는 것이 현실이라고 본다.

이러한 신들의 정체성과 특성들이 모두 다르고 해석의 방법도 다양해서, 어떤 것을 수용해야 할지도 또는 설명이 어렵고 혼란할 수밖에 없다. 그래서 이러한 복잡함도 또한 신에게 의탁해야 하는 형편이 되면, 결과를 도출하는 것은 불가능할 수 있다고 본다. 그렇다면 이러한 것을 해결해서 단순화하기 위한 새로운 시도가 필요해지고 그것은, 더욱 강력한 유일신을 창출해서 이 문제를 해결해야 하는 난제에 빠져들게 된다. 이렇게 해서 세상에는 매우 크고 훌륭하다는, 유일신 체계가 사람들에 의해서 이루어지고, 그들 유일신의 해석 체계의 다름에 의한 수많은 사람들이, 자신들의 옳음을 위해 충돌하는 것은 아닌가 한다.

마음과 의식을 하늘이 주었다는 관점

IIIIIIIIIIIIIIII

이렇게 마음과 의식의 기원을 신들에게서 출발하게 되면, 그들 신화의 설명과 이해도에서 서로 다름이 있을 경우 부딪칠 수밖에 없고, 이것을 슬기롭게 순화하지 못하면 커다란 충돌로 발전할 수 있다. 그것은 신들의 힘이 강력할수록 더욱 강하고 격렬하게 부딪쳐서, 상당한 문제를 일으킬 수 있다. 그리고 이러한 것이 신화의 영역에서 조화롭게 해결되지 않으면, 그러한 문제를 신에게 의탁한 사람들에게까지 영향을 줄 수밖에 없고, 신들의 충돌을 대신해서 사람들이 서로를 비하하고, 비난하고, 매도하는 새로운 복잡함으로 빠져들 수 있다.

이러한 문제를 보다 부드럽게 하여 충돌을 줄이고, 공존할 수 있는 소지를 제공하는 것이 하늘이라는 절대 우주의 포용력이다. 우리는 밝음으로 대표하는 빛을 하늘에서 왔다고 생각해서, 하늘과 빛을 동일시하는 경향이 있다. 그것은 빛이 없으면 우리는 아무것도 볼 수 없고, 있어도 어떤 것인지를 정의하기가 난감하기 때문에 빛의 존재를, 우리의 의식이나 생각 또는 지성이나 지혜 같은 것으로 추상화할 수 있다.

이렇게 빛은 모든 생명체가 살아가는 데 중요한 이정표 같은 것이 될 수 있어, 빛을 신성시할 수밖에 없고 그들 빛이 하늘에서 왔기 때문에, 하늘을 더욱 신성한 것으로 추앙하고 있다. 이러한 사유의 바탕에서 우리가 잘 모르고 이해하기 어려운, 마음과 의식의 기원을 하늘에서 왔다고 하면, 신성해질 수 있어 존귀해질 수도 있고, 보다 따뜻하고 부드럽게 느껴질 수 있기 때문에, 그렇게 믿고 싶어서 그렇게 했는지도 모른다. 그렇다면 하늘이 어떻게 우리에게 마음과 의식을 주어서, 우리가 행복하게 또는 슬기롭게 살 수 있는 것일까? 신이라는 하늘과 사람을 연결하는 존재가 있으면, 그것을 우리에게 가져다줄 수 있는데, 하늘은 그냥 그 자리에 있는 실물적 천체일 뿐인데, 어떻게 우리에게 마음과 의식을 배달시켰을까?

그것은 사람과 사람 사이의 의사 전달도 말이라는 소통 수단을 빌어 하듯이, 하늘이 사람에게 천명이라는 이름으로 명령한 것으로 생각한 것이, 고대 중국 문화권에서 보편적으로 받아들이는 소명적 사고의 바탕이고, 그것이 근세까지도 천자라는 수단을 통해 실현되었던 것으로 보고 있다. 그리고 천명은 어떤 격식이 정해져있는 것이 아니고, 스스로 군자라고 생각하는 앞선 사람들에 의해 소명 의식으로 받아들여져서, 그냥 스스로 옳음과 바름을 가지고 지상에 그 뜻을 실현하려고 노력하는 것이, 곧 수신과 공부고, 치국이고, 평화롭고 행복한 세상일 수 있다.

이러한 것은 누구나 하늘로부터, 높고 훌륭한 뜻을 받아 실현할 수 있으면 가능한 것인데, 그것이 하늘에 좋은 것인가 사람에 좋은 것인가의 구별이 필요해졌고, 모든 사람이 좋다고 하는 것이 곧 하늘이 공감하는 하늘의 뜻이라고 한 것이, 천명을 빙자한 민본 사상으로 볼 수 있고, 이것이 현대 민주주의와 사고적 바탕과 비슷하다고 볼 수도 있다.

이렇게 천명에 의해 마음과 의식이 왔다면, 굳이 선비나 군자에게만 배달되었을까? 아니면, 모든 사람들에게도 마음과 의식이 나누어졌을까? 과거에는 학문을 깨우치지 못한 우매한 사람들에게는 배달되어있어도, 그것을 풀어서 무엇인지를 알 수 없는 것이어서 있으나 마나한 것이고, 군자나 선비와 같이 깨우친 사람들만이 그 선물을 풀어서 보고 이해하고, 그것을 지구상에 실현하려고 하는 것을 도고, 덕이고, 예고, 성이라 한 것으로 추론할 수 있다.

그렇다면 그것을 태어날 때 받았을 가능성이 높은데, 죽으면 어떻게 될까? 하늘에서 날 때 받았으니 죽을 때, 하늘로 반환하는 것으로 생각했을 수밖에 없을 것이다.

마음과 의식을 창조주가 주었다는 관점

사람은 계속 지구상에서 살아가는데, 사람의 정신과 영혼, 마음과 의식을 신이 주었고 하늘이 주었다고 하면, 이것은 형이상학적 개념으로 보이지 않는 것이어서, 누구도 눈으로 보고 증명할 수 없는 영역으로 보내진 것으로 볼 수 있다. 그러면 눈으로 보고 우리가 영혼과 정신 또는, 마음과 의식을 가지고 살아간다는 것을 증명할 수 있는 것은, 현실을 살아가는 생명체인 신체 즉 각자의 몸일 것이다.

그렇다면 몸은 어디서 왔기에 혼자서는 움직일 수가 없어서, 하늘과 신에게 구걸하여 형이상학적 영물을 받아, 생명체로 특히 지상의 최고의 강자로 살아가는 것일까? 몸이 처음부터 지상에 있었고 어떤 신령한 동물에게서 발전하여 사람으로 변했다면, 그때 신령하기는 하지만 동물일 때, 동물로서의 정신과 마음이 있었을 것은 아닌가 하는 의문이 생긴다.

만일 동물일 때 마음과 정신이 하늘이나 신께서 선물로 준 것이라면, 그대로 진화해서 다른 동물처럼 후대에 계속 그러함을, 유전적으로 물려주는 결과가 되었을 수 있다고 보는데 그렇게 보면, 동물과 사람 사이의 차별화와 구분이 혼란스러워질 수도 있다. 혹 사람이 동물일까 아니면 동물이 아니고, 사람으로서의 신령함과 영명함이 따로 있는 것일까? 만일 그렇다면 다른 동물들도 그렇게 될 수는 없는 것일까라는 의문이 생기고, 오랜 세월이지나 만일 그러함이 가능하다면, 사람은 어떻게 되는 것일까라는 질문에 대답해야 하는 상황에 몰릴 수 있다.

이 문제에 대한 대답 또한 혼란스럽고 골치 아픈 문제일 수밖에 없어, 이것도 신에게 의탁해버리면 어떨까? 신께서 일목요연하게 잘 정리해주시지 않을까? 이렇게 되면 마음과 의식을 신께서 주셨듯이, 우리의 육신도 신께서 만들어줄 수도 있을 것이다. 그렇다면 정신과 영혼또는 의식과 마음 같은 것은, 보이지 않는 형이상학적 영물이기 때문에 신이나 하늘이 보냈다고 볼 수도 있으나, 인간의 신체는 실존하는 실물이었기 때문에, 어떻게 만들고 보내왔을까라는 의문을 갖게 된다.

이러한 질문에 대한 해답으로, 많은 대륙의 창조 신화가 내려오고 있는 것으로 알고 있다. 북−중유럽의 창조 신화가 있고 아랍의 메소포타미아−바빌론의 창조 신화도 있고, 애즈텍의 마야 신화도 있을 것이며 중국과 인도의 창조 신화도 전해지고 있으며, 지중해 연안의 동부나 동남부의 창조 신화도 전해지고 있다.

그렇다면 이 많은 창조 신화 가운데 어떤 것을 받아들여야 할까? 이것도 신께서 의식과 마음을 주었다고 할 때, 여러 많은 신들이 있어서 그 설명과 이해가 혼란스러운 것처럼, 신체의 창조 신화도 역시 혼란스럽고 복잡할 수 있다. 그리고 신화는 전설처럼 모두가 구전되어 오다가 문자가 생기고 나서, 문자로 기록되어 경전화하였을 것이다. 만일 인류 시원부터 문자가 있었다면, 신화나 전설이 아니고 역사와 문화로 정착되었을 것이다.

그렇다면 현대의 문화에서도 문자가 있는 고대 국가나 부족의 문화와 문명의 발전이, 문자가 없는 국가나 부족의 발전보다 유리한 것으로 인정할 수 있다면, 이러한 창조 신화를 문자로 먼저 표기한 부족이나 국가가 유리해질 수 있다.

그것은 경전화가 먼저 되었기에 보전과 교육 등을 통해, 훨씬 유리한 전승 체계를 형성할 수 있기 때문이다. 그렇게 되면 경전화가 안 된 창조 신화는 도태되어서 소멸할 수도 있을 것이다. 지난 수십 세기 동안 많은 국가가 있었지만, 문화나 문명 수준의 차별에 의해 소멸되거나, 도태되어가는 부족 또는 국가도 있을 수 있었던 것처럼, 창조 신화도 비슷한 과정을 거쳤을 수 있을 것이다.

진화와 불과 인류

인류라는 생명체가 창조되었고 생명체 유지와 지속에 필요한 소프트웨어인, 정신과 영혼 또는 마음과 의식을 하늘에서 또는 신께서 주신

것이라면, 살아있는 동안은 동물의 것이지만 죽어 없어지면, 이들 형이상학적 존재인 영혼이나 마음 같은 것은 어떻게 될까? 그것은 소유권이 누구에게 있는 것일까? 만일 하늘이 주었다면 하늘로 돌려보내는 것이, 그리고 신께서 주어서 소유권이 신에게 있다면, 당연히 반환하는 것이 옳을 것으로 본다.

그래서 모든 사람은 창조주인 신이나 하늘과 연결되어있다고 생각할 수 있어지고, 국조나 시조가 하늘에서 왔다고 하는 것이 신빙성이 생기는 것이다. 그렇다면 영혼과 마음은, 하늘 또는 신에게서 와서 하늘 또는 신에게로 돌아가는 회귀 사상과, 이를 반복적으로 순환하므로 영원할 수 있는 영원 사상의, 근거를 제공했다고 볼 수도 있을 것이다. 이렇게 영원회귀 사상이 자리를 잡으면, 육신인 몸은 어떻게 됐을까?

몸도 신께서 창조하셨으니 창조주인 신에게로 환원되어야, 영혼과 마음의 관계처럼 합리적 소유 관계 또는 주종 관계가 형성되는 것은 아닐까 싶은데, 몸은 죽어서 땅으로 돌아갈 수밖에 없는 것을 어떻게 설명하고 이해해야 할까?

물론 몸은 부모에게서 받아서 땅에서 나는 음식을 먹고 형성된 것이니, 땅으로 돌아가는 것은 영혼과 마음의 회귀 과정과 같은 것으로 생각하면, 별 문제가 없어 정리될 수도 있을 것이다. 그러나 우리의 몸은 유전이라는 개념에 의해서, 부모와 조상의 모습과 유전자가 그대로 이어지는 것으로 모두가 이해하고 있는데, 형이상학적 소프트웨어만 갔다가 왔다가 하면, 하드웨어인 신체와 정신 또는 의식이 서로 조화롭게 잘 유지될 수 있을까? 이러한 부조화를 방지하기 위해서, 새로 태어나는 사람의 영혼이 그들의 조상의 영혼이라고 하면, 연속성은 인정되나 동일성에서는 문제가 있을 수 있기 때문이다.

즉 살아있는 과정에서 죄를 지은 사람과 죄를 짓지 않은 사람의 관계에서, 죄 있는 사람의 영혼은 지옥으로 갔다면, 같은 유전자를 갖고 있는 자손들의 몸으로 들어와야 하는, 하늘의 조상들 영혼이 숫자적으로 부족해질 수 있는 문제가 생길 수 있을 것이다. 그리고 신이나 하늘이 영혼이나 마음을 주었다면, 하늘과 신은 전능하고 절대 선함으로 숭상되는데, 그 영혼이나 마음을 받은 사람이 살아가는 과정에서 환경과 경우에 따라서, 어떨 때는 악해질 수도 있을 것이다. 그리고 그러함을 현실에서 상당히 보고 있는데, 이러한 악함 또는 나쁨은 어디서 온 것일까? 이것도 하늘이나 신께서 보낸 것인가가 우려스럽다는 것이다.

그리고 우리를 움직이게 하는 마음은 감정이라는 것이 있어서, 동물적 본능 같은 것을 배제할 수 없는 것이 현실인데, 이러한 감정과 본능도 하늘과 신이 주었을까 하는 것이다. 이것은 절대 선으로 무장된 하늘과 신의 뜻과는 다른 현상일 수도 있어, 상당한 고려가 필요해진 것으로 본다. 그러함으로 영혼은 하늘에서 왔다고 할 수 있어, 하늘로 갈 수도 있는 것이니 특별한 문제가 될 수는 없어나, 감정의 표현을 담고 있는 몸은 본능적 움직임을 상당히 포함하고 있고, 이러한 육신은 부모에서 와서 자손에게로 이어지는 속성 때문에, 감정과 마음 같은 본능과 함께 있는 속성을 갖는 존재로 보아, 몸과 함께 자손들에게 상속 유전되는 것은 아닐까.

이렇게 동물적 본능을 포함하고 있는 감정과 마음은, 신체적 속성의 표현으로 보여지는 것이어서, 신체적 초습관이나 초심근화에 의해 형상 기억 시스템처럼 일정한 여건이 되면, 자연적으로 신체적 기능에 의해 자동 작동되는 것은 아닐까 하는 것이다. 이것은 사람이 불을 얻어 진화되는 과정에서의, 지식 정보를 바탕으로 한 습관의 지속과 관행화에 따른 감성적 공유가, 마음이라는 형식으로 유전될 수 있을 것으로 보는 것이다.

3

본능화 중독을 배제하는 관점 Ⅱ

✎ 우리는 지금까지 사람의 사람다움을, 몸과 함께 선조로부터 유전 복제되어진 것인지 아니면, 하늘과 신에 의해서 사람다움의 영험함과 존귀함을 주셨는 관계로, 유전 복제와는 관계없는 형이상학적 현상으로 설명하므로, 원천적 접근에서 서로 다름을 다루었다. 이러한 과정은 원천적 강요인 자연적 강요와 사회적 강요의 특성을 견주어볼 때, 몸과 마음은 자연적 강요인 본능을 따랐을 것으로 볼 수도 있고, 사람다움과 존귀함이 영험함으로 볼 수 있는 이타성 같은 것은, 사회적 강요에 속하는 것이 아닌지 살펴볼 수 있게 되었다.

하늘과 신의 뜻은, 모두가 함께 평화롭고 행복하게 잘 살 수 있기를 바라는, 이타성 같은 것으로서 공존의 지혜를 주셨다고 볼 수 있어, 이것은 우리 사회를 유지하는 도덕과 규범 같은 것과 동일한 효과를 나타낸다고 볼 수 있을 것이다.

그러나 이러한 원천적 강요도 선천 열성 후천 우성에 의하여, 필요에 의해 또는 생존의 유리함을 위해 변화될 수 있음도 살피었다고 볼 수 있다. 그렇다면 이러한 원천적 강요가 습관화 관행화되어 공감대가 형성되고, 모두 동의하는 정서적 공유를 통해 초습관화 초심근화를 거쳐 중독성이 있는 것처럼, 반복 지속되는 것으로 볼 수도 있었다. 그러나 행적의 습관화 심근화는 태생적 동시성에 의해서, 자연적 강요가 우선 승계 지속되었고 사회적 강요는 사회 구성원으로 편입되면서, 학습 승계되는 것이 아닌가 하는 태생적 시차성이 있는 것으로도 이해할 수 있다.

그렇다면 사회적 강요의 태생성을 어떻게 설명하고, 이해해야 할까라는 문제가 될 수 있다. 사회적 강요는 대부분이 이타성을 바탕으로 하는, 공존의 질서를 요구하는 도덕과 규범 같은 것으로, 사회라는 공동체를 구성하고 유지하는 가장 기본적 본질로도 볼 수 있어, 사람다움의 핵심적 덕목이 될 수 있음에서 상당한 우려가 있을 수 있다. 그리고 선천 열성, 후천 우성에 의해서 행적의 지속성이 변화가 되더라도, 본능에 속하는 자연적 강요는 영향이 적을 수 있어 보이는 반면, 도덕과 규범에 속하는 사회적 강요는 사회 구성원의 합의로, 언제든지 변화될 수 있는 것이 아닌가 싶다.

그것은 쉽게 말해서 우리 전래 가족 제도였던 대가족 제도가 후천 필요에 의해서, 핵가족화되어 가는 과정과 같이 변할 수 있고 또 필요에 의해, 개인주의가 강화되면서 1인 가구가 늘어나는 현상들을 보아도 쉽게 알 수 있을 것이다. 그리고 사회 제도에서도 절대 왕정에서 공화제로 바뀌고, 대의 민주주의로 바뀌어지는 과정에서도 알 수 있다고 본다.

이렇게 우리의 삶에서 중요한 행동 양식들이, 본능화 중독이라는 초습관화 초심근화를 통해서 오래도록 지속되기도 하지만, 습관화라는 것이 인류의 삶에 유리 불리함을 그동안의 지식 정보를 고려한, 지성적 판단과 현실적 상황을 분석하는 이성적 슬기에 의해, 변화가 불가피해지고 그것을 모든 사회 구성원들이 동의하여 새로운 행적을 남기고, 그들의 후대 자손들이 여러 세대에 걸쳐 그러한 행적이 세습화되었다면, 새로운 초습관화가 중독성을 나타내면서 지속될 것이기 때문이다.

그리고 이러한 지성적 고려와 이성적 분석으로, 슬기롭게 새로운 행동을 실현할 때마다 마음의 동의와 정서적 공감 또는 감성의 공유가 있을 것으로 보면, 심근화가 초심근화로 전이하면서 심리적 충동성도, 상당한 반복성으로 중독성이 느껴질 수 있을 것이다. 이렇게 언제든지 초습관화 초심근화로 후천 변화가 생길 수 있어, 근세와 현대에서도 그러함의 변화가 지속될 것으로 볼 수 있다.

습관 관행 타성의 문제

많은 선천의 습관들이 초습관화를 거쳐, 반복의 가능성이 강화되면 본능화되는 것으로 느껴지고, 이것이 중독성을 보이는 것처럼 지속 중첩될 수 있다. 그러함 중에서도 사회적 강요에 속하는 규범 같은 것들은 필요에 의해, 후천적으로 변화되고 그것이 자연적 살기의 영향으로 세습되면, 선천의 규범은 열성화되어 도태되거나 사라질 수 있다.

이런 것의 영향으로 습관, 관행, 타성 같은 것들이, 후천의 세습습관화를 통해 지속되고 반복되면, 선천의 습관, 관행, 타성들이 변화되어 없는 것처럼 세습되므로, 초습관화를 통한 중독성 같은 것은 없어진 것으로 볼 수 있을 것이다. 그래서 결과적으로 본능화 중독이 배제된 것처럼 보일 수 있지만, 후천 우성의 다른 세습습관화가 새로운 초세습관화 과정으로 진입하고, 그것이 반복 지속되면 유사한 본능성 중독 같은 효과를 나타낼 수 있어, 결과적으로 같은 지속성과 반복성을 갖는 것으로 보여진다는 것이다.

이렇게 후천의 습관과 관행이나 타성 같은 것들이, 우성화되어 우선 행적으로 실현되면, 시원초의 습관화 행적과 초세습관화의 행적들은 소멸되었거나, 도태된 것으로 인정될 수 있어 본능화가 제한되고, 그러함의 연장선상에서 중독성은 배제된 것으로 볼 수 있다. 그러나 새로운 습관화가 그 자리를 대체했을 뿐, 속성의 동질성은 유지되는 것으로 보면, 결국 그것도 감성적 공감에 의한 감성화를 거쳐, 새로운 기능성 자동 반복의 중독성으로 전이할 수 있는 것이 된다.

이러한 후천의 습속들은 대부분 사회적 강요에 속하는 도덕률 같은 것으로, 자연적 강요인 본능 또는 본성과 비교하면 후천 시간 비례성의 강도에 의해, 언제든지 변화될 소지를 안고 있다고 볼 수 있을 것이다. 그것은 시간의 길이에 비례하는 반복성의 강도 강화에서 오는 현상으로, 약간의 주의나 경계가 소홀해지면 강도 비례성 중복에 의해서, 시원초 습관화나 또는 초세습관화의 행적들이 불현듯 튀어나올 수 있어, 일반적 관행들과 부딪치는 현상이 생길 수 있고, 이러한 강도 중독성으로 재현되는 행적은, 주의 소홀에서 오는 실수나 착오 같은 것일 수도 있다.

그러나 자연적 강요에 속하는 생명 본질의 이기적 본능 같은 것은, 그것이 지속성 시간 강도가 너무 높아, 언제든지 재현될 수 있음을 경계할 필요가 있을 것이다. 이것은 강도 비례성 시간성과 반복성의 횟수 비례성의 강도가 중첩되는 현상이기 때문에, 가끔씩 주의 소홀로 재현되면, 사회적 강요의 도덕률 측면에서 보면 인격이나 인품적 흠결로도 보여질 수 있어, 때에 따라서는 그렇게 치부되어 비난될 수 있음을 참조할 필요가 있다.

그리고 후천의 습관이나 관행과 타성들은 당대 수명의 시간성 때문에, 모두가 그렇게 하는 동일한 규범 같은 것으로, 강제성이 있는 것으로도 착각할 수 있으나 그것은 단위 세대의 수명성과 관계될 뿐, 다음 세대의 수명성 기간에서도 같은 반복의 세습성이라는 것을 반복할 수도 있지만, 그렇지 않고 새로운 습관과 관행이 생기고 또한 세습될 수 있음을 고려하면, 세대별 수명성의 단기성 때문에 전체적 초습관화의 시간성과 비교하면, 어떤 경우는 없었던 것처럼 무시할 수 있는 점도 고려할 필요가 있다.

그렇게 보면 현실 당대의 습관화 관행화들이 큰 비중을 차지하지 않을 수 있고, 그러함으로 배제되었던 초세습관화들이 다음 세대에 나타날 수 있어, 중독성 배제가 있었다고 단정할 수는 없는 것으로 귀결될 수 있는 것이다. 이러한 점을 고려하면 당대에는 배제된 것처럼 보이나, 언제든지 회귀될 수 있는 것이 초습관의 중독성으로도 볼 수 있는 것이다.

민족성 국민성 등, 부족 고유성

이렇게 세대의 수명성에 의해서, 그 시대만 함께할 수 있는 습관과 관행이 있을 수 있고, 이러한 세대성의 관행이 생겼다는 것은, 그 시대가 또는 그 세대가 추구하는 가치의 변화로도 볼 수 있어, 그러한 사회적 가치를 시대성 또는 세대성으로 볼 수 있고, 그러한 것이 강화 중첩되면 세습의 과정을 거치면서 더욱 강화되어, 문화라는 트랜드로 발전할 수 있어진다.

이렇게 시대정신 같은 것이 생기면, 그 세대 또는 그 시대에는 그것이 그 사회의 모든 가치를 대변하는 것처럼 느껴져서, 다른 것들을 모두 배제하는 것과 같이, 어떤 가치가 세대성을 넘어 동의되고 시대정신으로 진전되면, 초습관화의 중독성이나 본능성에 의한 자동적 기능 행적을 남기는 것은, 당연히 배제될 수밖에 없을 것이다.

그러나 이러한 시대정신이나 세대 가치가, 많은 세대의 동의를 얻어 공감화되어 관행화되면, 여러 세대의 정서적 공유가 새로운 문화로 새로운 가치로, 정착하는 단계로 진입할 수 있어진다. 이러한 것이 초습관화되고 지속적으로 반복되면서, 세습습관화에서 초세습관화로 진행된 것이 민족성 또는 국민성으로 표현되어지는, 부족 고유성 같은 것으로 여겨질 수 있다.

이렇게 초습관화 초세습관화 수준으로 진전되어버리면, 이것은 선천의 본질적 본성처럼도 보여질 수 있으나, 그것도 시원의 습관화에서 보면 후천의 행적이 우성화되어, 선천의 시원초 습관화를 배제시키면서, 열성화로 내모는 역할을 한 것일 것이다. 이렇게 세대성이 시대성을 지나 세습 세대성 또는 트랜드화가 진척되면, 세대성은 세습성으로 변이되고 어떤 지역의 관행 습관이, 지방화를 지나 도시화 국가화해가는 과정으로 발전할 수 있고, 이러함이 민족성 또는 국민성으로 자리 잡으면, 문화적 고유성으로 존중받을 수밖에 없을 것이다. 그리고 그러한 문화적 가치는 그 시대 그 사회를, 그러한 가치가 표현되어진 문명으로 후대에 기록되고 전승될 것이다.

이렇게 어떠한 시대적 가치가 세대성을 지나, 문화적 가치로 받아들여져서 문명화를 나타내면, 형이상학적 가치가 실존적 가치로 변환되는 과정을 거치게 되는 것이다. 이러함이 초습관화와 초세습관화로 가는 과정에서 본래의 선천성을 열등화로 보아, 무시되고 질시될 수 있는 심리적 따돌림으로 진전될 수 있고, 이러함이 현존의 문화와 문명이 존귀한 것이고, 선천의 본성적 인본 가치나 본능적 생명 가치 같은 시원성을, 열성화를 지나 열등화, 천박화해서 불필요한 가치나 습관으로 몰아갈 수 있다.

이러한 과정의 왜곡 표현이 중세 마녀사냥이라는 포악성으로 나타나면, 인본의 자유라는 가치는 사치품처럼 취급되는, 시대적 반작용을 불러올 수도 있다는 것을 기억해야 한다. 시원초의 초세습관화는 그들 생명체가 살아가기 위한 최소한의 생명권인데, 이러한 것들조차도 악령화라고 박해해서 마녀화를 시도하면, 어떤 시대적 또는 세대적 관행의 동의에서 시작한 변화가, 선대의 모든 초습관화를 거부하고 파괴하는 과정으로 가게 되어, 확실하게 본능화를 차단하고 중독성을 배제한 것이 될 것이다.

이러한 것들이 모두 후천의 습관화에서 유래된 가치지만, 본래부터 유래된 시원의 가치로 호도되고 와전되는 시대성이, 세습습관화를 거쳐 장시간 고착되면, 새로운 다양성의 표출이 차단되어 퇴행적 관행을 만들 수 있고, 이러한 유일성에 의해 사회의 장점인 새로움과 다양성의 융합과 복합을 폐쇄시켜, 자유로운 사고가 박해받을 수 있어지면 인문이 침몰될 수도 있다.

이념, 사상, 주의 등의 영향

사람들의 삶에서 그들이 살아있어야 하는 것과, 그들이 자신들의 생존에 유익함을 위해서 사회라는 공동체를 만들므로, 가장 성공한 동물군으로 자리 잡았다고 볼 수 있다. 그것은 다른 동물군들은 무리 개념의 가족 공동체는 유지되고 있으나, 친족 중심의 가족 공동체와 불특정다수가 모인 사회 공동체와는, 구성인자가 원천적으로 다르기 때문이다. 이러한 사회의 다양성에 의해 더욱 발전하는 계기를 맞은 것으로, 인류라는 집단을 볼 수 있다.

이러함을 바탕으로 보면 생존이라는 자연적 강요와, 공존이라는 사회적 강요는 좀 더 윤택하고 안정된 삶을 위해서, 거부할 수 없는 이익과 명분이 있어, 모두를 원천적 강요로 받아들이고 수용하여 습관화하고 초습관화를 거치므로, 본능화 중독을 격려 지원하는 현상으로 나타났다. 이러한 과정에서 후천 우성, 선천 열성화가 도모되어, 선천의 가치가 왜소해지고, 후천의 가치가 전부인 것처럼 비대해지는 현상을 보일 수도 있을 것이다.

이러함에 의해 태생적 원천의 동질성에 의한 본능화 중독성을 나타냈던, 자연적 강요의 본능적 행동은 위축되어 없는 것처럼 느껴질 수 있어졌고, 공존의 가치인 후천성의 사회적 강요가 과대평가되어 현실에서는, 모두가 이타성을 요구하는 도덕과 규범의 가치를 절대화할 수 있는 것, 또한 선천 열성과 후천 우성의 얼개로 본다. 그러함에 의해 생존이라는 생명권에 속하는, 최소한의 이기와 자유를 자연적 강요의 선천으로 보아, 이타와 공존의 지혜인 봉사적 무조건적 가치로 사회에 기여할 것을 요구하는, 후천 우성에 의해 퇴행화 열성화 또는 무가치화로, 몰아갈 수도 있는 현실을 살펴보는 것이 필요할 것이다.

이러한 것이 가장 현실적으로 나타냈던 것이, 냉전이라는 국제 질서의 사회 체제일 수 있다. 이렇게 이념이나 사상 또는 주의 등으로 집단 무장해버리면, 상대가 가지고 있는 많은 유용함과 장점들이 있음에도 무조건적으로 무시되고, 괴멸시켜야 하는 것처럼 집단성 마약성 충동에 빠져들 수 있는 것을, 우리는 지난 세기 중반에 수많은 전쟁에서 볼 수 있었다. 그리고 이러한 이념, 사상, 주의로 어떤 집단을 사회적 강요로 묶어서 일반화할 수 있는 것도 그것이, 후천이기 때문에 우성화로 선천을 열성화시킨 것으로 볼 수 있을 것이다.

이러한 개념의 사고는 문자가 생긴 이후의 후천 습관화가, 사회적 강요로 선택되어 모두를 집단 의식화시킨 것으로 볼 수 있다. 이념이나 사상 또는 주의 같은 것은 단편적인 이론이나 개념 체계가 아니고, 하나의 체계화되고 시스템화되어 그 흐름에 신빙성이 부여될 수 있는, 경전화가 되었기에 가능할 수 있다. 그렇지 않고 그러함을 구전으로 기억에 의해 많은 사람들을 설득하고 이해시켜서, 동참하도록 유도하기에는 설명하고 해석해야 할 이론이나 개념이 너무도 복잡할 수 있어, 불가능했을 것으로 본다. 그래서 그러한 것들이 19세기에서 20세기에 걸쳐 만연한 것으로 보는 것이다. 결국 이념이나 사상과 주의는 후천의 가치가 실현되는 것이어서, 이 또한 선천 열성 후천 우성의 한 표본으로 볼 수 있으나, 그러함의 의도화나 강제화가 후천이기에, 조금만 소홀해져 틈을 보이면 선천의 초습관화 가치들이 회귀할 수 있는 것도, 습관화 시간성 강도에 의한 본능성 중독의 실현으로 보는 것이다.

이러함의 실증이 20세기 후반 독일 통일로 초래된 냉전 체제의 해체에 따라, 많은 국가와 부족들이 과거의 사회 가치로 복귀한 것들이, 의도화나 강제화가 사라지면 초세습관화의 선천 습속과 가치들이, 그들의 지속 시간 강도에 의해 복귀되는 것으로 볼 수 있을 것이다. 이러한 이념, 사상, 주의가 실현되는 과정에서는 선천의 본능적 중독은 배제될 수 있다.

지역과 대륙의 자연환경 변수

지금까지는 사람들의 습관화 과정에서 후천 우성에 의해, 선천의 본능화 중독성이 배제되어 없는 것처럼 볼 수 있는 사례들을 열거한 바 있다. 그것은 당대 습관화에서 시작되는, 공존의 삶에 유리한 행동들을 현실을 고려하여 변화시키므로 그런 것들이, 공감되어 관행화하면서 세습습관화로 진행하는 습관, 관행, 타성 등에 의해 선천 열성의 본능화가 배제된 것으로 볼 수 있는 경우였다.

그리고 그러한 것들이 초습관화되면서, 그 기간이 더욱 길어져서 초세습관화로 진행하고, 그러함이 일정한 부족이나 지역의 특성을 지나 정서적 공감대에 의해, 더 넓은 지역 또 더 많은 사람들에게까지 보편화되고 초습관화되는 현상으로, 민족성 국민성 또는 부족 고유성에 의해 초세습관화되므로, 시원의 선천적 본능화 중독이 배제되어, 후천 우성으로 민족성과 국민성이 그 지역 사회나 국가를, 하나의 문화나 문명으로 일반화되므로, 그러한 것이 본래의 그들의 시원 습관화로로 받아들여지면, 선천의 다른 습관화가 당연히 배제되고 이러한 것을 잘못 이해하면, 선천의 생명권에 속하는 가치나 자유와 같은 본질적인 것도 매도될 수 있다는 것이었다.

그리고 이념이나 사상 체계가 시스템화 체계화되어 경전화를 이룰 경우, 의도성 강제성에 의해 사회적 강요로 수용되면, 그 외의 다른 가치들이 무시되고 말살될 수 있으나, 그러한 의도성이나 강제화가 소멸하면 후천 우성으로 배제되었던, 선천의 초습관들이 시간 비례 강도에 의해 회복될 수 있는 것도 살펴보았다.

이렇게 사람들의 생활과 관계되는 생존에 유리함에 따라, 관행과 습관이 보편화되어 공감대를 형성하면, 습관화 세습화되어 문화나 문명화될 수 있고 반대의 부작용으로, 생명 본질의 자유와 같은 시원의 관행이나 습속들이 배제되어, 마녀화할 우려도 참고 하였다.

그렇다면 지역이나 대륙의 자연환경 변수에 의해, 배제되는 경우는 없을까를 살피고자 한다. 시원의 인류는 자연 친화성으로 행적이, 형성될 수밖에 없었던 것이 현실이기 때문도 고려하면, 그러함으로 인해 시원의 초습관들도 배제되고 변형되어, 그들만의 습속으로 남을 수 있다는 것이다. 그러함을 예를 들면 적도권에 있는 사람들의 생각에서는, 오랜 기간에도 변하지 않고 그대로 있는 태양 같은 것이, 심리적 정서적 습관 형성에 상당한 영향을 줄 것으로 보는 것이다.

그것은 하늘의 중요성과 빛의 영험성 그리고, 밤낮을 통제하면서도 변함이 없는 태양은 최고의 신격으로는, 소홀함이 없는 절대성이 있기 때문이다. 그래서 언제나 변함없이 태양이 작열하는 지역에서는, 절대 유일의 정서적 공감대가 형성되고 그러함을 모두가 공유하는 데 동의할 것으로 보기 때문이다.

그리고 북반구의 온대 지역에서는 계절성에 따라, 태양도 변하고 초목들의 잎이 피고 열매를 맺고 잎이 지는 변화의 순환성을, 가장 변함없는 절대성으로 생각할 수 있어 다양성을 보다 높게 수용할 수 있어서, 유일신 체계보다는 일정한 다신적 체계를 받아들이기가 거부감이 없을 수 있다.

그리고 상반되는 의식으로 변함없는 상록의 큰 나무나, 변함없이 흐르는 강 또는 언제나 그대로인 만년설을 머리에 쓴 거대하고 높은 산들이, 불변의 대상으로 신격화되면서 다신적 사고를 보편화할 수도 있을 것이다.

　이러한 것들은 주위에서 수많은 세대들에 의해 인정되고 존중되어지는 것들이어서, 다른 어떤 생각 체계를 받아들여 이해하는 데 장애로 작용할 수도 있는 것이다. 그러함으로 인해 시원의 또는 초세습관화의, 본능적 중독성이 충분히 배제될 수 있음도 고려해야 한다.

4

선악론의 자기 함정

✎ 인류 시원기의 사람 형상은 일반 동물과는 다른 점이 있었으나, 그 외의 삶에서는 다른 동물과 차별화가 되지 않았다. 그것은 두 발 걷기를 할 수 있다는 행동학적 다름을 제외하면, 맹수가 오면 다른 동물처럼 쫓기어야 했고, 그들 중 노약하거나 병약한 개체는 포식자에게 먹이를 제공하고, 삶을 마감해야 하는 사항은 본질적으로 같았기 때문이다. 물론 먹고 생활하는 방식들이 약간씩 다를 수 있으나, 지구상에 있는 식물이나 곤충 또는 열매 등과 같이 그들 동물과 다름이 없었기 때문에, 특별한 다름은 일어서서 먼 곳을 바라볼 수 있다는 키 높이의 장점이 있었고, 다른 하나는 두 손이 자유로워졌다는 것 외에는, 일반 생활은 다른 동물과 같다고 보는 것이 합리적일 수 있을 것이다.

그러나 그들 중 일부 무리에서 불을 다룰 수 있는 지혜가 생기면서,

그들은 슬기로워지기 시작했고 그러한 불을 얻기 위해서 같은 무리가 아닌, 외부 개체나 무리가 합류하면서 친족 무리 집합체에서, 불특정 다수의 공동체인 사회라는 구조로 무리의 구성 내용이 바뀌어가게 되었다.

그것은 불을 이용하는 획기적이고 가공할 장점을 모두가 선망했고, 그러한 외부 개체들의 간절한 소망을 받아들여주는 과정에서, 사회적 규범과 질서를 외부 개체에게 요구하고 그것이 수용되면서, 합리적인 사회 구조가 형성되었을 것이다.

이렇게 불을 얻고 사회를 구성하게 되면서, 인류는 동물과는 다른 많은 특성을 갖게 되었고, 다른 동물과의 구분할 수 있는 많은 차별화가 생기기 시작했다. 그러면 당연히 불을 다루는 사람과 불을 다루지 못하는 원인과도 구분되어야 하지만, 두 발로 걷는 사람과 네발로 걷는 동물과는 분명한 차별화가 생기기 시작했고, 이러한 차별적 다름을 합리적으로 설명할 수 있어야, 무리의 안정적 유지가 가능해서 그들의 결속에 의한 사회라는 구조의 특성을 발휘하고, 그러한 사회가 각자의 장점을 나누고 융합하므로 더욱 유리한 삶을 얻을 수 있었기에, 사회라는 구조의 질서인 규범의 필요성이 더욱 강화되기 시작했다.

이러한 필요성에 의해 다른 동물과 원인을 구별할 수 있는 기재가 필요해졌고, 그러한 요구의 해결 방법이 비록 몸은 땅에서 동물들과 같이 살지만, 마음과 의식 또는 정신과 영혼은 하늘에서 왔다고 하는 신수론(神受論) 또는, 천명론(天命論)을 내세우므로, 사람의 특별함을 강화하고 사회의 구성 명분과 결속을 강화하기에 이른다.

그래서 사람은 신적인 존재 또는 하늘에서 온 존재로 존엄을 확보하려 했고, 이러함 들이 사람을 자만과 오만으로 이끄는 유발 요인으로 작용한 것으로도 보인다. 그러나 그러한 사람들 중에서도 공동체의 유지와 결속을 위해 만든, 도덕과 규범을 잘 지키는 개체가 있는 반면, 잘 지키지 않는 구성원도 있기 마련이어서, 사회라는 유리한 구조를 어떻게 지켜낼까라는 문제가 생기게 되었다.

이것은 자연적 강요인 이기적 본능을 통제하고, 사회적 강요인 이타적 배려심을 앙양하려는 시도와 같은 것이 될 수 있어, 이기적 욕심을 유발하는 원인과 이타적인 성스러움이 어디서 왔는지를 설명하고, 이해시켜 장려하려는 배경이 자연스럽게 생길 수밖에 없었다. 이러한 설명의 해결책으로 이기적인 탐욕을 나쁜 것으로 보고, 이타적인 배려와 자비를 아름답고 신성한 것으로 보려는 사조가, 공감대를 형성하면서 하늘에서 받은 마음이 대부분은 선할 수 있으나, 일부는 악할 수도 있다는 선악(善惡)론으로 원천적 강요를 설명하게 됨으로서, 자연적 강요를 제어하고 사회적 강요를 융성시키려고 하게 되는 기재가 되었고, 이것은 하늘의 밝음과 어둠이 있듯이, 신들도 좋은 신과 나쁜 신이 있는 것으로 이해되기 시작해서, 새로운 차별화가 시작되게 된다.

하늘과 신의 뜻은 선해야!

이렇게 사람의 마음과 영혼이 하늘에서 왔다는 생각과, 전능하시고 신령스런 신께서 주셨다는 생각은 사람을 존엄하게 하고, 존귀하게 볼 수 있는 바탕과 일치하는 것으로 본다. 사람이 불을 얻어 다른 동물의 생살을 좌우할 수 있어지면서, 신이 되는 것처럼 자만해지고 오만해지는 것을 다스릴 필요가 생긴 것도, 사람의 본질이 동물과 다르게 하늘 또는 신에게서 왔다고 하는 것도, 존엄을 포용하면서도 오만을 제어할 수 있는 수단으로, 신과 하늘의 두려움을 주려는 요구와도 잘 맞았다고 볼 수 있다. 이러한 형이상학적 얼개는, 이타성에 바탕을 둔 사회적 강요가 잘 수용될 수 있도록 하여, 사회라는 공동체가 합리적으로 운용될 수 있도록 지원하는 기재일 수 있는데, 사회라는 구조가 많은 이들의 장점을 나누므로, 서로의 단점을 보완할 수 있는 기능도 장려해야, 더욱 합리적인 발전을 도모할 수 있어 사회의 안정적 정착은, 사람들의 생존의 유리함과 생활의 유익함을 보장하는, 공동체로서의 역할이 필요했기도 했다.

사람의 마음과 영혼은 하늘에서 주었다는 것은, 하늘의 밝음처럼 신성한 마음을 주었을 것이라는 기대도 함께하고 있다. 그것은 나쁜 마음을 하늘이 준 것이라면, 굳이 하늘과 신의 뜻이 필요하지 않기 때문이다. 나쁜 마음이나 영혼은 땅에 사는 많은 동물들도 같을 수 있기 때문에, 땅에 살면서도 차별화된 존엄의 동물로 사람을 분류할 필요가 있었다.

그런데 어떤 사람은 살아가는 과정에서 이기적 욕심에 빠져, 이타성이라고 찾아볼 수 없어지는 경우도 있고, 어떤 사람은 착하고 선한 사람으로 살아가다가, 어떤 때는 나쁜 사람으로 바뀌어가는 현상을 보고 느끼면서, 하늘의 뜻은 착하고 선해야 하는데 왜 그렇게 변하게 되는 것인지가, 문제가 되기 시작했다. 사람은 당연히 하늘에서 왔기 때문에 밝음만 있는 착하고 선함으로 무장되어야 하는데, 어떤 때는 동물들의 포악함과 비슷한 본능적 행동을 하게 되는 것은, 마음과 영혼이 하늘에서 왔다는 신념에 차질이 생겼다. 그리고 하늘이나 신께서 마음이나 영혼이 왔다면 태어날 때 온 것일 터인데, 사람들이 살아가면서 바뀌는 것은 어떻게 설명해야 할까라는 의문은, 당연한 것이 될 수 있을 것이다.

하늘과 신을 동원한 것은, 사회라는 공동체를 지키기 위한 수단으로 도입된 얼개인데, 사람들이 어떤 때는 자연적 강요인 본능성이 나타나고, 어떤 때는 사회적 강요인 규범 질서를 존중하는 이타성을 나타낼까라는 심각한 문제와, 사람의 마음과 영혼이 하늘에서 왔다면, 당연히 선하고 착해야 하는 절대성이 무너지고 있는 것을 어떻게 이해해야 할까?

그것은 둘의 원천적 강요가 초습관화의 시간적 강도의 비례성에 의해, 사회적 강요보다 자연적 강요가 습관화 중독이 강하므로 생기는 현상일 수 있고, 주위를 의식하고 사회적 규범을 지키는 것을 동의했기에 생기는 의무 같은 것을, 이성적 고려로 우선시하면, 사회적 강요가 초습관화의 시간 강도의 비례성은 좀 약하지만 지성적 현명함에 의해, 선택되기도 하는 상황 변화에서 오는 현상일 수 있음을, 몰랐기 때문의 딜레마로 볼 수 있다.

행동 선택에서 고려할 여유와 시간이 있으면, 사회적 강요인 도덕률을 선택할 것은 당연한 것이다. 행동 선택에서 시간적 여유 없이 즉시적 행동을 하거나, 지성적 고려의 여유가 없으면 당연히 시간 강도 비례성이 강한, 자연적 강요가 중독된 것처럼 나타나는 것은 불가피하다고 볼 수 있다. 이러한 것은 그 사람의 선악의 문제가 아닐 수 있다는 것이다.

실수와 착오의 악의적 해석

이렇게 사람은 살아가는 과정에서, 현실의 상황과 주의 소홀 또는 시간적 여유가 없을 경우, 자연적 강요를 수용해서 동물적 본능이 나타날 수 있기 때문에, 그것을 고의성이나 원천적 심성의 나쁨에서 오는 현상으로 보는 것은, 무리가 있다고 보는 것이다. 인류가 두 발로 걷기 시작해서 숲에서 나와, 넓은 들판으로 뛰어다닐 수 있어지는 과정의 기간은, 수백만 년의 시간이 필요했을 수 있다. 그리고 불을 얻어 동물의 틀에서 벗어나 사람으로 존엄해지고 인격이 부여된 시기는, 불과 수십만 년일 것으로 인류학자들이나 자연사 연구자들의 의견이 모아지는 것 같다.

그렇다면 인류의 형상은 하였으나 동물과 같은 피포식의 시간 길이가, 불을 얻고 사람으로 살아온 시간의 길이와 비교하면, 그 차이가 매우 크고 심각하다고 볼 수 있다. 이렇게 그들의 생존 여건에 따른 행동 양태가, 그 지속되는 시간의 길이만큼 반복되고 지속되었다면, 그러한 행동들은 습관화나 모두가 공감하는 관행화가 진행되면서, 초습관화 초심근화되었다고 볼 수 있을 것이다. 이러함의 행동 반복과 습관화의 시간 길이 차이는, 초습관화의 중독성의 강도에도 비례하는 현상이 나타나는 것은 당연할 것이다.

만일 어떤 행동을 1년간 반복한 습관과, 유사한 다른 행동을 10년간 반복한 습관이라면, 급하고 바쁠 때 어떤 습관이 행동으로 나올까를 비교해보면, 습관화가 초습관화되어 중독성을 나타내는 것에서 그 시간의 길이에 대한, 비례성을 인정할 수 있을 것이다. 그것은 별다른 생각이나 주의 없이 그냥 행동하게 되면, 오래도록 습관화된 행동이 나올 수 있는 것은 당연할 수 있어서 이다.

그렇게 되면 시원의 초습관인 본능적 행동의 중독화 강도를, 불을 얻은 후 사회를 형성하고 생긴 사회적 강요에 의해 습관화된, 행동의 중독화 강도 차를 이해할 수 있을 것이다. 이기심의 표본이라고 볼 수 있는 본능적 행동인 자연적 강요는, 시원의 시간 길이에 비례하고, 이타적 행동으로 볼 수 있는 도덕률은 인격기 이후의 시간 길이에 비례하여, 행동의 습관화 강도가 나타날 수밖에 없고, 무의식적으로 즉시적 행동해야 할 상황에 몰리면, 당연히 오래 습관화된 행동인 이기적 행동이 불현듯 나올 수 있다.

그리고 행동 선택에 급함이 없이 잠깐의 고려할 여유가 있을 때, 모두가 함께 살아야 하는 사회에서 도덕률을 벗어난 행동을 해서, 비난의 대상이 되기를 원하지는 않을 것이기 때문에, 당연히 사회적 강요가 우선될 수 있을 것이다. 그렇게 되면 이기적인 행동을 한 것을 나쁜 것으로 모두가 단죄할 수 있을까.

물론 행동 선택의 잘못은 있을 수 있으나, 그것이 그 사람의 마음과 영혼이 악한 신에게서 유래되어, 그런 행동을 신택했다고 몰아가는 데는 문제가 있다고 보는 것이다.

누구든지 이타적 행동이, 자신의 습관으로 선택되어 오랜 시간 익숙해지지 않으면, 선조들의 초습관화 행적들이 본능적 중독성처럼, 나타날 수 있을 것이란 우려에서 이다. 어떠한 행동이 후천적으로 당대에 습관화되지 않으면, 본능적 초습관이 나타날 수 있는 것을 일반화하면, 후천 우성에 의해 자신이 습관화하지 못한 것들도, 나올 수 있는 것을 이해해야 한다고 본다.

그것은 그 사람이 행동을 선택할 때, 고려가 있었느냐와 그렇지 않은 경우의 차이일 수 있어, 그 사람의 본성과는 다를 수 있고, 누구도 바른 행동으로 지속적 습관화가 되지 않으면, 언제든지 본능적 이기적 행동이 나타날 수 있다는 것을, 이해하면 좋을 것이다.

다름의 편견과 고정 관념

||||||||||||||||||

사람이 살아가는 데 원천적으로 벗어날 수 없는 것을 원천적 강요로 설정하고, 생존의 지혜인 자연적 강요와 공존의 지혜가 집결한 사회적 강요로 분류해서, 생존 필수의 부담으로 포용해야 하는 것으로 설명했다.

그런데 사람과 동물의 구분에서 사람의 마음과 영혼을 하늘에서 왔다고 차별화하므로, 사람은 무조건적으로 선해질 수밖에 없는 굴레를 쓰고 말았다. 그러나 사람들이 살아가는 과정에서 때와 상황에 따라, 본능적이 될 수도 있고 사회적이 될 수도 있어서, 이기심의 발로인 동물적 본능이 행적으로 나오면 착한 신의 성령을 받았는데, 어떻게 악함 쪽으로 마음이 기울 수 있는가라는 의문이 생기고, 도덕과 규범을 실천하여 이타적 행적이 나오면, 그것은 당연한 것으로 생각하는 이분법적 사고로, 동물과 사람을 분류했듯이 사람과 사람을 분류하려는 것이 아닌가 하는, 의문에 빠져들게 된다.

그것은 사회적 도덕률인 사회적 강요가, 행동에서 익숙해지지 않고 다름을 보이면 즉, 생존의 기본인 생명 본질의 자유라든지 개체 보존을 위한 필수 긴급 조달이 필요해서, 이기적 행동을 하게 되면 선악의 개념에서 분류하여, 다르게 보려고 하는 문제가 생겼기 때문이다. 사회라는 구조는 여러 사람들이 모여서, 서로 다름에 의한 장점과 단점을 볼 수 있어서, 그들의 장점을 서로 보고 나누어서 서로의 단점을 보완하므로, 합리적 삶으로 발전해가는 기능을 사회의 구성 효과로 보았고, 그래서 사람이라는 동물 종이 극상의 발전을 하게 된, 원동력으로 볼 수 있는 것이다.

그래서 그러함을 지원하고 격려하기 위해서, 사회적 강요에 속하는 공존의 지혜를 신성시하기 위해, 사람의 마음이나 영혼이 하늘에서 왔다고 존엄하게 여겼는데, 사람들의 착오와 실수에 의한 자연적 강요에 속하는 본능적 이기심을 보였을 경우, 하늘에서 온 성신이 아니고 땅에서 온 악신의 영혼을 받은 것이 아닌가 하여, 새로운 차별화가 생겼다면 무엇으로 설명하고, 이해해야 할까라는 수렁으로 빠져들 수 있다.

그리고 이러한 것을 실수로 보지 않고 다름으로 보려는 의도가, 차별화를 부추기는 것이 아닌지 우려되고 있다. 사회의 구성 효과를 장점을 나누어 융합하고 복합하므로, 더 좋은 지혜로움을 찾아가는 기능으로 본다면, 그리고 또 그러한 구성 효과가 발전의 원동력이 되었다고 본다면, 여러 사람들이 모여서 다양한 다름이 있을 때, 어떤 분야별 장단점을 볼 수 있는 것이고, 그것을 바탕으로 해서 새로움이 나올 수 있는 것인데, 다름을 나쁜 것으로 차별화해버리는 편견이 생기면, 앞뒤가 바뀌지 않은 것인가 의심이 생길 수 있다.

그리고 이러함을 선악의 개념에서 이분법적으로 편 가르기를 하면, 충돌에 의한 영향으로 그러한 생각들이 고착화될 수 있고 고정 관념화되면, 되돌릴 수 없는 어려움으로 빠져들 수도 있을 것이다. 이렇게 어떤 일이나 현실을 선악이라는 목적을 가지고 보면, 어느 하나는 나쁜 것으로 될 수밖에 없고 그렇게 되면, 사회의 구성 효과인 다양성이 상실되어서 발전적 원동력이 생기는 것이 아니고, 퇴행적 역작용으로 빠져들 수 있다는 것을 우리는, 중세를 암흑기라고 평가하는 관점 속에 포함되어 있음을 알고 있을 것이다.

주의 소홀에 의한 실수와 착오는 그대로 너그럽게 수용해주는 것이, 다양성과 다름을 바로 볼 수 있는 계기로 보면 어떨까?

다름의 악령화!

IIIIIIIIIIIIIIII

사람들이 살아가는 과정에서 각각의 다름을 나타내는 것은, 그들 유전자의 개별성에 따른 다름에서 오는 것으로 볼 수 있을 것이다. 이렇게 개개의 유전자가 다르다는 것은, 선대의 유전자가 복제되어 후대에

전수되는 과정에서, 현실 세상에 적응하기 위한 변이의 일환으로 볼 수 있고, 이러함을 통해서 진화라는 수단이 실현되어지는 것이다.

　이렇게 사람들은 개개의 다름도 있지만, 동일한 개체에서도 살아가면서 상당한 다름이 생길 수 있는 것으로 본다. 그것은 어린아이가 처음에는 본능적 행동과 표현을 하지만 좀 성장하면, 감성적 표현과 행동으로 전이되어 가는 과정에서도 그러함을 볼 수 있고, 더 성장하여 성년이 되었다고 해서 마음 씀씀이까지, 완벽한 어른이 되었다고 볼 수는 없기 때문이다.

　신체적 성년은 각 나라와 민족의 특성에 따라 조금씩 다를 수 있지만, 그들의 판단력이 신체 성년에 맞게 원숙해졌느냐는, 별개의 문제이기 때문이다. 일반적으로 마음의 성숙함을 보이려면, 신체적 성년으로 독립적 생활이 가능해서 자립을 하게 되고, 그러한 자립이 자신의 소신에 맞게 실현되면, 마음의 성숙도 이루었다고 볼 수 있을 것이다. 이렇게 신체적 성숙성은 먼저 오고, 정신적 또는 마음의 성숙함이 뒤에 오는 것을 일반적으로 인정할 수 있을 것이다.

　그것은 모든 사회 지도층의 구성에서 젊은 사람들, 특히 청년들의 구성비가 낮음에서도 유추할 수 있을 것이다. 그러한 것처럼 출생과 함께 태생적 동질성을 갖는, 자연적 강요는 태어나면서부터 적용되고 있으나, 사회적 강요는 사회성이 발달하는 시점까지 일정 시간이 유예되는 사실로 보아서도, 본능 선택이 빠르고 사회적 성숙이 좀 늦을 수 있음을 감안하면, 자연적 강요는 즉시 반응하지만, 사회적 강요는 좀 늦은 즉 약간의 시차를 두거나 고려가 있을 때, 정상적으로 발현할 수 있는 구조로 우리의 유전자가 작동되고 있는 것은 아닌지, 살펴봤으면 한다.

이렇듯 이기적인 본능성이 먼저 작동하고, 이타적인 사회성이 시차를 두고 반응할 수 있는 것을 수용하면, 즉시적 자동 선택에서 본능적 성향이 우선될 수 있음을 양해할 필요가 있다. 물론 모두가 천편일률적이지는 않겠지만, 그러할 가능성이 상당히 있다는 것을 상기하면, 판단과 구분에 도움이 될 수도 있을 것이다.

우리는 사람의 존엄과 동물과 다름을 구분하기 위해, 마음이나 영혼을 하늘에서 왔다고 차별화했는데, 사람들 사이에서도 이기적 행동과 이타적 행동을 악신과 성신의 발현으로 구분하려면, 다름이라는 것에 모두가 매몰되어 악령으로 보는 구도가 생길 수도 있다.

같은 사람도 본능성과 사회성의 숙성이 차이가 있어, 이기적 행동은 하기가 쉽게 되고, 이타적 행동은 좀 커가면서 하여지는 시차성을 인정할 수 있다면, 한순간의 다름을 나쁨으로 몰아가는 것은, 의도성이나 목적성이 포함되어 있다고 의심받을 수 있다. 어떤 사회가 이렇게 다양성을 부정하고 다름을 악령화로 몰아가면, 한쪽은 선이 되고 다른 쪽은 악으로 구분되어져서, 선이라고 생각하는 쪽이 어떠한 행동으로 포악해져도, 즉 마녀사냥성으로 전이해도 그것을 막을 방도가 없어질 수 있음을 경계할 필요가 있다.

이것이 중세 후반의 종교 전쟁이나 마녀화를 공식화한 사례에서, 끔찍함을 기억할 필요가 있을 것이다. 그것은 마치 현행 형법 체계에서의 정당방위나 직계 존비속의 범인 은닉을 처벌하지 않는 것과도 유사하다 할 수 있다.

5

왜 성년과 청춘을?

✎ 사람들이 세상을 살아가면서 피할 수 없이, 받아들일 수밖에 없는 것이 원천적 강요라고 했다. 그것은 생명체가 삶을 위하여 필수의 유리함이 있기 때문에, 약간의 불편을 감수하면서도 두 가지의 원천적 강요를 수용한 것으로 본다. 이들 중 자연적 강요는 생명 탄생과 동시성을 갖는 생명 유지 본능에서 오는, 자기 보호 기능인 생명 본질일 수밖에 없다. 그것은 살아있음이 없으면 외부의 어떠한 자극이나 강요가 의미가 없기 때문이다.

그래서 생명 유지 본능인 자연적 강요는, 모든 생명체가 가지고 있는 본질적 보호 본능 또는 이기심 같은 것일 수 있다. 그리고 사회적 강요는 삶의 유지와 생활의 편익을 위해 혼자보다는, 여럿의 대응이 유리함으로 사회가 요구하는 규범을 수용하는 것이, 다양한 관점에서의 유익함이 훨씬 많기 때문에 실질적 이기를 위한, 이타의 수용으로 볼 수 있는 관계적 편익으로 볼 수 있다.

　그래서 이러한 강요를 수용하면서 생기는 행동의 습관이, 초습관화를 거쳐 중독성을 나타내는 것처럼 같은 행동을 반복하므로 생기는, 정서적 공감으로 인해 감성화가 진척되고 감성의 공유성이 반복되면서, 역시 중독성의 효과 같은 심근화도 나타나는 것이다. 동일한 행적과 동일한 감성이 후대에서도 계속되는 것을, 초습관화 중독이라 했다면, 생명의 유전 복제처럼 행적도 흔적 복제되어 재현된다는 것을, 반복에 의한 회귀성이 생기는 것으로 볼 수 있을 것이다.

　이러함의 반응들이 우리의 삶에서 나타나는 현상은, 물론 행동 반복에 의한 본능성 초습관도 있지만, 감성의 심근화에 의한 흔적 복제 같은 것도 있는 것으로 보여진다. 그것은 어린아이들은 빨리 어른이 되고 싶어하는 것과, 노년의 어른들은 청춘의 회복을 그리워하는 것과 같은 심리적 반응에서, 감성의 '흔적 복제'로 보는 것이 어떨까 한다. 이러한 것은 어떤 시기나 시점이 되면 형상을 기억해두었다가, 일정 조건에서 그러한 형상을 복원하는 물질처럼, '형상 기억' 시스템 같은 것으로도 볼 수 있을 것이다. 이러한 심리적 회귀 본능은 생명의 초기화 같은 것으로 볼 수 있어, 사람이 어디서 왔고 어떻게 왔느냐의 기본적 질문에서 온 것으로 볼 수 있을 것이다.

　그렇다면 노년의 청춘 복귀는 회귀로 볼 수 있는데, 유년의 성년 희망 욕구는 그것도 회귀성으로 볼 수 있을까? 생명의 시작을 어머니에게서 왔다고 보면 실제적 생명 초기성 회귀점은, 그 사람의 출생 당시의 모성 본능으로 회귀되고 초기화된다고 볼 수 있을 것이다. 이러한 감성의 흔적 복제 때문에 심리적 회귀성을 유발하고, 그것이 모두의 초기화 점인 청춘으로 지향하는 것일 수도 있다고 본다.

우리는 지금까지 행동의 습관화가 초습관화를 거쳐 중독된 것처럼, 선조들의 행적 반복을 지속하는 것으로 원천적 강요의 수용을 이해하고 설명했다면, 그것도 흔적 복제와 유사한 결과가 아닐까 한다. 우리는 생명체가 실제화하고 있는 그것을 보고, 만지고, 확인할 수 있는 생체적 복제를 유전에 의한 복제로 본다면, 행동한 것은 기억으로만 있고 생체에 운용 흔적으로만 남았을 수 있고, 그러한 행동을 하도록 공감하고 동의한 정서적 감응은 보이지 않기 때문에, 어떻게 반응하고 지속되는지를 볼 수도 만질 수도 없는, 형이상학적 현상이 되어버렸다.

그렇다면 생체의 유전 복제처럼, 행동과 정서의 반복적 지속과 유전 상속된 것처럼 보이는 현상을, 어떻게 설명하면 좋을까라는 질문에 '흔적 복제'라는 표현이, 형이상학적 감성으로는 어울릴 것 같다. 지구 생명체의 화석과 같이 볼 수는 없을까?

유년의 바람 성년 + α

우리가 살아가면서 유소년들의 성장 과정을 지켜볼 수 있었을 것이다. 그것은 인류라는 생명체가 살아남으려면 필연적으로, 다음 세대가 태어나고 그들이 성장하면서 선행 세대들이 저세상으로 가면서, 자연스럽게 세대 교체와 세상의 변화를 맞을 수밖에 없기 때문이다. 이러한 과정은 선행 세대로 보아서는 필연적으로, 후생 세대의 성장 과정을 참관할 수 있는 기회를 얻게 되는 것이다.

그들은 세상이 무엇인지 또는 삶이 무엇인지를 잘 모르면서도, 모든 것이 가능할 것처럼 움직이고, 도전하고 상상하는 그들을 보면서, 철부지라고 생각했을 수도 있을 것이다. 그런데 왜 그들은 아무것도 할 수 없을 가능성은 살피지 않고, 모든 것을 하려고 했을까라는 의문을 가질 수도 있을 것이다. 그들이 그렇게 행동하게 되는 어떤 이유나, 동기 같은 것은 없을까 하고 의심스럽게 볼 수 있어지면, 그러함에 대한 관심이 생긴 것으로 볼 수 있고 그러한 관심의 바닥에, 생명의 유전과 복제 같은 것도 생각해봤을 수 있을 것이다.

신체는 유전자에 의해 자연스럽게 성장하여 성인으로 되어가는 과정이, 선천의 어떤 복제에 관한 소프트웨어가 깔려있는 것은 아닌지 의심할 수도 있다. 생명체의 신체인 하드웨어만 유전으로 복제된 것이 아니고, 성장에 관한 소프트웨어가 복제되어 있다면, 그 프로그램의 과잉 작동으로 성인의 자신감 같은 것이 생겼을 수 있다고, 의심할 수 있을 것이다. 이러한 성장 소프트웨어 같은 것이 있다면, 그것은 선대 가임기 연령 구간(생식 수명)의 모든 프로그램의 평균치, 수준의 기능이 복제되었을 것으로 생각할 수 있고, 이러한 것들도 '흔적 복제'로 볼 수 있을 것이다.

그렇다면 선대의 행적 과정이 가임 연령 구간만큼, 그 기간의 출산 횟수만큼의 평균치로, 복제되었을 것으로 추정할 수 있을 것이다. 그렇다면 가임 기간의 출산 횟수 분포 중 가장 높은 구간까지는, 보편적으로 복제 전달되었다고 볼 수도 있다.

이러한 것에 의해 '흔적 복제'의 위치가 최고 빈도 복제 위치로 수렴될 수 있다면, 생명 초기화 회귀성을 고려할 때, 그러한 자신감이 가능할 것으로 추정할 수 있다. 이러한 것이 유년의 어린이들에게, 빨리 성년이 되고 싶은 충동으로 작용했을 수도 있다. 물론 성장 과정의 경험으로 어른들은 무엇이든지 자유롭게 할 수 있는데, 자신들은 모든 것을 통제하는 현상의 불만에 의한 소망 같은 것으로도 볼 수 있다.

일반화된 원천적 강요의 행동들이 초습관화되어 중독 현상을 나타내는 것처럼, '흔적 복제'에 의한 감성적 충동의 발현으로도 볼 수 있을 것이다. 이렇게 행동의 습관화에 의한 반복 행적이나, 감성의 심근화에 의한 정서적 충동의 반복도, '흔적 복제'의 재현으로도 볼 수 있다.

어린이가 성장하여 성인으로 가는 과정의 생체적 성장과 변화나, 정서적 심리적 성장과 변화도, 모두 어떤 시간 프로그램에 의한 것처럼 사춘기 같은 것을 겪는 것도 그러하고, 식물이 봄이 와서 잎이 나고, 꽃이 피고, 열매를 맺고, 낙엽이 지는 현상이, 온도나 습도 '센서'에 의해 작동되는 것처럼, 사람들도 성장과 변화에 어떤 '시간 센서'가 있는 것으로 볼 수도 있다.

그러한 것을 '흔적 복제'의 재현으로도 볼 수 있을 것이다. 이러한 흔적 복제의 재현은 최근 과학 수사의 전자기기 내용을 '포렌식'하여, 살려내는 기능과도 비슷할 수 있다고 본다. 용도가 다하여 삭제되어 사용할 수 없는 것을 볼 수 있게 하는 기능도, 그 전자기기의 사용 당시의 '흔적'에서 회생시켜내는 과정과 같이, 흔적 복제의 재현으로 비교하면 지나쳤다고 할 수 있을까?

노년의 바람 청년 - α

사람은 태어나면서 가족이라는 공동체의 보호를 받으면서 성장하게 되고, 일정 나이가 되면 또래 공동체인 유소년 사회를 지나 성인이 되는 과정에서, 일반 사회라는 불특정 다수의 구성원으로 이루어진, 다양성의 공동체를 맞이하는 과정을 거친다.

그렇게 성장해서 성인 사회에 이르는 과정에서 많은 어른들을 접하게 되고, 그들은 상당한 연세가 있으신 데도 젊은이들처럼, 마음은 청춘인 것을 보기도 하고 그들로부터 듣기도 하면서, 지난 세월의 아쉬움 같은 푸념으로 느꼈을 수 있다. 그리고 그들은 늘 젊은 시절을 그리워하는 것 같은 표현의 말들을 들을 수 있는데, 그것은 왜 그럴까 하는 생각도 가끔 해보게 될 것이다. 왜 그들은 이팔청춘이라는 청년기보다도 젊은 때를, 마음의 고향처럼 선망하고 있는가 하는 불가능한 욕구를, 이상하다고 생각했을 수 있을 것이다.

그리고 그러한 희망 시점이 그들이 태어난 또는, 그들의 선조들이 태어난 시점의 모성 연령대의 최다 빈도 점으로, 수렴되는 것은 아닌가 하는 생각을 해보게 되는 것은 무슨 이유일까, 하는 의문이 생긴 적도 있었다. 그것은 사람이 태어나면서 선대의 습관이나 의식 같은 것을, 유전적으로 상속하는 것이 아닌가 싶다.

가족 구성원들 중에서도 어떤 행적들은, 아버지와 아들이 복제된 것처럼 비슷한 습관이 있는 것도 가끔 느낄 수 있고, 모녀간에도 성격이나 감성 같은 것이 많이 닮은 듯한 것을 볼 수 있을 것이다. 물론 성장 과정에서 부모들의 영향을 받았을 수도 있지만, 잠잘 때의 모습 같은 것은 따라할 가능성이 별로 없는 데도 너무도 흡사한 것은, 유전 복제의 조화로 볼 수밖에 없을 것이다.

이러한 습관이나 감성 같은 것이 복제된 듯이 흡사한 것과, 생체적 유전자가 복제된 것처럼, 어떤 행적이나 감정 같은 것도 생체적 흔적을 남겼다가, 그러한 형이상학적 현상들이 흔적 복제 개념으로, 유전 상속되는 것은 아닌가 하는 쪽으로 점점 기울어가는 것도, 상당한 이유가 있다고 본다. 이러한 행적의 반복도, 습관화 행적의 반복에 따른 초습관화 현상처럼 흔적 현상이 반복되는 것이라면, 이것도 회귀성으로 볼 수 있는 반복 그 자체가, 순환적 회귀성을 갖는 것으로밖에 볼 수 없다.

그렇다면 우리는 보편적으로 유아기에서 청년기까지는 모든 사람이, 동일하게 반복 행적의 습관화처럼 초기화 회귀성을 갖는 것으로 추론할 수 있다. 이러함이 흔적 복제를 뒷받침하는 현상으로 살펴도 별 문제가 없을 것으로 보이고, 이러함의 또 다른 현상은 상당한 아니 대부분의 사람들이, 50대가 넘어서면 삶의 본질에 관해 들여다보게 되고, 어떤 이는 외로워하고 어떤 이는 왜 그렇게 살았을까 하고 되돌아보면서, 나는 왜 어디서 왔기에 그렇게 살았고 또 어디로 가는 것일까에, 많은 관심이 생기는 것도 비슷함에서 오는, 관계적 현상으로 봐지는 것이다.

우리들 생체 속에 흔적 현상이 유전적 상속처럼 복제되어 작동된다면, 출생 모성 연 령의 회귀성을 생각하면 50대 이상의 출생은 거의 없을 것이기 때문에, 회귀성의 중복도가 희소하여 외로움을 가중시키는 것은 아닌가 싶다. 통상 모성 회귀 연령까지는, 선천의 흔적 복세 프로그램이 있어 선천 흔적으로 수렴될 수 있는데, 50대 이상은 선천 흔적이 없어서 스스로 모든 것을 선택하고, 고뇌하고, 행동해야 하는 자신만의 후천 흔적을 만들어가는, 외로움으로 볼 수 있을 것이다.

이러한 것은 생식 수명의 한계와도 같은 흔적 현상이어서, 인류사적 선천 행적들을 살펴보는 동기가 될 수도 있을 것이고, 흔적 복제가 생식 수명의 범위에서 정규 분포될 수 있는 것인지도 살피고, 반복에 따른 회귀성도 함께 살펴보면, 새로움으로 전이할 수도 있을 것으로 본다.

마음의 지향은 왜 수렴하는가?

우리는 유소년의 바람에서, 빨리 성년이 되고 싶어하는 소망 같은 것을 볼 수 있었고, 그것은 많은 간섭으로부터 자유로워지고 싶어하는, 인격 기본의 자립심 같은 것일 수도 있다. 이것은 누구나 자신이 독자적 인격체이기를 바라는, 인류 존엄에서 유래한다고 볼 수도 있고, 어른들이 보는 세상의 기준과 자신들이 보는 세상의 기준이 다를 수 있어, 자신들의 생각을 세상에 펼쳐보고 싶은 충동 같은 것일 수도 있을 것이다.

그렇다면 노년의 바람은 더욱 원숙해가는 인품으로 풍요로워진 현재가, 그동안의 많은 경험에 의한 지혜로움의 경륜을 가치 있는 것이라 본다면, 그러함을 펼칠 수 있는 기대감을 충족하는 것이 아니고, 젊은 시절로 돌아가고 싶은 것일까?

그것은 살아본 경험에 의해 그때가 모든 것이 가능할 수 있는, 가장 희망적인 시점이어서 그럴 수도 있을 것이지만, 또는 그동안 잘못 판단하고 살아온 날들을 성찰하면서, 기회가 주어진다면 더욱 바람직하고 합리적인 삶을 살 수 있지 않을까 하는, 자기반성적 바람도 있을 것으로 본다.

그런데 유소년은 왜 어른이 되고 싶을까와, 어른의 시점을 어디로 보는 것이 합당할까도 살펴보면 어떨까 싶다. 단순히 자유로워지기 위함이라면 성년 시점이면 될 것인데, 어른이 되고 싶다고 소망한다면 그것은 성년+α 정도의 시점이 아니겠는가로 생각할 수 있을 것이고, 노년의 희망은 청춘 회복이나 재생 같은 개념이 될 수 있어서, 일상적으로 보기에는 청년-α 정도의 시점으로 보여서, 두 희망 세대가 비슷한 시점으로 수렴하는 것 같아서, 이것도 상당한 관심의 대상이 될 수 있다.

만일 이 두 바람의 연령 시점이 비슷한 시기로 수렴되고 또 수렴될 수 있다면, 위에서 설명하는 것들 외에 또 다른 어떤 것을 살펴야 하는 고려도 필요해질 것 같다. 그것은 초기화 회귀성 같은 것이 아닐까? 하는 생각이 든다. 그렇다면 두 세대의 초기화 또는 회귀점이 한 시점으로 수렴되는 데에는 그럴 만함이 그 시점 속에 포함되어 있다고 봐야 하는데, 그것을 무엇으로 보아야 할까.

그것은 수렴점이 세대별 누적 생식 연령의 출생 빈도 평균 같은 시점으로 보여서, 출산의 모성 의식과 태아의 태생 시 초의식의 중첩과 같을 수 있다는, 고려를 살펴봤으면 한다. 초기 태아 세포가 모성 세포에서 유래되었고, 이 태아 초기 세포가 분열 성장하는 초기에는, 태아 의식은 없는 것으로 볼 수 있다면, 그 시점을 통제하는 의식은 모성 의식일 수밖에 없다.

이렇게 모성 의식에서 태아 초의식이 생기는 과정 또는 그 직전 시점을, 모성 의식이 작용하는 태아 초의식으로 볼 수 있고, 이것은 두 의식이 중첩된다고 볼 수 있을 것이다. 이 시점을 초의식의 작용 시점으로 본다면, 물론 태아 의식이니까 태아 초의식은 분명한 것이지만, 당시를 통제하는 의식은 모성 의식일 수밖에 없기에, 두 초의식의 수렴과 유 노년의 희망 시점 수렴이 또한, 수렴할 수 있다는 것을 살펴봤으면 한다.

그렇다면 모든 생명체는 그 출발을 중요시하는 것은 물론이거니와, 그 출발점이 한 점으로 수렴할 수도 있음을 고려해야 할 것 같다고 본다. 그러면 유년의 초의식과 노년의 초의식이 수렴되면서, 자연히 소망 삶의 시점도 수렴될 수밖에 없는 것으로 보기 때문이다. 이런 초의식 같은 것도 흔적 복제 같은 현상으로 볼 수 있을 것이고, 만일 두 초의식의 수렴 같은 경험적 흔적의 복제와 유전 전승이 가능하다면, 인류 생식 수명 구간의 행적 흔적도 복제되어, 유전자처럼 상속될 수 있을 것으로 보여서, 이러한 생식 수명의 한계 때문에 50대 이후의 경험 흔적 부족에서 오는, 외로움과 고독이 그들의 지난날을 성찰하게 하는 것은 아닌가 싶다. 생식 수명 행적은 흔적 복제되지만, 그 이상의 선천 흔적이 없기 때문으로 볼 수 있지 않을까 한다.

초월 세대의 변곡점(유전자 지속)

|||||||||||||||||

한 시대를 살아가는 여러 세대가, 생식 수명의 어느 한 점으로 소망 시점이 수렴된다는 것은, 초의식의 회귀성에 의한 것일 수 있다면 세대를 초월하여, 어떤 연령대에서 수렴 현상에 의한 변곡점이 생길 수 있다.

이렇게 수렴되고 회귀되는 소망적 생명 시점이 있다면, 이러한 현상도 유전 복제처럼 우리의 행적이나 감성의 흐름들도 흔적 복제되어 상속되듯이, 지속되는 것으로 볼 수 있을 것이다. 이러한 것들에 의하여 본능도 복제된 것처럼 모든 세대를 초월하여, 전승되고 지속되는 것은 아닌가 한다.

그것이 결국 영원 반복이라는 회귀성의 본질일 수 있을 것이다. '역사는 반복된다'라는 것도 이러한 세대를 초월한 수렴 현상으로 볼 수 있어, 이것도 회귀성의 또 다른 표현일 것이다. 이렇게 본능이 복제된 것처럼 모든 세대에 회귀성을 보이는 것처럼, 사회적 도덕률도 초습관화를 통해 흔적 복제되어, 모든 세대에 지속적 회귀성을 보이면 이러한 것을, 원천적 강요라고 할 수 있을 것이다.

세상을 살아가는 환경은 바뀌었어도, 본능과 도덕률 같은 것이 이렇게 복제된 것처럼 모든 세대가 반복한다면, 그것은 영원회귀의 지속으로 볼 수 있다. 결국 이러함 때문에 인류가 살아가면서 자연적 강요를 수용하고, 사회적 강요를 받아들이게 된 것은 아닌가 싶다.

이러한 끝없는 흔적 복제의 실현과 초습관화의 중독성 때문에, 나도 모르게 자연스럽게 우리를 움직이게 하는 어떤 것이 있다면, 그것부터 성찰해보는 것이 우리를 들여다보고 나를 알아가는 과정으로 볼 수 있을 것이다.

우리를 그리고 나를 모르는데 어떻게 우리가 내가 살아가는 방식과, 우리가 사회라는 구조와 속성을 만들어가는 과정을 알 수 있을까 하는, 의문이 생길 수 있을 것이다. 초습관화 중독에 의한 행적의 반복 실현과, 우리 감성의 작용과 흐름에 의해서 이루어진 행동 흔적이 복제되어 재현되는, 본능적 회귀성이 우리를 지속적으로 원천적 강요 속으로 몰아갈 것이다.

그렇다면 어쩔 수 없이 자연적 강요인 본능적 반응과, 사회적 강요인 도덕률을 받아들이고 수용할 수밖에 없는데, 어떤 강요부터 실현하고 받아들여야 할까? 본능적 반응을 소홀히 하면, 생명 본질을 침해할 수 있어 내가 살아가기가 어려워지고, 또한 도덕률을 가벼이 보면 사회라는 공동체 속에서, 함께하기가 어려워지는 것을 어떻게 할까 고뇌할 수밖에 없다.

이것은 인류가 수용해야 하는 숙명 같은 것일 수 있다. 그것은 본능적 반응과 도덕률이 둘이 아니고, 하나의 행동을 선택하는 데 적용되는 불가분의 관계이기 때문이다. 그러면 지나간 삶에서 나는 어떤 것을 우선화했는지를, 되돌아보면 참고가 될 수 있을 것이다. 일상을 멈추고 약간의 여유를 얻어서, 우리가 내가 살아온 과정의 선택들을 찬찬히 나열하고, 본능적 이기를 선택했는지 도덕적 이타를 선택했는지를 살피고, 그러함의 결과를 지금의 나의 지성과 도덕 그리고 이성을 가지고 봤을 때, 어떤 것이 합당했는지 그리고 부끄럽지는 않았는지를 살펴면, 앞으로 무엇을 선택하고 어떻게 행동해야 할지는, 자연히 분별되어질 것이다.

단지 그것을 실현하려는 용기가 있는지가 고려 사항이 될 것이다. 그리고 그 고려의 바탕에 내가 있고 나의 본질이 있을 수 있는 것이니, 그것을 다시 돌아보면 나로 인해, 세상이 얼마나 왜곡되어 보였는지를 알 수 있을 것이다.

내가 이지러지고 욕심이 많으면, 세상도 이지러져 보이고 욕망으로만 보일 수 있다. 보는 안경부터 깨끗이 하든가, 바꾸어보면 어떨까 스스로에게 물어보자.

− 숙 제 −

있는 걸 알기에
하는 것
할 수 있는 만큼
하는 것

석산

나를 통해 세상을 보다

펴 낸 날 2020년 4월 8일

지 은 이   석 산
펴 낸 이   이기성
편집팀장   이윤숙
기획편집   정은지, 윤가영
표지디자인 이윤숙
책임마케팅 강보현, 류상만
펴 낸 곳   도서출판 생각나눔
출판등록   제 2018-000288호
주   소   서울 잔다리로7안길 22, 태성빌딩 3층
전   화   02-325-5100
팩   스   02-325-5101
홈페이지   www.생각나눔.kr
이 메 일   bookmain@think-book.com

- 책값은 표지 뒷면에 표기되어 있습니다.
  ISBN 979-11-7048-054-9(03120)

- 이 도서의 국립중앙도서관 출판 시 도서목록(CIP)은 서지정보유통지원시스템 홈페이지
  (http://seoji.nl.go.kr)와 국가자료공동목록시스템(http://www.nl.go.kr/kolisnet)에서
  이용하실 수 있습니다(CIP제어번호: CIP2020011581).